Kakar / Ross

Über die Liebe
und die Abgründe des
Gefühls

Sudhir Kakar / John Ross

Über die Liebe und die Abgründe des Gefühls

Aus dem Englischen übersetzt
von Udo Rennert

Verlag C. H. Beck München

Dieses Buch ist die von den Verfassern autorisierte Übersetzung von
«Tales of Love, Sex and Danger». Die englische Ausgabe erscheint
gleichzeitig bei Oxford University Press.

CIP-Kurztitelaufnahme der Deutschen Bibliothek

Kakar, Sudhir:
Über die Liebe und die Abgründe des Gefühls / Sudhir
Kakar; John Ross. Aus d. Engl. übers. von Udo Rennert. –
München: Beck, 1986.
Einheitssacht.: Tales of love, sex, and danger ⟨dt.⟩
   ISBN 3 406 31569 0

NE: Ross, John:

ISBN 3 406 31569 0

Für die deutsche Ausgabe:
©C. H. Beck'sche Verlagsbuchhandlung (Oscar Beck),
München 1986
Satz: Appl, Wemding
Druck und Bindung: May u. Co., Darmstadt
Printed in Germany

Liebenden zugeeignet

Danksagung

S. K. fühlt sich dem Institute for Advanced Study in Princeton in Dankbarkeit verbunden; ein einjähriger Aufenthalt 1983–84 ermöglichte ihm als visiting fellow an der School of Social Sciences die Arbeit an dem vorliegenden Buch. Sein Dank gilt ebenso Apeksha Kakar für ihre Hilfe bei der Vorbereitung des Manuskriptes.

J. R. möchte Catherine und Matthew Ross für ihre nie versiegende Unterstützung und Zuwendung danken wie auch die Hilfe von Keith Bradley dankbar anerkennen.

New Delhi/New York, Juli 1986   S. K. / J. R.

Inhalt

1. Einleitung

Vor fast 20 Jahren begegneten sich die Autoren dieses Buches zum ersten Mal. Zusammengeführt wurden sie von Erik Erikson an der Universität Harvard mit seinem Seminar über «Identität und Lebenszyklus». Erikson stand damals in der Blüte seines Schaffens und war eine Art Volksheld für junge Intellektuelle, ein psychoanalytischer Guru vom Rhein, der zuvor in Wien und Stockbridge gelehrt hatte. Mit seiner Verbindung von intellektueller Spielfreude und künstlerischer Sinnlichkeit wirkte er anregend auf die gesamte Fakultät, und die Erstsemester fühlten sich vom Scharfsinn dieses alten Mannes nicht weniger angesprochen als von seiner Zuneigung für die Jugend.

John Munder Ross, einer von Eriksons Schülern, und Sudhir Kakar, der Erikson im Ahmedabad Gandhis kennengelernt hatte und der das Seminar als Assistent betreute, gehörten zu den wenigen der buntgemischten Schar von Studenten im Alter zwischen 20 und 30, die später ernsthaft Psychoanalyse weiter betreiben sollten. Wir bewunderten Erikson kaum weniger als Freud und fühlten uns zur Psychoanalyse hingezogen, weil sie so grundlegende Erkenntnisse verhieß und – am wichtigsten – so viel versteckte Leidenschaft in sich barg. Psychoanalyse bedeutete für uns Vernunft und zugleich deren Mystifikation, und zu beiden drängten uns innere Kräfte , die aus unserer Lebensgeschichte rührten. Unsere strikt unehrerbietigen und atheistischen Väter vertraten den Primat der Vernunft und bekämpften alle, von denen eine Vernebelung des klaren Denkens drohte. Ihnen verdanken wir eine gemeinsame Grundlage, ein geistiges Erbe, das in der Psychoanalyse seinen Ausdruck fand.

Als späte Nachfahren der Aufklärung hatten wir hingegen unsere Schwierigkeiten mit der Herrschaft reiner Vernunft. Kakar gelangte zur Psychoanalyse auf dem Umweg über die Beschäftigung mit Maschinenbau und Volkswirtschaft. Während seiner Studienzeit in Deutschland hatte er bald die Sprache dieses Landes gelernt und bis zu seiner Promotion einige

Kurzgeschichten veröffentlicht, denen später etliche wissenschaftliche Werke folgten. Ross war früher Schauspieler und Spielleiter am Theater in Harvard, der Wirkungsstätte zahlreicher Bühnen- und Filmschauspieler, Autoren und Regisseure, die sich inzwischen einen Namen gemacht haben. Er war ein leidenschaftlicher Verehrer Shakespeares und überhaupt der Sprache des Dramas und des Romans.

Lange nach unserer Zeit in Harvard machte jeder für sich schließlich jene mühselige und langwierige Lehre durch, die dem erfolgreichen Absolventen die Aufnahme in die «analytische Gemeinde» und das Recht beschert, sich als schulmäßigen «Psychoanalytiker» zu bezeichnen. Und während all der Jahre wurde zwischen New York, der Heimatstadt von Ross, und New Delhi, Frankfurt, Montreal und Melbourne, den Städten, in denen Kakar sich aufhielt, lehrte und analytisch tätig war, der Kontakt aufrechterhalten.

Es war allerdings nicht die Psychoanalyse allein, die uns verband. Auch die Liebe zur Kunst und zu Frauen war uns gemeinsam – bei beiden lockte etwas Irrationales, etwas, das sich der Beschreibung entzieht.

Was unsere schon immer recht verschiedenen Liebeserlebnisse angeht, so möchten wir hier Zurückhaltung üben. Schließlich sind wir Analytiker, an die zumindest die Anforderung von Diskretion gestellt wird. Aber so viel dürfen wir sagen: Die nächtelangen, beschwingten Gespräche in irgendeinem Winkel des Harvard Square kreisten ebenso um Kunst (manchmal auch Metaphysik) wie auch um Frauen und unsere Liebe zu ihnen – samt den zärtlichen Entdeckungen, plötzlichen Schmerzen und verzehrenden Begierden der Liebe. Wir unterhielten uns über unsere ungeschickten und mit übertriebenen Erwartungen verbundenen Versuche, Erfahrungen in der Liebe zu sammeln, und wollten ihnen einen Sinn geben, indem wir mit Worten ausdrückten, was wir litten oder gelitten hatten (immerhin war der eine von uns ein paar Jahre älter). Oder wir strebten vergeblich danach, in unserem Leben die Leidenschaften der Dichter zu verwirklichen. Liebe und Sexualität schienen denselben Akkord anzuschlagen wie die großartigen Ideen, die uns in den Hörsälen und Leseräumen der Universität umgaben, und sie brachten unser Innerstes zum Klingen. Gleich Leuchttürmen wiesen sie uns einen Weg zu unserem beruflichen Selbstverständnis.

Wir sind älter geworden mit den Jahren, Familienväter, die Vorlesungen halten, schreiben und eine Praxis betreiben, um den Lebensunterhalt zu bestreiten. Wir haben inzwischen gelernt, daß das Leben sich überwiegend selbst leben oder zumindest freihalten muß von zwanghaften und allzu eindringlichen Selbsterforschungen. Trotzdem ist uns die gemeinsame Vergangenheit und unsere Empfänglichkeit für das Erhebende der Liebe geblieben. Als Seelengefährten, die durch kulturelle wie geographische Schranken voneinander getrennt sind, war es für uns, als wir diese seit langem geplante gemeinsame Arbeit in Angriff nahmen, nur natürlich, über etwas so Wunderbares und zugleich Vergängliches, aber immer und überall Wiederkehrendes wie die erotische Liebe zu schreiben.

Unsere Achtung vor den Dichtern und Tonkünstlern als den höchsten Interpreten eines romantischen Gefühls machte uns zunächst etwas unsicher in unserem Vorhaben. Sind die Analytiker nicht bekannt als die Theologen oder, wenn man so will, Ideologen des Eros, denen es gleich Moses verwehrt ist, die Schwelle zur Leidenschaft selbst zu überschreiten? Aber wir haben uns gesagt, daß nicht alle Analytiker in ihrem Alltagsleben in derselben Weise die Tugend der Abstinenz oder der stoischen Selbstbeherrschung pflegen oder das Philosophieren und die leidenschaftslose Introspektion für angemessener halten als hedonistische Glücksgefühle. Von persönlichen Vorlieben einmal abgesehen, gibt es einen Grundzug aller leidenschaftlichen Liebe, der diese in einzigartiger Weise der psychoanalytischen Erforschung und dem psychoanalytischen Diskurs zugänglich macht. Denis de Rougemont hat behauptet, daß jede Darstellung der reinen Sexualität einerseits oder der agape (der Nächstenliebe) andererseits sehr schnell langweilig wird, weil die eine zur Pornographie und die andere zum Gleichnis gerät.[1] Im Gegensatz dazu transzendieren die Kräfte der Leidenschaft das Handeln und die Wirklichkeit, sie

geben einer poetischen und dramatischen Spannung Raum und
eignen sich am besten als Stoff für langlebige Geschichten. «Die
Leidenschaft des Eros», bemerkt de Rougemont, «wird zunächst in Träumen wahr und gelangt zu ihrer höchsten Da-
seinsform wohl erst im lyrischen Impuls ihrer Erzählung».[2] Der
Analytiker darf sich ebenso wie der Dichter daran versuchen.
Seine Bemühungen sind nicht vergeblich. Die Schilderung persönlicher Träume von leidenschaftlicher Liebe und ihre Ähnlichkeit mit den großen und überwältigenden Kulturträumen,
die wir als Liebesmythen oder -geschichten bezeichnen, sind
dem Analytiker mehr als vertraut. Indem er den «Königsweg
zum Unbewußten» beschreitet, macht er von dem Vorrecht
Gebrauch, die Geheimnisse dessen zu erkunden, was Kierke-
gaard in seiner Kennzeichnung der Liebe als «seelisch-sinnliche
Synthese» bezeichnet hat. So haben uns die Philosophen einen
Platz eingeräumt, der einen besonderen Ausblick auf die Liebe
gewährt. Mit ihren Tröstungen versehen, haben wir unser Un-
ternehmen mit neuem Mut begonnen – die Nacherzählung einiger der bekanntesten, eindrucksvollsten und erschütterndsten
Liebesgeschichten, und in ihrem Spiegel die Darstellung des
Werdegangs jedes einzelnen Menschen in seinen leidenschaftlichen Gefühlen, in seinem Verlangen und seinen Sehnsüchten.

Es gab natürlich auch Probleme, wie sie vermutlich immer
auftreten werden, wenn zwei verschiedene Menschen – ob
Analytiker oder nicht – sich mit einem Thema beschäftigen,
dessen Fülle sich nicht in wohlfeilen Verallgemeinerungen erschließt, sondern in Finderglück und persönlicher Eigenart und
Empfindlichkeit – um uns an Milan Kundera anzulehnen. In
seinem Buch «Die unerträgliche Leichtigkeit des Seins» spricht
er von den Objekten der Begierde und beschreibt den erotischen Impuls seines leichtlebigen Helden:

«Was er bei ihnen suchte? Was ihn zu ihnen hinzog? Ist denn
die körperliche Liebe nicht ewige Wiederholung des Gleichen?
Nein. Es bleibt immer ein kleiner Prozentsatz an Unvorstellba-
rem. Sah er eine Frau in Kleidern, so konnte er sich zwar vorstellen, wie sie nackt aussehen würde (hier ergänzte die Erfahrung des Arztes die Erfahrung des Liebhabers), doch blieb

zwischen dem Ungefähren der Vorstellung und der Präzision der Wirklichkeit ein kleiner Spielraum für das Unvorstellbare, und genau das war es, was ihm keine Ruhe ließ. Die Jagd nach dem Unvorstellbaren endet aber nicht etwa mit der Entdeckung der Nacktheit, sie geht weiter: Wie wird sie sich verhalten, wenn er sie auszieht? Was wird sie sagen, wenn er sie liebt? Wie werden ihre Seufzer klingen? Welche Grimasse wird sich im Moment der Lust auf ihrem Gesicht abzeichnen?

Die Einzigartigkeit des menschlichen Ich liegt gerade in dem verborgen, was an ihm unvorstellbar ist. Vorstellen können wir uns nur, was an allen Menschen gleich, was allgemein ist. Das Individuelle des Ich ist das, was es vom Allgemeinen unterscheidet, was sich also nicht von vornherein abschätzen und berechnen läßt, was man am anderen erst enthüllen, entdecken und erobern muß.»[3]

Kundera folgt einem literarischen Impuls – er schreibt als Dichter Erdichtetes. Er legt das Schwergewicht auf die Offenbarung des Allgemeinen in zahllosen besonderen Situationen. Jede erotische Handlung, jeder, der an ihr teilhat, ist etwas Einmaliges. Wäre es für ihn denkbar gewesen, daß zwei Männer, einander in beständiger seelischer und geistiger Freundschaft verbunden, auch in ihrem Verständnis der unendlich vielfältigen und irreduziblen Ausdrucksformen der Liebe übereinstimmen? Es kostet den Schriftsteller harte Arbeit, die Launen der Liebe in Liebesgeschichten nachzuzeichnen, und er beschränkt sich dabei auf die Schilderung von höchstens drei Charakteren. Ist es da nicht vermessen, von Welten der Liebe zu sprechen, wenn jede Liebe und jeder geliebte Mensch eine eigene Welt sind? Was haben wir Neues zu sagen?

An dieser Stelle kommt uns unsere Profession zustatten, ein Metier, in dem es um das «Unvorstellbare» und dessen Gesetzmäßigkeit geht. Die Psychoanalyse ist darauf gerichtet, jene Winkel des Bewußtseins aufzuhellen – den Ort der von Kundera so bezeichneten «poetischen Erinnerung» –, in denen sich die Poesie des Erotischen und Leidenschaftlichen verborgen hält. Unsere Theorie «denkt» darüber nach und entwirft imaginäre Landkarten, die uns dabei helfen sollen, den verborgen

Schatz jedes einzelnen Patienten aufzufinden. In der klinischen
Praxis, wo die Analysanden alle Einzelheiten ihres wirklichen
und phantasierten Liebeslebens ausbreiten, dienen diese be-
grifflichen Verallgemeinerungen anfangs als vorläufige Vermu-
tungen über ganz persönliche Wahrheiten. Sie müssen allerdings rechtzeitig wieder aufgegeben werden, wenn aus der
Couch des Analytikers kein Prokrustesbett werden soll, das
den Patienten mit seinen innersten Wünschen verstümmelt und
entstellt. Trotzdem liefern sie einen paradigmatischen Plan für
das Leben, in den jeder von uns seine seelische Charakterrolle
samt den Abwandlungen einträgt, die sich unserer Individualität verdanken. Welches sind nun die Themen oder Motive, die
eine leidenschaftliche, verzehrende Liebe zu einem anderen
Menschen charakterisieren und die immer wieder in der Kunst
und der schönen Literatur dargestellt werden – dort allerdings
in so herrlichen Farben gepriesen werden, wie sie im wirklichen
Leben nur selten vorkommen? Drei Bedeutungen fließen in der
leidenschaftlichen Liebe zusammen und drängen in der erotischen Begegnung in den Vordergrund. Sie bilden die Themen
unseres Buchs: Liebe, Sexualität und Gefahr.

Entgegen der Auffassung von Spiritualisten und Asketen
kann es keine Liebe ohne Sexualität geben, d. h. ohne ihre wirkliche, phantasierte oder manchmal unbewußte Realisierung in
der geschlechtlichen Umarmung zweier Personen. Mit dieser
scheinbar so einfachen körperlichen und seelischen Vermischung treten zwangsläufig die vielfältigsten Gefahren auf den
Plan. Sie tauchen auf, wenn die Liebe sich in der Lust zur Geltung bringen soll. In den Schilderungen der Künstler wie in den
Assoziationen der Patienten nehmen diese Gefahren Gestalt
an. Sinnliche Intimität kann zum Erschrecken über die eigene
Hilflosigkeit führen. Die Unersättlichkeit der Liebe mit ihren
Wellen des heftigen, verzehrenden Verlangens wirkt bedrohlich angesichts des möglichen Verlusts des geliebten Menschen.
Innerlich entblößt in unserem Begehren, sind wir durch Miß-
billigung, Kränkung oder Zurückweisung verletzbar. Wenn wir
die Hüter der gesellschaftlichen Ordnung und die Wächter
über ihre Tabus herausgefordert haben, zittern wir vor der

Strafe, die allein diesen Frevel sühnen kann, vor der Entmannung oder, allgemeiner, dem totalen Verlust unserer geschlechtlichen Identität. Noch peinigender ist für viele allerdings das Gespenst einer mitleidlosen Selbstbestrafung, eines brennenden, drückenden Schuldgefühls.

Ironischerweise sind diese Ängste unter dem Blickwinkel des Analytikers, des Historikers des menschlichen Seelenlebens, zugleich die «Bedeutungen» der Liebe. In dem, was wir fürchten, finden wir das, was wir begehren. Nach einer anderen von Freud übernommenen Regel *ist* die Angst der Wunsch, besonders in der Liebe. Die Befürworter der «freien Liebe» und die Autoren jener Handbücher, wie sie von Halbwüchsigen gierig verschlungen werden, verfehlen den eigentlichen Punkt: So etwas wie «Liebe ohne Furcht» gibt es nicht, auf jeden Fall keine Höhen der Lust, keine Vereinigung oder wilde Leidenschaft, auf die nicht Angst folgte. Deshalb erzählen Liebesgeschichten zwangsläufig auch immer die Geschichte von Schrecken und Schmerzen, die der Leser im sicheren Schutz des fiktiven Charakters seiner Lektüre genießerisch nachvollziehen kann. Hierin liegt die Wahrheit einer Liebesgeschichte, fast unausweichlich eine Tragödie, die von den meisten von uns im Leben genauso abgewehrt wird, wie wir mit dieser oder jener scherzhaft vorgebrachten Klage unsere Sensibilität abstumpfen und uns mögliche Einsichten verstellen.

Lange Zeit hindurch war der Freudsche «Ödipuskomplex» das Schibboleth jeder psychoanalytischen Erklärung. Knaben zwischen drei und fünf Jahren und – auf kompliziertere Weise – Mädchen im selben Alter hegen Wünsche, die, in Freuds Diktion des 19. Jahrhunderts, «für die Moral abstoßend», dennoch «von der Natur aufgezwungen» sind. Sie richten ein sexuelles Verlangen auf die Eltern, insbesondere, aber nicht ausschließlich, auf den gegengeschlechtlichen Elternteil, während sie mit noch größerer Heftigkeit die herrschenden Väter und Mütter absetzen möchten, von denen sie umsorgt und geschützt werden, die jedoch von ihren ehelichen Rechten Gebrauch machen. Von Schuldgefühlen heimgesucht oder in noch ursprünglicherer Weise von der Bestrafung in Gestalt einer Kastration bedroht, geben sie den inzestuösen Wunsch auf, gelangen zunächst in eine Phase sexueller Latenz und wenden sich schließlich als Heranwachsende und später als Erwachsene anderen Liebesobjekten als Vater und Mutter zu. Im Umgang mit diesen Partnern agieren sie noch einmal ihre Kindheit aus, aber letztlich, wie Freud meinte, folgen sie uralten, nach strikten Mustern aufgebauten Dramen, in denen ebenso verführerische wie furchterweckende Gestalten ihr Wesen treiben. Es kann aber auch vorkommen, daß sie bestimmten Symptomen zum Opfer fallen, in denen die Personen des Seelenlebens auf eine noch unheilvollere Weise in symbolischen Phobien und Zwangsvorstellungen gegenwärtig sind. Nach dieser sogenannten «klassischen psychoanalytischen Auffassung» formt die durch Inzestwünsche und Rivalität gekennzeichnete ödipale Konstellation alle späteren erotischen und romantischen Strebungen sowie die daraus entstehenden Ängste und moralischen Bedrängnisse.

Nach Freuds Tod haben Säuglings- und Kleinkindforscher in den 40er und 50er Jahren mehr über die von ihm so bezeichnete «Vorzeit» des Ödipuskomplexes herausgefunden – den mühevollen Weg eines jeden von uns zu einer Ich-Identität. Bereits Jung und Rank hatten vermutet, es sei eine der wesentlichsten Aufgaben des Menschen, sich aus einem anfänglichen Zustand, in dem es kein Ich und keine andere Person gibt, zu einem Individuum herauszubilden. In ihrer und Freuds Nachfolge haben René Spitz und Margaret Mahler, wahrscheinlich die hervorragendsten psychoanalytischen Kleinkindforscher, diesen Prozeß im wirklichen Leben von kleinen Kindern eingehend beobachtet und festgehalten. Mahler hat gezeigt, daß es unsere Mutter ist – ihr pränataler Körper ebenso wie ihre wahrgenommene Anima nach der Geburt –, aus der wir uns in einem Prozeß der Selbstdefinition, der niemals völlig abgeschlossen werden kann, lösen müssen. Einerseits von einem vorbestimmten Schicksal getrieben, sich zu befreien und damit nach Trennung zu streben (unsere Kierkegaardsche Bestimmung zur Einsamkeit), werden weinende Säuglinge und krabbelnde Kleinkinder andererseits von ihrem inneren Verlangen zurück in eine «duale Einheit» mit der Mutter gezogen. In dieser Vereinigung wird das Kind von einer anhaltenden, versorgenden Wärme umhüllt, die jedoch seine mühsam errungene Individualität und sein Streben nach Unabhängigkeit gefährdet. Hier liegt das elementarste Paradox der Liebe und auch der Kern aller ihrer Freuden und Schrecknisse.

Die Leidenschaft eines Erwachsenen ist in einer noch immer gegenwärtigen Vergangenheit verankert, in der Sehnsucht und Gefahr aufeinander treffen. Im Geist seines Schülers Ferenczi hat Freud einmal geschrieben, der männliche Penis sei wirklich etwas Kostbares, weil er allein die Rückkehr und den Wiedereintritt in den großen Schoß unseres individuellen und kollektiven Ursprungs ermögliche, als die Welt noch von Mutter Ozean bedeckt war. So zutreffend das sein mag, so wenig sind damit die Paradoxien und Spannungen jeder liebevollen körperlichen Vereinigung angesprochen. Während wir das verlorene Paradies durch das gegenseitige Eindringen und Umschließen unserer Genitalien wiedergewinnen, wird unser Bild von unserem Körper, das Fundament unseres Identitätsgefühls, hinweggeschwemmt, seine Konturen und sein Inhalt lösen sich in den Fluten des Verschmelzens und Verschlingens auf. Ein Mann, der eine Frau erobert, ergibt sich ihr zugleich, da er ihr sein Selbst und sein Geschlecht überläßt. Damit verliert auch der Liebende, weil er ebenso besessen wird, seine normale körperliche Gestalt. In der Vereinigung verliert er zumindest für den Augenblick das Bewußtsein und die Wahrnehmung, ein Wesen mit eigenem Körper und Leben zu sein. In diesem grundlegenden Sinn fallen Verlangen und Angst zusammen.

Das Geheimnis der erotischen Liebe, ihre Illusion, eine Einheit zu schaffen, beruht vermutlich auf der Verknüpfung dieser beiden frühen Dilemmata in der individuellen Entwicklung – die Unmöglichkeit der ödipalen Wunscherfüllung und die zum Teil bewußt gewollte Geburt des Selbst. Die genitale Freiheit und die Orgasmusfähigkeit beim Erwachsenen verleihen dieser Synthese ein besonderes und erregendes Potential, indem sie die Möglichkeit schaffen, daß Mann und Frau sich körperlich vereinigen. Sie vermählen die Physiologie des Körpers mit den Illusionen der Seele, wobei sie keinem eine Vorherrschaft über das andere zugestehen. Begrifflich gesehen ist die Psychoanalyse eine dialektische Kosmologie und hat es mit Paradoxien wie den folgenden zu tun: Wunsch als Angst, Illusion in der Körperempfindung, die Erlangung von Weiblichkeit im Akt männlicher Sexualität usw. – Konflikte, die der Leidenschaft und der Entwicklung eine ausgewogene Einheit verleihen, ein Gefühl des Strebens nach unerreichbaren Lösungen, des Geheimnisvollen und des neugierigen Suchens.

Darüber hinaus ist die Psychoanalyse in der Tradition Freuds, wie wir zeigen möchten, theoretisch und vor allem praktisch weitgehend eine Psychologie der Liebe. Für eine erfolgreiche Arbeit »rechnet« der Analytiker geradezu mit der Liebe – er vertraut darauf, daß er das Primärobjekt der Liebeswünsche seiner Patienten wird. Er macht sich diese Bindungskraft in der sogenannten «Übertragung» zunutze, um Widerstände gegenüber unwillkommenen Wahrheiten zu überwinden und in allen Formen des Leidens und Hochgefühls die Ursprünge der Liebe zu erkennen.

Wir sind weder Literaturkritiker noch betreiben wir Geistesgeschichte. Aber aufgrund unserer gemeinsamen Vorliebe haben wir uns entschlossen, unser Thema am Beispiel allgemein bekannter Texte zu veranschaulichen und so unsere Leser an jene umfassendere Geschichte der Liebe heranzuführen, die wir im Auge haben. Die Erzählungen stammen aus drei verschiedenen Kulturen, mit denen wir vertraut sind – der indisch-hinduistischen, der persisch-islamischen und der westlichen Welt –, und erstrecken sich zeitlich über mehr als ein Jahrtausend. Unsere Auswahl ist keineswegs vollständig, sondern rein persönlich, manchmal unausgewogen und sogar willkürlich. Dennoch sind wir zuversichtlich, daß sie repräsentativ ist für die Gefühlswelt der drei Kulturen, deren Angehörige in den Erzählungen die Stimme ihrer eigenen Wünsche vernehmen und wiedererkennen werden.

Abgesehen von Randbemerkungen und Beispielen, haben wir bewußt auf die Verwendung von klinischem Material verzichtet. Gedichte, Erzählungen, Epen und Dramen sind kurz gesagt für uns deshalb so besonders reizvoll, weil ihre Autoren als Künstler über eine Stimme verfügen, die wohltönender und anrührender ist als die unsrige. Die Schilderung des Liebeslebens unserer Patienten würde dieselbe Intensität und sicherlich dieselbe Ausführlichkeit erfordern, und sie hätte dieselbe Treue zum Detail, mit der das Unglück einer literarischen oder mythischen Figur für uns heraufbeschworen wird. Das jedoch wäre ein Vertrauensbruch, ein Verstoß gegen unsere Berufsregeln. Deshalb gehen wir immer nur beiläufig – in Anekdoten und allgemeinen Kommentaren – auf unseren weitgespannten klinischen Hintergrund ein. Statt also für andere Bekenntnis abzulegen, haben wir weitgehend die Dichter für uns sprechen lassen.

Wie bereits gesagt, entstammen wir zwei verschiedenen Kulturen und sind außerdem einer interdisziplinären Sichtweise verpflichtet, die historische und kulturelle Studien mit der eigenen Lebensgeschichte verknüpfen möchte. Bestehen zwischen den einzelnen Kulturen und Epochen ausgeprägte Unterschiede im Hinblick darauf, wie erotische Leidenschaft dargestellt oder bewertet, gesucht und gefürchtet wird? Gerade so, wie jeder von uns seine persönliche Hierarchie von Gefahren und Begierden hat und dennoch alle seine Leidenschaften auf einer einzigen Bewußtseinsebene erfährt, so prägen auch verschiedene Kulturen ewigen Themen ihre Eigenart, ihre Spielarten auf, indem sie bestimmte Gefahren und Hochgefühle der Liebe besonders hervorheben und andere im verborgenen lassen. Aber es kommt noch etwas hinzu: Obwohl wir vielleicht eine natürliche Neigung verspüren, eine Liebesgeschichte mit den Mythen ihrer Kultur in einen Zusammenhang zu bringen, hat es doch den Anschein, als wäre die Liebesgeschichte in jeder Kultur die erfolgreichste Zerstörerin der öffentlichen Sitten, vor allem im Hinblick auf die Autorität und das Verhältnis zwischen Mann und Frau. Wir haben festgestellt, daß Kulturen ihre Liebesmythen weitgehend für dieselben Zwecke einsetzen wie der einzelne seine zentrale sexuelle Phantasie: als Ausdruck der tieferen Wünsche, die den akzeptierten Vorstellungen von der Beziehung zwischen den Geschlechtern so ganz und gar zuwiderlaufen.

Schließlich noch ein paar Bemerkungen zum inhaltlichen Aufbau des Buches. Jede große Liebesgeschichte schließt alle anderen in sich ein, da sie bereits im Keim alle widersprüchlichen Elemente und Wirkungen der Liebe enthält – Eroberung, beherrschende Leidenschaft, Ergebung, das Auskosten kaum erträglicher und elementarer Gefühlsausbrüche, das Stillstehen der Zeit in einer schwebenden Sehnsucht; Sinnlichkeit und Sinnenfreude und der Verlust visueller, körperferner Wahrnehmungen und statt dessen eine neue Weise der Erkenntnis. Andererseits beleuchtet jede Geschichte in besonderer Weise die Wünsche und Ängste, die sich während der verschiedenen Phasen der individuellen Lebensgeschichte, vor allem in der frühen Kindheit, an die Liebe heften. So ergab sich die Anordnung unserer Liebesgeschichten wie von selbst, da wir intuitiv jeweils auf unsere eigene aktuelle Geschichte reagiert haben. Am Anfang stehen literarische Gestaltungen «junger» Liebe, in denen die reinste, um nicht zu sagen «unschuldigste» oder großzügigste Leidenschaft geschildert wird. Die Liebenden dieser Geschichten stehen noch im Jugendalter, und wie wir sehen werden, klingt in ihren Wünschen und Ängsten noch die lebensgeschichtliche Vorzeit nach, als es noch keine Schuld und keine Eindringlinge gab, die Schuldgefühle einflößten. Es ist eine Periode, die der Vergessenheit anheimfällt und von einer schwindenden Erkenntnis verraten wird, eine Zeit, bevor die Liebe zum heimlichen Dieb wird, der die Wachsamkeit wirklicher oder eingebildeter Späheraugen meidet. Danach wenden wir uns der ehebrecherischen Liebe zu, den Dreiecksbeziehungen samt ihren Ambivalenzen, in denen sich mit der Zeit Schuldgefühl und Leidenschaft, Grenzverletzung und unerfüllte Sehnsucht, Phantasie und Wirklichkeit vermischen. In dieser Reihenfolge spiegelt sich die Lebensgeschichte des einzelnen Menschen. Im Schlußkapitel dann sprechen wir über die Phänomenologie der Leidenschaft und über das, was wir als die Ontogenese der Liebe und die Erfahrung ihrer Abgründe bezeichnet haben.

Erster Teil: Die reine Liebe

Die großen exemplarischen Liebesgeschichten sind Mythen, die unser Herz unmittelbar ansprechen. Sie wiederholen anschaulich und in vielen Variationen eine bestimmte Anzahl schillernder Themen. Der Ausgang dieser Geschichten entspricht mit seiner Unerbittlichkeit offenbar unseren Erwartungen. Gleich den Zuschauern der antiken griechischen Tragödien oder der mittelalterlichen Passionsspiele empfinden wir uns als Teilnehmer an einem Ritual, das uns befriedigt und gefällt, da es die von uns gehegten kulturellen und persönlichen Mythen bestätigt, die den Verlauf unseres Lebens erklären sollen.

Andererseits sind diese Geschichten auch immer wieder überraschend für uns. Jede neue Lektüre oder Aufführung enthüllt uns eine verborgene Perspektive oder so etwas wie eine neue Wahrheit im Prisma der Liebe. Und wie wir neue Aspekte entdecken, erfahren wir zugleich über unsere eigenen Wünsche und Sehnsüchte etwas Neues. Diese Erfahrung läßt sich vielleicht mit der des Analysanden vergleichen, der eine und dieselbe alte Geschichte stets aufs Neue wiederholt, jedesmal mit weiteren romantischen Aspekten und Wegweisern zur Vergangenheit, bis am Ende er und der Analytiker in der Lage sind, ihren besseren Teil vollständig zu verstehen.

In diesem Geist der Neuentdeckung wenden wir uns jetzt drei Liebesgeschichten zu, die unter den Mythen der Leidenschaft in ihrer jeweiligen Kultur eine herausragende Stellung einnehmen. Es sind Geschichten junger Liebender, die schwärmerische Liebesgefühle in ihrer wohl reinsten Form zum Ausdruck bringen. Wie wir jedoch sehen werden, ist ihre Liebe nichts weniger als rein und unschuldig, sondern neben aller Lauterkeit beherrscht von Paradoxien und Begierden, die durch den Nebel, der ihre Kindheit umgibt, sich abzeichnen.

Die Liebenden, die einander blindlings verfallen, sehen sich damit zugleich den Ängsten ausgesetzt, denen die meisten Menschen unbewußt aus dem Weg gehen.

Wir beginnen mit einer Geschichte aus der westlichen Welt, mit Romeo und Julia, dem romantischen Liebespaar schlechthin. Danach verfolgen wir die Geschichte junger Liebender, die für die Welten des Islam und des Hinduismus ähnliche Vorbilder abgegeben haben. Die Gemeinsamkeiten in diesen Geschichten von «wahrer Liebe» sind um so verblüffender, als sie durch unübersehbare geographische und historische Grenzen voneinander geschieden sind. Gleichzeitig läßt jede Geschichte innerhalb des universellen Themas tiefempfundener Sehnsucht jeweils ein bestimmtes Motiv deutlicher hervortreten. Diese Motive muten fremd an und scheinen in keiner Weise den normalen Erwartungen und gängigen Vorstellungen der Gesellschaft zu entsprechen, in der sie verwurzelt sind. Doch das Auftreten des Unerwarteten im Bekannten macht häufig gerade das sichtbar, was die Angehörigen einer Kultur zutiefst ersehnen und doch von der Gesellschaft unmöglich anerkannt werden kann, weil es aller Sitte und Gewohnheit so sehr zuwiderlaufen würde.

2. Der Liebestod von Romeo und Julia

> Wenn die Musik der Liebe Nahrung ist,
> Spielt weiter! Gebt mir volles Maß, daß so
> Die übersatte Lust erkrank' und sterbe. –
> *Die* Weise noch einmal! – Sie starb so hin...
> (Shakespeare, *Was ihr wollt*, I. 1)

Shakespeare hat viele Liebesgeschichten erzählt. Von allen diesen hat wohl keine den eigenen inhaltlichen Rahmen so sehr gesprengt wie *Romeo und Julia.* Ein Klassiker, fast schon ein Mythos, ist «Romeo und Julia» nicht mehr allein Shakespeares Geschichte, sondern mittlerweile gemeinsamer Besitz der gesamten westlichen Kultur, eine Erzählung, auf die man sich in vielfältiger – in persönlicher und künstlerischer – Weise bezie-

hen kann. Romeo und Julia bieten sich als *das* Liebespaar im
Unglück an, dessen Reinheit des Gefühls und Geistes vom
grausamen Schicksal und von fehlgeleiteten Verwandten verraten wird. Ihre Liebe gilt als das Urbild einer Leidenschaft, die
durch engherzigen Familiendünkel in der Maske der gekränk-
ten Ehre zu Fall gebracht wird, und als solche war sie in besonderer Weise geeignet, in den Jahrhunderten nach Shakespeare
immer wieder künstlerisch bearbeitet und in immer neue Um-
gebungen verlegt zu werden. Jahraus jahrein gingen die Liebenden über die Bühne, angepaßt an die Gewänder und Gewohnheiten aufeinanderfolgender Epochen, und Romeo, der
einst in der gepuderten Perücke und mit dem prallen Bauch eines Schauspielers aus dem 17. Jahrhundert prunkte, stand vor
wenigen Jahren in Jeans, T-Shirt und mit einem Springmesser
in der *West Side Story* auf der Bühne.

Wir halten uns so lange wie möglich an unsere Jugend und
Körperkraft, bis wir gezwungen sind, das auf uns zu nehmen
und im Glücksfall sogar zu genießen, was unser Lebenszyklus
für uns bereithält. Anders hingegen die Liebe von Romeo und
Julia, deren «Glückes Schein» – nach den Worten Lysanders
aus dem *Sommernachtstraum* – sich «schnell verdunkelt», denn
«gierig (schlingt sie) die Finsternis hinab», bevor sie von innen
verwelken.[1] Von daher rührt für uns ihr nostalgischer Reiz und
ihr Wert als eine Geschichte von der Liebe und den Abgründen
des Gefühls.

Wir sehen in dieser Liebe – ebenso wie in unseren «Deckerinnerungen» – das seit langem verlorene Feuer leidenschaftlicher Jugend. Eine verheiratete Patientin von etwa 35 Jahren
klagt darüber, daß sie und ihr Mann abends immer dann in
Streit geraten, wenn sie sich eigentlich lieben möchten. Ihr Leben ist langweilig im Vergleich zu der Zeit, als sie noch ein
schwärmerischer Teenager war, und sie erinnert sich daran,
was für eine lustvolle Spannung beide empfanden, als sie sich
monatelang sexuell nur berührten, ohne wirklich zueinander
zu kommen. Vielleicht ist der geschlechtliche Verkehr zu bequem, zu alltäglich geworden, und mit ihrem Zank wollen die
beiden Ehepartner ihn irgendwie wieder spannender machen,

überlegt sie. Vielleicht empfindet sie Langeweile und unterbricht sich deshalb kurz vor dem Orgasmus, selbst wenn ihr Mann sie erregt hat. Nach einer ganzen Reihe weiterer Schilderungen von Träumen und ehelichen Zwistigkeiten enthüllt sich in der Analyse ihre noch immer heftige Liebe, ihr Verlangen, heute wie damals mit den Muskeln ihrer Vagina den Penis ihres Mannes abzureißen, seine ganze Lebenskraft zu umschließen und in ihrem Inneren zu verbergen. Wie viele andere hatte auch sie ihre erste Liebe idealisiert, um deren eigentliches Wesen nicht sichtbar werden zu lassen, und ihre Wünsche sind noch immer in ihr lebendig, Sehnsüchte, die durch die Schwierigkeiten im Verlauf ihrer Ehe nach außen hin abgetötet worden waren.

Unsere Sentimentalität, unser Bedürfnis, die eigene Vergangenheit zu idealisieren und keine Verantwortung für den weiteren Verlauf unseres Lebens zu übernehmen, führt uns dahin, ein handelndes Subjekt in Shakespeares Liebestragödie gar nicht erst anzunehmen, so daß wir in ihr nichts als eine Schicksalstragödie sehen. Damit entgeht uns jedoch der verborgene, universelle Reiz der Geschichte. Wir behandeln sie nicht als eine Tragödie, in der unsere eigenen universellen Anstrengungen, die Leidenschaft in der zwangsläufigen inneren Ambivalenz eines Liebenden umzuformen und auf diese Weise aufrechtzuerhalten, bildhaft gestaltet werden, sondern als den Ausdruck von Gefühlen, die aus dem Wirken äußerer Umstände und menschlicher Tyrannei entstehen. Wir wehren uns gegen das Drama, auch wenn wir seine Schönheit loben; wir machen es für uns zurecht.

Im folgenden werden wir die These vertreten, daß Shakespeares *Romeo und Julia* – auf den ersten Blick die Geschichte einer von außen bedrohten Liebe – tatsächlich weitgehend ein Drama tragischer Schwächen ist, bei dem die Bedrohungen der unglücklichen Liebenden in den paradoxen Absichten der Protagonisten des Stücks selbst aufzusuchen sind. Was immer man auch von dem Stück gesagt hat, *Romeo und Julia* handelt weder von (verratener) Unschuld noch von der romantischen Selbstvergessenheit und Zartheit junger Liebe, wie sie in der kulturellen Tradition des Westens so idealisiert wird. Das eigentliche Thema dieser Tragödie ist vielmehr ein bestimmter Aspekt der erotischen Vereinigung – ihre *Roheit*, sobald sie den Liebenden verweigert wird. Sie erzählt uns außerdem davon, welche Gewaltsamkeit in der enttäuschten Weiblichkeit von Männern verborgen ist, sowie von deren Kannibalismus, wenn sie von der Schönheit einer Frau gekostet haben und danach von ihr ferngehalten werden. Normalerweise bedeckt und verhüllt der Schleier der Nacht diese heimlichen Begierden. Sobald wir ihn lüften wollen, droht eine Katastrophe.

Ort der Handlung ist die Stadt Verona, wie man sich diese im elisabethanischen England vorstellte – als Stätte der Leidenschaft und Intrige. Zwei vornehme Geschlechter, die Capulets und die Montagues, liegen miteinander wegen Beleidigungen in Fehde, deren Ursprünge mit der Zeit in Vergessenheit geraten sind. Ihre unerbittliche Feindschaft, ihr Erbzwist, der die Straßen der friedlichen Stadt zu Schauplätzen fortwährender Verstümmelungen und dann und wann auch von Morden macht, versetzt die Bürgerschaft in Schrecken und ist auch dem Prinzen als dem Oberhaupt Veronas ein Dorn im Auge.

Der streitsüchtigste Raufbold der Capulets ist Tybalt der «Katzenkönig», anmaßend und gefährlich in seinem Hochmut und leicht zu reizen. Die Capulets haben eine Tochter Julia, ihr einziges Kind, die mit 14 Jahren gerade das heiratsfähige Alter erreicht hat. Der junge Romeo, einziger Sohn der Montagues und der vielleicht würdigste unter den ritterlichen Junggesellen der Stadt, gehört natürlich nicht zum Kreis ihrer Bewerber. Romeos geliebte Gefährten sind der standhafte Benvolio und der geistreiche Mercutio, ein Verwandter des Prinzen.

Zu Beginn des Stücks ist Romeo ein höfischer Liebender, der sich in die Liebe als solche verliebt hat. Ein Prolog führt den Zuschauer in die Handlung ein. Der Gedanke, daß es sich bei der Geschichte von Romeo und Julia um eine unglückselige Tragödie handelt, läßt sich unmittelbar aus den Worten dieses Prologs ableiten: «Aus beider Feinde unheilvollem Schoß/Entspringt ein Liebespaar, unsternbedroht...» Auf sie wartet das «jämmerliche Los» einer Liebe, die «dem Tod verfiel».[2]

Wäre dies jedoch die ganze Geschichte, so bräuchten wir das
Stück nicht. Das Auftreten des Chors im Prolog, der keineswegs den Standpunkt des Dichters zum Ausdruck bringt, und
sein Bericht sind offenbar ein dramaturgischer Einfall, der an
das Gepränge des Chors erinnert, der uns in die Handlung von
Heinrich V., des vormaligen Prinzen von Wales, einführt. Wie
bei den Redefiguren der höfischen Liebe benutzt Shakespeare
die bewährten Formen, um auf die Stimmungslage der Zuschauer einzugehen. Er verführt uns mit scheinbar Bekanntem,
nur um unsere liebgewordenen Erwartungen zu enttäuschen.
Gleich einem Psychoanalytiker beginnt der Dichter mit der
Oberfläche, führt uns jedoch immer tiefer in die menschliche
Natur hinein. Tatsächlich ist die Betrachtungsweise des Chors
im Prolog die eines Publikums, das zunächst oberflächlich die
Leidenschaft der jungen Liebenden nachempfindet und erst allmählich, wie in jedem großen Drama seit *Oedipus Rex*, die
Wahrheit erfährt. Einige Szenen später, nachdem die Liebenden sich begegnet sind und miteinander gesprochen haben,
wird der Chor – und wir mit ihm – seine «Stimmung» ändern.

Wie wir zeigen werden, enthüllt die Sprache ihrer Liebe, daß
der Grund für deren «jämmerliches Los» nicht nur in den sozialen und ideologischen Kräften aufzusuchen ist, denen sie offenbar zum Opfer fallen, sondern auch in den dunkleren
Mächten ihrer eigenen Natur. Es ist das ureigene Schicksal der
Liebenden selbst; Eros ist von Thanatos durchdrungen und
vergiftet.[3] Der Sadismus, der die Stadt Verona heimsucht, hat
seinen Sitz zugleich auch in den Herzen der Liebenden.

Die eigentliche Handlung beginnt mit einer erneuten hand-
festen Auseinandersetzung zwischen den Anhängern der verfeindeten Familien. Der Prinz kommt hinzu und droht an,
künftige Friedensbrüche mit dem Tod zu bestrafen. Im An-
schluß an die Rauferei spricht Romeos Vater von der «künstli-
chen Nacht», die sich sein trübsinniger Sohn am Tage schaffe,
und versucht die Ursache für den Kummer des jungen Höflings
zu ergründen. Eingesperrt in seine Kammer, seine selbstge-
wählte Klause, ist Romeo von blinder Leidenschaft zu Rosalinde erfüllt, die ihn zurückweist; er ist in die Liebe verliebt – die

brennende, unerwiderte Liebe zu der grausamen Herrin, deren Tugend sie kalt macht. Rosalinde meidet ihn, und er liebt sie desto mehr. In der Schilderung seines Sohnes greift der alte Montague zu einer Metapher anderer Art, die später auch in die Sprache Romeos Eingang findet, wenn die tragischen Geschehnisse des Dramas ihre Unerbittlichkeit enthüllen und er von Julia hinweggerissen wird: Er ist wie eine «Knospe, die ein Wurm zernagt» – krank, sterbend, vor dem Erblühen schon gebrochen, von allem Leben abgeschnitten. Romeo erinnert an den modernen Teenager «auf dem Sprung»; schwärmerisch und doch begierig; voll Sehnsucht in den Lenden und voll Verzweiflung in seinem fast metaphysischen Gefühl, daß ihm noch unbekannte Regionen des Fleisches und des Geistes bestimmt sind.

Ohne wahre Liebe gekannt zu haben, ist Romeo bereits von Enttäuschung und Leiden gezeichnet; seine Leidenschaft ist ein auf ihn selbst gerichtetes Verlangen. Als er die Szene betritt, spricht er zu Benvolio von seiner Liebesqual: «Lieb' ist ein Rauch, den Seufzerdämpf' erzeugten... Gequält, ein Meer, von Tränen angeschwellt... und ekle Gall'...» im Angesicht einer «Schönheit, die der Lust sich streng enthält».[4] Die Bilder sind trostlos, manchmal feindselig und insbesondere ganz und gar «oral». Romeo möchte etwas verschlingen, das er nicht haben kann, und solange ihm dies fehlt, verzehrt er sich gierig selbst – wie wir noch sehen werden – bis hin zum eigenen Tod. Wir könnten über seine sprichwörtliche Torheit lächeln, gäbe es nicht Anzeichen, die uns die verhängnisvolleren Folgen im Fortgang der Tragödie ahnen ließen.

Für die Zeitgenossen Shakespeares war die höfische Liebe ein Klischee, eine Idee, die als Erbe der Troubadoure überkommen war, vom Hof Eleonores von Aquitanien und den Dichtern 50 Jahre vor Shakespeare.[5] Sie ist ein Vermächtnis, das – wie wir im folgenden Kapitel zeigen werden – sich bis zu den Wüsten Arabiens und den verzweifelten Wehklagen des Verehrers einer unerreichbaren Frau zurückverfolgen läßt. Hinter einer bewundernswerten Ritterlichkeit oder der Narrheit unerwiderter Liebe – die tragische und die komische Maske der

Liebe zur damaligen Zeit – verbirgt sich eine ursprüngliche, ir-
rationale und eigenartig sinnliche Gewalt – ein selbstverschlin-
gender Kannibalismus. Shakespeare sieht in diesen und anderen Vorstellungen eine individuelle Bedeutung und enthüllt
langsam, aber unerbittlich die Selbsttäuschungen seiner eigenen und unserer Gesellschaft über das wahre Wesen unserer
Sehnsüchte.

Romeos kindliche Übertreibungen machen die unheilvollen
Kontrapunkte zu jugendlicher Naivität und sexueller Selbst-
entdeckung ebenso deutlich wie die in ihnen schlummernden
gefährlichen Möglichkeiten. Romeo der Jüngling, außer sich,
weil er von der Erotik in seinem Inneren bedrängt wird, ist
nicht frei von Zerstörung und Schuld, die ihn wie die meisten
Liebenden in seinem Alter zum Musterbeispiel eines unterwürfigen «Masochisten» machen. Zu lieben bedeutet, sich der allmächtigen Frau auszuliefern und die mühsam errungene Unabhängigkeit, das Großspurige, Scherzhafte und die «phallisch»
männliche Kumpanei aufzugeben, die sich in seinen Wortge-
fechten mit Mercutio und Benvolio zeigt. Zu lieben bedeutet,
Sehnsucht zu fühlen, sich der zurückweichenden Brust in der
Hoffnung auf die Wohltat eines Augenblicks zum Opfer darzubringen. Alle leidenschaftlichen jungen Männer haben wohl
so geliebt, wenn auch keiner von ihnen so tief empfunden hat
wie ihr Urbild oder Ideal Romeo.

Romeos Neigungen und Eigenarten machen sich in jeder
Szene geltend und tragen wesentlich zur Entfaltung seiner Tragödie bei. In der ersten Szene des ersten Aktes ist Romeo, gepeinigt von dem, was er als fortwährende Zurückweisung erlebt, reif für die Liebe. Er fühlt sich «gebunden ... gesperrt in
einen Kerker, ausgehungert, gegeißelt und geplagt».[6] Wird diese Sucht nach Qualen, *seine* tragische Schwäche, sich einfach
geben, wenn seine Sehnsucht erfüllt, aber nur unvollkommen
erwidert wird? Wir wissen im voraus, daß es das Schicksal Romeos und Julias ist, von ganzem Herzen füreinander in Liebe
zu entbrennen. Wir wissen noch nicht, wie Romeo mit seinem
Naturell auf diese Wirklichkeit der Adoleszenz reagiert, wenn
sich zum erstenmal das Verlangen in ihm regt. Der Zusammen-

stoß zwischen äußeren Umständen und innerer Natur steht
noch bevor, die Liebesgeschichte ist erst noch zu erzählen. Gedrängt von Benvolio willigt er ein, den Maskenball der Capulets zu besuchen, ein «Abendessen», wie er annimmt, während
sein Freund hofft, daß er dort seine mittlerweile lächerliche Besessenheit von Rosalindes Schönheit «einer Realitätsprüfung
unterzieht», wie der Analytiker sagen würde.

In der Zwischenzeit macht das Publikum die Bekanntschaft
der knapp 14jährigen Julia. Auch die Erinnerungen ihrer der-
ben Amme kreisen um einen Kranz eindrucksvoller Anekdoten, die man versucht sein könnte, als das geschwätzige Plap-
pern eines alten Waschweibs abzutun, ginge es nicht auch in
ihnen um die Themen der Bitterkeit, Zurückweisung, der Verletzung und des Todes. Während sie ihr eigenes totes Kind beklagt, erinnert sich die alte Frau, wie sie Julia im Alter von drei
Jahren entwöhnte, an den «Wermut» auf ihrer Brustwarze und
daran, daß sich das kleine Mädchen damals «die Stirn ent-
zwei(fiel)». Wir erfahren, daß die schreiende kleine Julia vom
Mann der Amme aufgehoben wurde, der ihr prophezeite:

> «...fällst du so auf dein Gesicht?
> Wirst rückwärts fallen, wenn du klüger bist.
> Nicht wahr, mein Kind? Und, liebe Heil'ge Frau,
> Das Mädchen schrie nicht mehr und sagte: Ja.»[7]

Der Mann spielt natürlich halb scherzhaft auf Julias späteres
Geschick als Frau an. Doch sein obszöner Witz verrät uns außerdem noch etwas über die Art dieses Geschicks und die weibliche Sexualität im Hinblick auf deren Aspekt der Unterwerfung. Julia (das wird an der zweifachen Wiederholung dieser
Schilderung durch die Amme deutlich) ist auch *von Natur* ein
Opfer. Sie ist pflichtbewußt, bescheiden, läßt sich nichts zu-
schulden kommen und geht dennoch einem weiteren Fall entgegen. Offenbar ist sie dem Leben weit vorbehaltloser zuge-
wandt als ihr überempfindsamer Romeo; sie stürzt sich
geradezu Hals über Kopf hinein. Ihre Selbstzerstörung geschieht eher ungestüm als zögernd. Von daher rühren ihre Tugend, ihre Schönheit, zugleich aber auch ihr eigenes verhäng-

nisvolles Potential, denn auch sie wird getrieben, in der bevorstehenden Fröhlichkeit ihren Untergang zu suchen.

In der folgenden Szene tritt der geistreiche Mercutio auf, und mit ihm lernen wir ein drittes Verhältnis eines Heranwachsenden zur Liebe kennen. Er verspottet Romeos liebeskranke Träumereien und parodiert sie. An dieser Stelle das Sprachrohr des Dichters, vergleicht Mercutio die fixen Ideen seines Freundes, insbesondere dessen Träume, mit Nichtigkeiten aller Art – mit den Reverenzen, nach denen Hofschranzen lechzen, den Sporteln von Anwälten, den Küssen auf den mit Bläschen verunzierten Lippen ältlicher Damen, dem eitlen Ruhm des Soldaten usw., all dies eher phantastisch als wirklich, Traumbilder und «Kinder eines müß'gen Hirns, von nichts als eitler Phantasie erzeugt» –, die ihr Leben der «Entbinderin der Feenwelt» verdanken.[8] Aber trotz seiner Beteuerungen ist auch Mercutio nicht unempfindlich gegen solche Gefühle, die sich in seinen scherzhaften Spötteleien verraten. Er ist verliebt in Romeo, den fröhlichen Gesellen, und möchte ihn gern tanzen sehen. Mercutio repräsentiert in unseren Augen die androgyne, unbewußt homosexuelle Peter-Pan-Welt heranwachsender Männer, in der Witz und Ehre vor heterosexueller Liebe schützen und diese außer Kraft setzen. Höher als alles andere, insbesondere höher als jede Verpflichtung gegenüber einer Frau, schätzt er die Männerfreundschaft. Wie bei der Liebe von Romeo und Julia werden die unbewußten Bande dieser Freundschaft seine Urteilskraft beeinträchtigen und Romeos Untergang mit herbeiführen.

Unheilbringende Personen befinden sich unter den Zechern auf dem Fest der Capulets – Tybalt, der Raufbold mit dem Degen, Lord Capulet und seine eitle und rachsüchtige Frau, die Mutter Julias. Mitten in der düstersten Finsternis trifft Romeo auf die schneeweiße, strahlende, juwelengeschmückte «wahre Schönheit» Julia. Ihre Begegnung ist magisch und enthüllt eine Liebe auf den ersten Blick. In seiner «hell glühenden» Liebe schwört er seiner bisherigen unechten Leidenschaft ab und findet bei Julia bereitwillige Aufnahme. Sie tanzen einander in die Arme, maskiert und doch mit offenem Gesicht, angezogen von einer magnetischen Kraft, die zumindest Romeo tollkühn macht. Kaum haben sie sich in einem Kuß berührt, entdecken die jungen Liebenden ihre jeweilige verwandtschaftliche Zugehörigkeit, die sie voneinander trennt. Zerstörung und Verlangen fließen unmittelbar zusammen, und nach dieser Entdekkung schließt der erste Akt mit den Worten Julias:

> «So einz'ge Lieb' aus großem Haß entbrannt...
> O Wunderwerk! Ich fühle mich getrieben,
> Den ärgsten Feind aufs zärtlichste zu lieben.»[9]

Julias Worte erinnern an Romeos Antwort auf den lauten Streit, mit dem das Stück beginnt, und sind Vorahnungen ihrer viel berechtigteren Verzweiflung über ihre ausweglose Situation, als Romeo später durch sein persönliches Handeln die Feindschaft der Familie auf sich zieht. Romeo ist auf dem Fest von Tybalt erkannt worden, den nur sein Oheim Capulet zurückhalten kann, sich auf Romeo zu stürzen und so den Frieden des Festes zu stören.

Der Chor, der den zweiten Akt einleitet, liefert jetzt das Echo auf die verhängnisvolleren Untertöne der Verse der Liebenden. Vordergründig vergleicht der Chor in diesem Prolog Romeos niedriges Verlangen nach Rosalinde mit seiner hehren Liebe zu Julia. Viel bedeutsamer sind jedoch die Metaphern in jeder einzelnen Zeile, in deren Mittelpunkt Gier und Tod stehen:

> «Altes *Verlangen* starb; es zu beerben,
> Ward junge Leidenschaft geschwind ersehen:
> Die Schöne, derhalb' Liebe wollte *sterben,*
> Ist neben Julias Schönheit nicht mehr schön.
> ... als *Köder* ihr zu hangen
> Auf tück'scher Angel süße Liebe scheint.»[10]

Vor dem Garten der Capulets stehen Mercutio und Benvolio und fragen sich, wo Romeo wohl sein mag. Wiederum macht sich Mercutio über Romeo lustig, nennt ihn einen Affen, ein Tier, das obendrein «tot» ist. Jetzt aber mißversteht er dessen höheres Sehnen als niedere Begierde. Romeo antwortet insgeheim auf den suchenden Ruf des Freundes, indem er abermals die Wirkung der Liebe mit einer Verletzung vergleicht – «Narben» und «Wunden» –, und dies als Vorwegnahme und nicht als nachträgliche Äußerung über eine tatsächlich erlittene Verwundung. Mercutio, so will er außerdem sagen, kann keine Frau lieben, ihn hat dieses Feuer noch nicht gebrannt. Er lebt ganz in seinem Witz, Spott und seiner Misogynie.

Romeo überwindet die Mauer zum Garten der Capulets, jenes symbolische und reale Hindernis, das ihn von Julia trennt. Die berühmte nun folgende Balkonszene ist in der Tat eine zweistimmige Rhapsodie auf «der (wahren) Liebe leichte Schwingen», ein lyrisches Duett, das Romeo und Julia über die steinigen Hindernisse erhebt, die durch die engstirnigen Vorurteile ihrer Familien errichtet werden, so daß aus ihren Häusern Bollwerke und Kerker geworden sind. Doch selbst hier bilden die Motive Neid, Rivalität, Mord und das Auskosten des Leidens einen düsteren Gegensatz zu den heiteren Gefühlen der Liebenden. Romeo sieht von unten Julia auf dem Balkon stehen, bezeichnet sie in seinem Monolog als «holde Sonn'» und fordert sie insgeheim auf, «ertöte Lunen, die neidisch ist und schon vor Grame bleich» – vor narzißtischem Gram, wie man hinzufügen möchte. Ihre strahlende Erscheinung und Romeos zärtliche Unterwerfung überdecken die düsteren Bilder – er wäre gern «der Handschuh doch auf ihrer Hand», ein Teil von ihr und sie zugleich umhüllend, so daß er ihre (auf die Hand gestützte) Wange berühren könnte.[11]

Aus Angst um sein Leben weicht Julia zunächst vor Romeo zurück. Romeo weiß, daß ihre Vettern sein Leben bedrohen, doch liegt für ihn die größere «Gefahr» in den «Augen» seiner Liebsten. Bedrohlich ist sie für ihn als eine Frau mit der Fähigkeit, ihre Gegenwart oder ihre Liebe zu entziehen und ihren Bewunderer von dem zu trennen, was nur allzuschnell seine bessere Hälfte geworden ist. Julia befürchtet ihrerseits die potentielle Untreue des Mannes in Romeo, den «Meineid der Verliebten». Was Beständigkeit und Treue angeht – die wahre Leidenschaft ihrer Liebe –, so hat sie natürlich nichts zu befürchten. Ehre und Rache sind die beiden einzigen anderen

«Leidenschaften», denen Romeo sich unterwirft. Insofern ist ihr Mißtrauen unbegründet.

Die Liebe ist am gefährlichsten in ihrer unvermittelten Intensität –

«zu rasch, zu unbedacht, zu plötzlich;
Gleicht allzusehr dem Blitz, der nicht mehr ist,
Noch eh man sagen kann: Es blitzt.»[12]

Paradox vielleicht die Worte Julias:

«So grenzenlos ist meine Huld und meine Liebe,
So tief ja wie das Meer. Je mehr ich gebe,
Je mehr auch hab ich: beides ist unendlich.»[13]

In ihrem Leben entdeckt Julia die Fülle ihres Frauseins. Immer wieder erneuert durch die eigene verschwenderische Hingabe, ist sie in ihrer Vorstellung in dem Maße unsterblich, in dem sie sich einem anderen schenkt. Eine solche Grenzenlosigkeit kann jedoch überwältigend sein und dazu führen, daß eines den anderen verschlingt. Und da das Liebesverlangen auch hier raubgierig ist, schleichen sich «orale» und räuberische Bilder ein. Julia sehnt sich nach «eines Jägers Stimme», um ihren Falken zurückzulocken; sie ist eine Sirene wider Willen. Mag Romeo auch davon sprechen, «wie silbersüß ... bei der Nacht die Stimme der Liebenden (ertönt)», so vergleicht ihn Julia doch mit dem Vogel eines «tändelnden Mädchens», das einen «Armen in der Banden Druck» hält und ihm «liebevoll ... die Freiheit (mißgönnt)». Als Romeo in diese Rolle einwilligt, warnt sie ihn: «Doch hegt' und pflegt' ich dich gewiß zu Tode», und spricht von ihrem Abschiedsschmerz als einem «süß(en) Trennungswehe».[14]

Für den Analytiker stehen diese Bilder in Einklang mit Erlebnissen, wie sie von Frauen geschildert werden, wenn sie mit einem geliebten und von ihnen bewunderten Mann einen Orgasmus haben. Ihre Vaginalmuskeln schließen sich um den Penis zusammen, als wollte sie ihn und seinen Träger an sich reißen. Das ist die weibliche Form einer sexuellen Aggression. Selbst die zärtliche Julia wird wie die keusche Leila der folgenden Erzählung zur «Belle Dame sans Merci», die ihren Geliebten in eine erotische Umarmung lockt – eine tödliche Falle, in die er sich freiwillig begibt.

Ihr Abschied – mit dem Nachgeschmack eines süßen Trennungswehes – ist nicht nur schmerzhaft, sondern auch willkommen, da er die Liebenden vom Drang ihrer gegenseitigen Begierde befreit. Eine endlose Vertrautheit dieser Art muß sich schließlich selbst erschöpfen. Wo sie nicht durch künstliche oder äußere Zwänge abgeschwächt oder beschränkt wird, da errichten die meisten Liebenden mit der Zeit ihre eigenen Mauern und halten häufig den einstmals geliebten Partner auf Distanz, indem sie ihn bekämpfen oder vor ihm fliehen. Auf diese Weise werden selbst romantische Ehen mit der Zeit eintönig und brüchig.

Romeo sucht seinen «frommen Vater» auf, Bruder Lorenzo, einen asketischen, in der Naturkunde bewanderten Franziskanermönch, den er – wiederum in einer Sprache des hungrigen Verlangens – «um Hilfe anflehen» möchte. Bruder Lorenzo erinnert durchaus an einen Psychoanalytiker, seinen modernen Nachfahren. Er erweist sich als Naturwissenschaftler, der ganz dem rationalen Geist Freuds und dessen Diktum verpflichtet ist «Wo Es war, soll Ich werden», d. h. der Lehre, daß aus blinden Triebansprüchen Vernunft entsteht, die die Triebe schließlich beherrscht. Als Betrachter und Kommentator der Welt der Liebe und des Hasses steht ein solcher Mensch *hors du combat*, von keiner blindmachenden Leidenschaft bewegt und unempfindlich gegenüber allen Wendungen des Schicksals, die dieser Leidenschaft einen Spielraum zu ihrer Entfaltung geben.

Bruder Lorenzos Eingangsmonolog preist die Kräfte, die er aus allem, selbst Giftigem, zu ziehen vermag, solange man die Dinge «recht zu pflegen (weiß)». Indem er die Pflanzen in mancher Hinsicht ähnlich beschwört wie wir das Unbewußte, verläßt er die Ebene der Vernunft und setzt auf seinen Glauben. Bruder Lorenzo ist überzeugt, daß seine auf Erkenntnissen beruhende und dennoch spirituelle Wahrheit die Oberhand über die Kräfte des Bösen gewinnen wird, die ihm nach seinen eigenen Worten so gut bekannt sind, wenn auch in unpersönlicher

Gestalt. Daher rührt die tragische Hilflosigkeit des Mönchs, wenn er es mit den unerbittlichen, unaussprechlichen Begierden des Fleisches zu tun hat. In seinen Kräutern wohnen ebenso wie in der Analyse «gift'ge Säfte» und «milde Heilungskräfte»; er ist davon überzeugt, ohne einen vernünftigen Grund dafür zu haben, daß die letzteren am Ende den Sieg davontragen werden. Aber wie kann man das wissen? Welchen Weg mächtige Leidenschaften in der Begegnung mit zufälligen Ereignissen nehmen, läßt sich leichter nachträglich erkennen als von Anfang an voraussehen – das ist das große Dilemma jeder Sozialwissenschaft und Psychologie.

Romeo betritt Bruder Lorenzos Klostergarten und erzählt ihm, jemand habe ihn «auf einmal (verwundet). Desgleichen tat ich ihm». Können wir noch an dem «Sadomasochismus» zweifeln, der den eigentlichen Kern seines Verlangens ausmacht? Wie um sich von der Paradoxie zu befreien, sucht der junge Liebende zur Heilung «heil'ge Arzenei» und insbesondere hochzeitlichen Segen. Zwar tadelt ihn der alte Weise wegen der Unbeständigkeit seiner Liebe zu Rosalinde und beklagt die «Schwäche» der Männer überhaupt, willigt jedoch in der Hoffnung in sein Begehren, daß die Verbindung der Liebenden auch dem alten Groll zwischen den Capulets und den Montagues ein Ende bereiten werde. Bruder Lorenzo gelangt sehr schnell zu dieser Entscheidung, möglicherweise unter dem Eindruck der starken Gefühle Romeos. Er hätte besser getan, die Warnung zu beachten, mit der er – ein Widerhall auf die von Julias Amme erzählte Episode – Romeo ermahnt: «Wer hastig läuft, der fällt».[15]

Erkennt Lorenzo das, was in der folgenden Szene Mercutio erkannt hat, als er zu Benvolio über Romeo sagt: «Er ist ja schon tot... durchs Ohr geschossen mit einem Liebesliedchen; seine Herzensscheibe durch den Pfeil des kleinen blinden Schützen mitten entzweigespalten»[16]?

Solche Bilder verweisen auf die Übernahme der unterwürfigen Geschlechtsrolle der Frau durch Romeo und seinen Verzicht auf Männlichkeit. Sie sind zugleich prophetische Andeutungen, daß Romeo sich im weiteren Verlauf des Stückes

zunehmend weiblichen Gefühlen hingibt. Es hat wiederholt
den Anschein, als reagierte Mercutio auf die Liebe von Frauen
mit Ablehnung und Angst, während Bruder Lorenzo sie zunächst toleriert und anschließend ausnutzt. Dennoch spürt
Mercutio im Gegensatz zu Bruder Lorenzo auch die problema-
tischeren Kräfte in der harmlosen Verliebtheit seines Freundes
und bemüht sich, diesen für die Welt des geistreichen Witzes
und des Fechtens zurückzuerobern. Als Romeo sich auf ein
Wortgeplänkel mit ihm einläßt, bemerkt Mercutio schließlich:
«So hab' ich dich gern». Phallisches Gebaren und ein Ethos der
Tapferkeit um der Tapferkeit willen, so scheint Mercutio zu
glauben, wird ihm den Freund zurückgewinnen und ein übriges
tun, daß sich dieser wieder auf seine Männlichkeit besinnt.

Inzwischen hat Romeo Julia seinen Heiratsantrag übermitteln lassen, ohne daß Mercutio davon weiß. Romeo und Bruder
Lorenzo erwarten Julia, und Romeo entgegnet auf die Andeu-
tung des Paters von künftigem Kummer mit einiger Berechti-
gung: «wiegt er die Freuden auf, die mir in *ihrem* Anblick eine
flücht'ge Minute gibt?» Bruder Lorenzo scheint düstere Ahnungen zu hegen, wenn er sagt:

> «So wilde Freude nimmt ein wildes Ende
> Und stirbt im höchsten Sieg, wie Feu'r und Pulver
> Im Kusse sich verzehrt. Die Süßigkeit
> Des Honigs widert durch ihr Übermaß...»[17]

Auf einer bestimmten Ebene ist ihm offenbar der eigentliche
Kern seiner Vorwürfe bewußt, und dennoch möchte er auf magische Weise in das verzehrende Geben und Nehmen der beiden eine Ordnung bringen, wenn er den Bräutigam ermahnt:
«liebe mäßig!» Oder entspringen seine Ahnungen den eigenen
unbekannten und unkontrollierbaren Inhalten des Unbewußten? Abermals bewegen sich die Bilder im Umkreis von «Orali-
tät» und ganz besonders von Unersättlichkeit, als hätten die
Liebenden die begehrlichen Wünsche wieder entfacht, denen
der alte Mann seit langem entsagt hat.

Bilder der Fülle und der Beschwingtheit umrahmen die Begegnung der Liebenden vor ihrer Trauung. Als wollte er das

Erotische zähmen und ihr hastiges Drängen zur geschlechtlichen Vereinigung zügeln, ruft Bruder Lorenzo die Autorität der Kirche an, die beide «einander einverleibt». Dies freilich haben sie bereits getan und werden es weiterhin tun, ohne dazu eine äußere Sanktion zu benötigen. Bruder Lorenzo erliegt einer Allmachtsphantasie, für die die Frischvermählten teuer bezahlen müssen. Wir können uns fragen, ob sie ihre Vereinigung nicht auch ohne seine Hilfe zuwege gebracht hätten, da doch alles in ihnen so unwiderstehlich darauf hindrängte.

Die verhängnisvolle erste Szene des dritten Akts, die nun folgt, zeigt einen streitsüchtigen Mercutio, dessen Groll aller Wahrscheinlichkeit nach dem unbestimmten Gefühl entspringt, daß er *seinen* Romeo verloren hat. Tybalt tritt auf und provoziert den hinzu kommenden Romeo. Noch weiß niemand etwas davon, daß dieser Julia geheiratet hat. Als Romeo auf die Herausforderung Tybalts nicht eingeht, ist der Freund empört über seine «zahme, schimpfliche, verhaßte Demut» und zieht den Degen, um Tybalts Beleidigung mit der Waffe zu begegnen. Romeo, dessen Treue nunmehr Julia gehört, verletzt den Ehrenkodex – er tritt zwischen die Kämpfenden und verschafft damit unabsichtlich dem arglistigen Tybalt die Möglichkeit, Mercutio tödlich zu treffen, so daß er zum Mitschuldigen an dessen Tod wird. Es hat den Anschein, als hätte Romeo sich vorübergehend mit seinem «frommen Vater» identifiziert und versucht, Triebe mit Vernunftgründen zu zähmen. Entgegen den eigenen Absichten opfert er damit abermals die Freundschaft der erotischen Liebe.

Mercutios Fluch: «Zum Teufel beider Sippschaft!» läßt sich als Kommentar zu demselben eingreifenden und anmaßenden Machtanspruch Romeos wie Bruder Lorenzos verstehen, der dem Impuls, der Natur oder dem Schicksal keinen eigenen Raum geben möchte. Es ist überdies buchstäblich ein Fluch, ein Ausruf, der eine unselige Wendung der Ereignisse, die Bruder Lorenzos Pläne durchkreuzt und Romeo zugrunde richtet, ahnen läßt. Eine zufällig ausgebrochene Seuche wird später den Boten Bruder Lorenzos festhalten, so daß Romeo den ihm zugedachten Brief nicht erhält und seiner selbstzerstörerischen

Neigung freien Lauf läßt. Wir werden auf diesen Punkt noch zurückkommen, wenn das Stück seinem unausweichlichen Schluß zustrebt und die Allmacht der Vernunft vor aller Natur, auch der menschlichen, zuschanden wird.

Nach der Ermordung Mercutios beklagt Romeo, daß Julias Schönheit ihn «so weibisch» gemacht habe. Als wollte er den ersten Vertrauensbruch durch einen zweiten wieder wettmachen, vergißt er sein Ehegelübde. Kriegerische Männlichkeit und Schuldgefühle ergreifen von ihm Besitz, als er Mercutio rächt – er unterwirft sich wieder der Welt der Männer. In seinem guten Glauben hätte er nicht anders handeln können. Romeos Verratshandlungen entstehen aus einem Übermaß an Hingabe – erst an Julia, dann an den Freund. Gleich Tristan ist Romeo hin und her gerissen zwischen der Liebe zu einer Frau und einem Mann. Wie Hamlet kann er sich nicht endgültig entscheiden zwischen dem heidnischen Gesetz der Rache und dem christlichen Gebot der Vergebung und Barmherzigkeit. Anders als bei diesem ist Romeos eigentliches Elend jedoch die Folge seiner Tat, nicht deren Ursache. Romeo flieht vom Schauplatz, noch ehe der Prinz von Verona hinzukommt, der ihn zur Strafe aus der Stadt verbannt.

Julia, die von dem Vorgefallenen nichts weiß, sehnt den «schwarzen Mantel» der Nacht herbei, eines der Bilder, die in dem Stück immer wiederkehren. Unbewußt verleugnet sie alles. In einer für das zärtliche Mädchen verblüffenden Phantasie wünscht sich Julia den Geliebten, wenn er tot ist, «in kleine Sterne (zerteilt)», um das nächtliche Firmament mit seinem Glanz zu erhellen, womit sie auch zum Ausdruck bringt, daß das Tote das Lebendige überstrahlt. Ist das unschuldige junge Mädchen, ursprünglich so großherzig und gütig, nunmehr in Romeos eigene Seele geschlüpft – angekränkelt, sich selbst verzehrend und gewalttätig? Sie kennt ihn nur zu gut. Es ist zwischen den beiden zu einer Art «Symbiose», einer Verschmelzung ihrer Identitäten gekommen.

Als ihre Amme eintritt und laut jammert, «er ist tot», ist Julia völlig verwirrt und glaubt sofort, daß Romeo sich umgebracht hat. Der «Sturm» der Leidenschaft und nur halb enthüllter Ereignisse «tobt ... von jeder Seite», und als sie das Vorgefallene erfährt, ist sie bestürzt über den Verrat. In Oxymora des Todes und des Verlangens, des Eros und der Aggression, läßt Julia ihren zwiespältigen Gefühlen freien Lauf. Allzu schnell wird Romeo zum «Schlangenherz, von Blumen überdeckt ... holdsel'ge(n) Wüterich ... ergrimmte(n) Taube ... Lamm mit Wolfesgier ... verdammte(n) Heilige(n) ... ehrenwerte(n) Schurke(n)» usw.[18] Und dennoch liebt sie ihn unerschütterlich.

Das Wort «verbannt» bringt sie schier um. Ihr Romeo soll ihr genommen werden. Die Wildheit ihres Verlangens nach dem anderen wird durch die Trennung nur noch mehr angestachelt. Da sie ohne ihn kein Leben hat, ruft sie verzweifelt aus: «Ich will ins Brautbett! Fort! Nicht Romeo, den Tod umarm' ich dort.»[19]

Romeo hat auf der Flucht in Bruder Lorenzos mönchischer Zelle Schutz gesucht. Als dieser ihm den Schuldspruch des Prinzen mitteilt, findet Romeo in der Verbannung mehr Schrecken als im Tod. Er sucht den Tod als eine Gnade, denn er fühlt sich durch die Strafe der Verbannung «mit goldnem Beile» enthauptet. Julia ist für alle gegenwärtig außer für ihn, und seine Gefühle gleichen denen eines Kindes, das die Mutter nicht zu erreichen vermag. Als Gegenstand seines wilden Sehnens und Begehrens ist sie überall und nirgends. Bruder Lorenzo sucht ihn mit Vernunftgründen zu trösten und erhält zur Antwort: «Du kannst von dem, was du nicht fühlst, nicht reden». Verzweifelt wirft sich der seiner Liebsten beraubte Romeo auf den Boden, sein «künft'ges Grab (zu) messen».[20] Umkehrungen der Gegenwart und Abwesenheit, von Tod und Leben bewirken einen natürlichen Wahn, einen Aufruhr der Gefühle, den jeder schon erlebt hat, aber unmöglich in Worte fassen kann.

Der Schmerz der beiden Liebenden ist jenseits aller Sprache; ihnen bleibt nur noch – in der Beschreibung Julias durch die Amme – «winselnd und wehklagend, wehklagend und winselnd» dazuliegen. Keines kann ohne den anderen leben, sie sind wie die beiden Hälften eines Ganzen, die verzweifelt ihre Vereinigung ersehnen, jedes ohne Persönlichkeit oder Lebens-

kraft in der Abwesenheit des anderen. Als Romeo versucht, sich
zu erstechen – dies ist sein erster Selbstmordversuch –, fällt
Bruder Lorenzo ihm mit den Worten in den Arm:

> «Bist du ein Mann?
> Dein Äußres ruft, du seist es; deine Tränen
> Sind weibisch, deine wilden Taten zeugen
> Von eines Tieres unvernünft'ger Wut.
> Entartet Weib in äußrer Mannesart!
> Entstelltes Tier, in beide nur verstellt!»[21]

Die Gewalt ungestillter Sehnsucht macht sowohl Romeos un-
versehrte Ganzheit als auch seine Männlichkeit zunichte. Bruder Lorenzo schilt in heftigen Worten Romeos Wüten und
mädchenhaftes Schmollen und deutet damit an, daß Frauen
(oder das Weibliche im Mann) wild oder dämonisch sind. Das
Zusammenfließen von Weiblichkeit und tierischer Wut schlägt
einen eigenartigen Ton an, der die vorschnelle Gleichsetzung
von Männlichkeit und Aggressivität außer Kraft setzt. Aber wir
kennen bereits die weiblichen Kräfte in Julias Umgang mit dem
sehnsüchtigen Drängen ihres Geliebten. Der Psychoanalytiker
würde davon sprechen, daß Romeo einer «Entdifferenzierung
zwischen dem Selbst und dem geliebten Objekt» erlegen ist und
damit einer «Schwächung der Triebabwehr». Mit anderen
Worten, so wie Romeos Selbstgefühl vor seinem Bild der ver-
schwundenen Geliebten zunichte wird, so bricht auch sein kul-
tiviertes Empfinden unter dem Drang seiner Triebhaftigkeit in
seinem liebevollen wie in seinem gewalttätigen Aspekt zusammen. Nunmehr seiner Männlichkeit und Unterscheidungsfä-
higkeit beraubt, wird er zu einer Kreatur, die ohne Denkver-
mögen ihren reinen Impulsen folgt.

Romeo hat völlig den Verstand verloren. Bruder Lorenzo
muß ihn erst daran erinnern, daß Julia nicht tot ist und er sie
wiederfinden und sich erneut mit ihr verbinden kann. Auch die
Amme redet ihm zu, «um Juliens willen» aufzustehen und ein
Mann zu sein, sich aus dem vaginalen, jammernden «O» wieder zu erheben, in das er sich gestürzt hat. Im Verein mit der
Amme belebt Bruder Lorenzo aufs Neue die Hoffnungen Ro-

meos und weist ihm einen rettenden Weg aus seinem regressiven Zustand des zerstörerischen sexuellen Amorphismus. Er trifft die Vorbereitungen für den Vollzug der Hochzeit und Romeos Flucht aus Verona. In seinem Bemühen, in das Spiel der Leidenschaften und Ereignisse ordnend einzugreifen, verliert er jedoch die Unvorhersehbarkeit und die rohe Gewalt der Natur aus dem Blick, die er beschwören und beherrschen möchte. Es ist eine Natur, die vor aller Vernunft liegt und letztlich keiner Mahnung mehr zugänglich ist, auch wenn Romeos Zusammenbruch, seine Regression sich umkehren läßt, und er vorübergehend Vernunftgründen wieder offensteht. Doch läßt nicht jeder vernünftig mit sich reden. Wo die Liebe blind ist, führt reine Vernunft in eine finstere Sackgasse. In der Zwischenzeit haben die ehrgeizigen und selbstsüchtigen Capulets, die von Julias Vermählung nichts ahnen, deren Hochzeit mit dem Grafen Paris vorbereitet.

Romeo gelangt heimlich in das Zimmer Julias, wo beide die Hochzeit vollziehen. Abermals hat die Dunkelheit der Nacht, die ihre heimliche Feier verhüllte, sich als Tröstung für die Liebenden erwiesen. In der heimlichen, gemeinsamen Abgeschiedenheit finden sie ihre Ruhe. Die Stille des Gemachs wird durch den Gesang einer Lerche gestört, die den Morgen ankündigt und nun nach dem nächtlichen Schlagen einer Nachtigall zu hören ist. Nachdem einer des anderen Sanftheit genossen hat, hält die erwachende Welt, der «neid'sche Streif» des Tageslichts, Zerstörung für sie bereit. Romeo geht mit den Worten: «Der Schmerz trinkt unser Blut». Zuvor hat er zu Julia bereits bemerkt, die Entdeckung ihres Zusammenseins könne beiden nur den Tod bringen. Wenn er am Leben bleiben und auf diese oder jene Weise mit Julia wieder zusammenkommen will, ist ihre Trennung in dieser Stunde unumgänglich. Aber können sie voneinander getrennt sein und dennoch leben? Romeo geht. Julia hat eine düstere Vorahnung, als sie den Geliebten ein letztes Mal unten im Garten sieht und von dem Eindruck verfolgt wird, er liege «tot in eines Grabes Tiefe».

Die Mutter Julias kommt und spricht zu deren Entsetzen von den Hochzeitsvorbereitungen. Jetzt ist es nicht nur ihre

Leidenschaft, sondern auch die Bindung an die Kirche, die den
profanen Plänen der Familie entgegensteht. Durch Julias Weigerung aufs äußerste erzürnt, droht Lord Capulet, seine Tochter zu verstoßen, wenn sie nicht in die Vermählung einwillige.
Schließlich verrät auch die Amme, der sie ihr Vertrauen geschenkt hatte und die mittlerweile (wie später Bruder Lorenzo)
vom Mut verlassen wurde, die Liebe ihrer Julia ebenso wie das
heilige Ehegelübde, dem sie als Zeugin beiwohnte, und stellt
sich auf die Seite ihrer Herrschaft. Von allen verlassen, empört
sich Julia – vielleicht anders als der schwächere Romeo –, noch
bestärkt durch den Zorn gegen ihre selbstsüchtigen Ernährer,
von denen sie nur Ausbeutung oder Verstoßung zu erwarten
hat, und ruft der Amme hinterher: «O alter Erzfeind! Hölli-
scher Versucher! ... Du und mein Busen sind sich künftig
fremd.»[22]
Der pragmatischen Einstellung der Amme zum Trotz – sie
bleibt letztlich denen verpflichtet, die für ihren Lebensunterhalt
aufkommen – ist es unausweichlich, daß ein Mann die Bindungen eines Mädchens an seine Mutter auflöst. Die Vereinigung
mit ihm zerstört die Überreste der Symbiose zwischen Mutter
und Tochter und bringt eine Vorahnung von höchster Lust,
Trennung und Trauer mit sich.
Worin auch immer ihre Kraft, ihre weibliche Stärke beschlossen sein mag, Julia bewahrt ihre Unversehrtheit und damit auch ihre Beständigkeit gegenüber Romeo. Noch hat sie
die Kraft, an einen Ausweg zu glauben. Wenn eine der han-
delnden Personen des Stücks von der tragischen Verantwortung auszunehmen ist, dann sie in ihrem erstaunlichen Mut und
ihrer unerschütterlichen Weigerung bis zuletzt, sich der Verzweiflung zu überlassen.
Julias Leid «drängt» Bruder Lorenzo «aus allen Sinnen ...
heraus», was die Vermutung nahelegt, daß er sich für mitschul-
dig an ihrer Bedrängnis hält. Angesichts ihrer verzweifelten Bereitschaft, sich den Tod zu geben, besinnt sich Bruder Lorenzo
auf seine mehr mystischen medizinischen Kräfte, seine «heil'ge
Arzenei», und greift auf jene Blume mit den «gift'gen Säften»
zurück, von der er früher schon gesprochen hat. Er baut auf ih-

re Entschlossenheit, die sie in ihrer Liebe zu Romeo bereits bewiesen hat:

> «... du unternimmst auch wohl
> Ein Ding wie Tod, die Schmach hinwegzutreiben,
> Der zu entgehn, du selbst den Tod umarmst.»[23]

Seine eindringlichen Worte beschwören in ihr die grausigen Bilder von Thanatos herauf, die in den Winkeln der Phantasie des unschuldigen Mädchens verborgen hausen. Für ihr Glück will sie von einer Turmeszinne springen,

> «(Heiß' mich) da gehn, wo Räuber streifen,
> Schlangen lauern
> Und kette mich an wilde Bären fest;
> Birg bei der Nacht mich in ein Totenhaus
> Voll rasselnder Geripppe, Moderknochen...
> (Um) des süßen Gatten reines Weib zu bleiben.»[24]

Vordergründig scheint Julia sich in diesen grausigen Angstbildern als Opfer zu sehen. Aus ihren Worten geht jedoch nicht eindeutig hervor, wer dabei das Subjekt und wer das Objekt ist, ob Julia unter den Situationen leidet oder sie meistert. Es scheint, als wäre es wiederum die Entschlossenheit in Julias Wut, durch keine Drohung weiterer Schmach mehr gebändigt, die sie anstachelt, zu handeln, statt sich zu unterwerfen, Waffen gegen ihr Unglück zu ergreifen, ohne daß dies mit Romeos hemmungsloser Gewalttätigkeit etwas zu tun hätte. Es mag durchaus sein, daß Romeos Liebe ihn selbst zwar weibisch, Julia in ihrer Entschlußkraft jedoch männlich gemacht hat. Die stereotypen Vorstellungen vom Unterschied zwischen den Geschlechtern werden erschüttert. So ist sie bereit, das «Ebenbild des dürren Todes» zu sein, um den von Bruder Lorenzo gewiesenen Weg zurück ins Leben zu gehen und dabei keine «weib'sche Furcht» zu zeigen.

Spätestens jetzt haben die Liebenden alle Vorstellungen der Zuschauer von weiblichen und männlichen Eigenschaften, von einer in Bedrängnis geratenen Liebe zwischen vornehmen Rittern und Edelfrauen auf den Kopf gestellt. Leidenschaft, so lautet die Botschaft, steckt voller höchst überraschender Widersprüche. Während der Mann «weibisch» wird, wird die Frau in ihrem Ungestüm «männlich». Und mit dem Zusammenbruch der Ordnung der Geschlechter wird das, was bislang im Eros zärtlich und lebensbejahend schien, von den Mächten der Zerstörung vertrieben, und Balsam wird zu Gift, Heilmittel führen ins Verderben.

Während sie sich innerlich darauf vorbereitet, Bruder Lorenzos Trank zu nehmen, gelangt Julia zu der Einsicht: «Mein düstres Spiel muß ich allein vollenden.»[25] Für Romeo gilt das nicht. Er ist das Geschöpf seines Verlangens nach ihr und ohne sie zu keiner Handlung fähig. In seiner Passivität, seiner Lähmung jeglicher Willenskraft ist er jetzt noch «weibischer», obwohl dieser Begriff im Verlauf der Handlung immer fragwürdiger wird. Julia mißtraut in ihrem Monolog selbst Bruder Lorenzo, nachdem die ihr Nahestehenden sie alle im Stich gelassen haben. Auch der Zufall ist ihr Widersacher, denn erwacht sie zu früh im «gift'gen Mund» der Gruft, dann wird sie vielleicht ersticken oder dem «grause(n) Bild von Tod und Nacht» standhalten müssen, um nicht wahnsinnig zu werden, da Bruder Lorenzo erst zum verabredeten Zeitpunkt bei ihr sein wird. Als Julia schließlich den Geist des mörderischen Tybalt vor sich sieht – «Er späht nach Romeo, der seinen Leib/ auf einen Degen spießte»[26] –, trinkt sie schaudernd Bruder Lorenzos Elixier. Rückblickend ist diese Vision eine Vorahnung ihres Erwachens im Grab am Ende des Stücks, als sie sich von den Leichen Tybalts, Paris' und ihres eigenen Gatten Romeos umgeben sieht. Die Erwähnung von Romeos Degen verweist darauf, daß sie sich später mit ebendieser Waffe selbst den Tod geben wird. Der männliche Phallus ist Julias Waffe, und sie wird sie gebrauchen, um sich in der Hoffnung auf eine ewigliche Hochzeit zum Opfer darzubringen. Julia trinkt und überantwortet sich damit dem Schlaf, aber darüber hinaus dem Rachen des Todes.

Nachdem die Eltern Julias bleichen, starren Körper am Morgen der geplanten Hochzeitsfeier entdeckt haben, beklagen sie

mit der Amme schließlich ihre eigennützige Haltung. Immer
wieder werden Bilder der Kälte heraufbeschworen. Ichbezo-
genheit und Narzißmus sind schaudervoll, weil sie die – erotische und verwandtschaftliche – Liebe eines anderen zerstören.
«Der Tod liegt auf ihr, wie ein Maienfrost/ auf des Gefildes
schönster Blume liegt», sagt Lord Capulet und später: «Mein
Eidam ist der Tod, der Tod mein Erbe.»[27] Mit seinem einzigen
Kind stirbt auch er. Die Strafe trifft die Capulets zu Recht, wie
der hinzugekommene Bruder Lorenzo erklärt: «Eu'r Himmel
war's, wenn sie erhoben würde»,[28] und nun ist sie von Gott in
den Himmel erhoben worden.

Der Zuschauer, der die bevorstehende Katastrophe ahnt, erkennt zugleich, daß die übereilte Verbindung zwischen Romeo
und Julia ebenfalls einem «Himmel» dienen sollte, allerdings
dem erhabeneren und mit keinem Eigennutz verbundenen
christlichen Himmel Bruder Lorenzos, der die trauernden Eltern mit den an den *Sommernachtstraum* anklingenden Worten
ermahnt: «Die lang vermählt lebt, ist nicht wohl vermählet;
wohl ist vermählt, die früh der Himmel wählet.»[29]

Diese Worte sind zweifellos eine Anspielung auf die zerstörerische Auswirkung der zwangsläufigen Ambivalenz in
menschlichen Liebesbeziehungen. Doch darüber hinaus enthüllt sich in Bruder Lorenzos hehren Absichten selbst ein halb
eingestandenes eigensüchtiges Ziel, daß er nämlich Julia zur
politischen Märtyrerin machen und ihr Märtyrertum dazu be-
nutzen möchte, in Verona eine barmherzigere oder christliche-
re Atmosphäre zu schaffen. In seiner fast schon jesuitischen Logik spannt er übermächtige Leidenschaften, romantische Liebe,
Familienbindung und narzißtische Prestigesucht für seine
Zwecke ein. Wenn er abschließend bemerkt: «Denn heischt
gleich die Natur ein schmerzlich Sehnen, so lacht doch die Vernunft bei ihren Tränen», so bringt er damit zum Ausdruck, daß
das Tragische der Stoff der Gefühle, das Komische der des Geistes ist. Keiner soll den Himmel und die Sterne verletzen dürfen
außer ihm – das ist *seine* Hybris.

Der letzte Akt des Stücks beginnt damit, daß der verbannte
Romeo wiederum einen Traum schildert, der «wirklicher» und

tiefempfundener ist als seine früheren, von Mercutio verspotteten Träume. Es ist in der Tat ein «seltsamer Traum»:

«Mein Mädchen, träumt' ich, kam und fand mich tot ...
Und hauchte mir solch Leben ein mit Küssen,
Daß ich vom Tod erstand und Kaiser war.»[30]

Warum der Optimismus und die anscheinend falsche Prophezeiung? Ist ihm beschieden, in der Erinnerung himmlischer und glorreicher nachzuleben, wie Julia zuvor an einer Stelle angedeutet hat, denn als lebendige, von Trieben bewegte Person? Ist es besser, als Märtyrer zu sterben, denn als Vermählter zu leben? Das ist eine von vielen möglichen Deutungen.

Möglicherweise hat Keats, der unter einer unerwiderten Liebe litt und erste Vorahnungen seines bevorstehenden Todes hatte, an Romeos Traum gedacht, als er die folgenden Zeilen der Ballade *La Belle Dame Sans Merci* schrieb:

«Und dort hat sie mich eingewiegt,
Dort träumt ich Weh und Waffenklang:
Den letzten Traum, den ich geträumt
Auf dem kalten Hang.
Sah Herrscher, Edelleute bleich
Und Kämpen, todbleich Mann für Mann,
Die schrien: ‹La belle Dame sans Merci
Hält dich in Bann!›»[31]

Hier kommt es offenbar zu einer Umkehrung der Bilder. Zeigte sich ursprünglich in Romeos Phantasien des Erstickens und Sterbens die *Liebe* als schöne Frau, so ist es jetzt der *Tod*, der diese Gestalt annimmt. Die Szene läßt sich durchaus so verstehen, daß Romeo den eigenen Selbstmord und seine Verherrlichung voraussieht.

Nachdem all seine Hoffnungen durch die Nachricht vom Tod Julias zunichte gemacht wurden, trotzt Romeo zu unserer Überraschung zum erstenmal den Sternen und bereitet sich darauf vor, sich mit Gift zu töten – das einzig angemessene Ende einer unseligen Begierde. Bruder Marcus, Lorenzos Bote, wurde durch eine Seuche aufgehalten und ist unverrichteter Dinge nach Verona zurückgekehrt; damit erfüllt sich der Fluch

Mercutios. So erfährt Romeo auch nichts über den wahren Zustand Julias. Er handelt entgegen der eigenen Erkenntnis: «O wie schnell drängt Unheil sich in der Verzweiflung Rat.»[32] Leidenschaftliche Selbstaufgabe ist, wie wir gesehen haben, ein immer wiederkehrender Fehler Romeos und der Jugend allgemein, eine weitere Tatsache des Lebens, die der Pater in seinen Plänen trotz vieler warnender Anzeichen außer acht gelassen hat.

Romeos Sadomasochismus und seine Gier können sich jetzt ungehemmt entfalten. Ihr erstes Ziel ist er selbst. Im Gespräch mit dem Apotheker, der ihm das tödliche Gift verkaufen soll, malt er sich dessen Wirkung aus:

«Und daß die Brust den Odem von sich stößt
So ungestüm, wie schnell entzündet Pulver
Aus der Kanone furchtbar'm Schlund blitzt.»[33]

Das ist ein weiteres auffallend hermaphroditisches Bild, bei dem die Gewalt der geschlechtlichen Vereinigung zur zermalmenden Verschmelzung wird und in einer furchtbaren Waffe ihr Bild findet. Romeo erlangt das Gift nur, indem er den Apotheker mit dessen Armut erpreßt. Von Norman Holland stammt die Beobachtung, daß der Apotheker ebenso wie der armselige Bruder Lorenzo mit heilkräftigen wie todgiftigen Kräutern Handel treibt und möglicherweise als Stellvertreter des asketischen Paters fungiert.[34] Vielleicht ist er mit seiner verdammten «heil'gen Arzenei» das eigentliche Ziel von Romeos wütender Raserei – die Unempfindlichkeit des Kirchenmannes gegenüber den Forderungen des Fleisches und dem Lauf der Dinge in einer Welt, die ihrer zivilisierten Tünche entkleidet ist. Wie dem auch sei, Romeo rät dem armen Apotheker verächtlich: «Kauf Speis' und füttre dich heraus!»[35] Er selbst hat andere Pläne und sieht sich schon in Verona, während er den «Stärkungstrank» an seine Brust drückt. Aus dem verzückten Verliebten ist ein Zyniker geworden.

Der edle Romeo wird von rücksichtsloser Grausamkeit übermannt. In Verona und am Familiengrab der Capulets angelangt, nähert er sich dem Grab Julias mit Hacke und Brecheisen

und droht seinem Diener, ihn «in Stücke» zu reißen, wenn er
ihn bei seinem Vorhaben störe. Er ist in seinen eigenen Worten
«wütend-wild, Viel grimmer und viel unerbittlicher Als durst'ge
Tiger und die wüste See.»[36] Romeo ist selbst auf eine ganz er-
barmungslose Weise «gierig» und getrieben von einer quälenden Leere. Was einst der Hauch des Lebens war, ist nun zum
Geruch des stinkenden, aschenen Todes geworden. Seiner Julia
beraubt, fühlt Romeo das Grab in sich wie außerhalb. Die
Gruft ist ein «verhaßter Schlund», ein «Bauch des Todes», dessen «Kiefer» er aufbricht, um ihn noch mehr zu «überfüllen» –
mit seinem Leichnam –, vielleicht in der heimlichen Hoffnung
auf Wiedervereinigung und Wiedergeburt. Er will verschlingen, verschlungen werden und für immer schlafen. Das sind jedoch keine erotischen, sondern regressive und gewalttätige Antriebe. Romeo muß Julia *haben*, und als sich ihm der
unschuldige Paris in den Weg stellt, ersticht er ihn, obwohl er
selbst zum Sterben entschlossen ist.

Überall sind Münder, Nahrung und Schöße. Als Romeo Julia erblickt, machte ihre Schönheit «zur lichten Feierhalle dies
Gewölb'». Die kannibalistischen Bilder setzen sich fort. «Der
Tod, der (ihres) Balsams Odem sog»,[37] konnte ihrer Schönheit
nichts anhaben, vor allem nicht dem Purpur ihrer Lippen. Er
beklagt den Verlust ihrer Unschuld. Der Tod, der «in Liebe ent-
brannte» Tod und die Liebe sind jetzt vermählt; der «verhaßte
hagre Unhold» hält Julia als seine Buhle. Der Tod, der alles verschlingende Tod, ergreift jetzt von ihm Besitz wie einst die le-
bende Julia. Er ergibt sich ihm und stirbt «im Kusse» – mit dem
letzten Schluck des Gifts und dem Mund auf Julias Lippen. Damit zerstört er paradoxerweise die, die er wieder zum Leben er-
wecken wollte, denn der Anblick seines Leichnams ist es, der
ihr das Leben rauben wird.

Als Bruder Lorenzo die Gruft betritt, ergreift ihn eine intuiti-
ve Ahnung von der Finsternis des Herzens. Die «unmitleid'ge
Stund'», die «klägliche Begebenheit» oder auch das Gespenst
seiner Schuld quälen ihn immer wieder. Ihn packt Entsetzen im
Angesicht der «Grube des Tods, der Seuchen, des erzwungnen
Schlafs» – seines eigenen Werks im letzten Fall. Er sagt zu Ju-

lia, «Dein Gatte liegt an deinem Busen tot», in einem abermals neuen Bezug zu Themen der wechselseitigen Verschmelzung und Einverleibung. Ein Geräusch erschreckt ihn, und schließlich verläßt auch er sie in ihrer höchsten Not.

Abermals findet Julia sich ganz allein. In ihrer Einsamkeit sucht sie vergeblich nach dem Gift als einem Mittel zur «Wiederbelebung» der Vereinigung, um sich zu töten, bevor sie erneut von ihrem Geliebten getrennt wird. Sie ergreift Romeos Dolch, dem ihr Leib die «Scheide» werden soll, und ersticht sich. Gleich der kannibalischen Einverleibung und der Verschmelzung ist ihr Hermaphroditentum etwas Furchtbares, Tödliches. Romeo hat den Tod umarmt und sich ihm geöffnet wie eine Frau vielleicht einem Mann sich öffnet, während Julia männlich und weiblich zugleich ist, wenn sie sich den Dolch in die Brust stößt. Beider Zusammensein im Tod kann nun von keinem mehr gestört werden; sie sind untrennbar und für immer in einem Liebestod vermählt, wie er sich in zahlreichen Liebesgeschichten westlicher Länder wiederfindet.

Zum Ende der letzten Szene werden der Prinz, Graf Montague und die Eltern Julias Zeugen des blutigen Geschehens, das vom Prinzen als «Mund des Ungestüms» bezeichnet wird. Wir erfahren vom alten Montague, daß Romeos Mutter aus «Gram um des Sohnes Bann» in derselben Nacht gestorben ist – von ihrem kurzen Auftritt im ersten Akt abgesehen, der einzige Hinweis auf sie. Bruder Lorenzo wird vorgeführt und versucht, sich von einer Mitschuld an dem Doppelselbstmord reinzuwaschen; die weltliche Macht in der Person des Prinzen exkulpiert ihn kurzerhand mit den Worten: «Wir kennen dich als einen heil'gen Mann.»[38] Die verfeindeten Familien kommen überein, der Liebe ihrer Kinder ein goldenes Denkmal zu setzen. Damit ist ihr Märtyrertum gesichert, das zu einem Gleichnis für die entsetzlichen Folgen sinnloser Fehden und verratener Unschuld geworden ist.

Über ihre wirkliche Leidenschaft erfahren wir nichts mehr, da die Liebenden zu blutleeren Objekten des Schicksals, ihrer Familien und der Politik stilisiert werden. Romeo und Julia geben nun den Stoff ab, aus dem nachträgliche und klischeehafte

Vorstellungen über die Jugend gemacht werden. Ihre höchste
Sinnenlust und tiefste Seelenqual bleiben uns erspart; die Welt
ist bestens in Ordnung.

Es hat einige, zum Teil sehr anregende Versuche gegeben,
sich mit dem Stück unter einer psychoanalytischen Perspektive
zu beschäftigen. So hat man z. B. die «Adoleszenzentwicklung»
Romeos und Julias im Verein mit ihren Bemühungen hervorgehoben, ihre sogenannten «inzestuösen» Bindungen an die ödipalen Eltern zu durchtrennen.[39] In allen diesen Fällen werden
jedoch die tragenden Personen des Stücks so behandelt, als wären sie wirkliche Menschen mit einer Lebensgeschichte und inneren Antrieben, keine Archetypen also, die ihr Leben allein
der Phantasie und dem Schauspiel als solchem verdanken. Ein
solches Vorgehen mag trotz seiner methodologischen Proble-
matik der Spielfreude und der Veranschaulichung dienen. Allerdings sollte man bedenken, daß diese Deutungen häufig das
psychoanalytische Bewußtsein der Gegenwart den fast mythischen Figuren überstülpen, was Foucault als den «Monolog der
Vernunft über den Wahnsinn»[40] bezeichnet hat. Dabei neigen
die Autoren dazu, unausgesprochen über die Charaktere zu
moralisieren, statt sie samt dem, was sie verkörpern, zu erklären. Dem sind wir nicht gefolgt, wie wir hoffen – wir haben etwa Romeos Verlangen nach Julia nicht als ausschließlich kindliches Sehnen nach Mutterliebe gedeutet. Wichtiger erschien
uns die wilde, tödliche Leidenschaft, die im Herzen dieser beiden heiteren Liebenden, insbesondere Romeos, wohnt und sich
in ihren Worten äußert. Es ist die Gier, der Drang, sich einem
ewigen Schlaf hinzugeben, der klammernde Griff der Vereinigung, die Aufgabe der eigenen geschlechtlichen Identität und
die Selbstaufopferung, was ihre zärtliche Liebe zueinander so
wild macht.

Die Erzählungen aus anderen Kulturen in den folgenden
Kapiteln verdeutlichen ebenfalls das eine oder andere Element
aus der «prähistorischen Vorzeit» (Freud) des Liebeslebens des
Individuums, der sogenannten präödipalen Phase. Indem diese
Liebesgeschichten gerade die frühen Aspekte hervorheben,
stellen sie zugleich die gesellschaftlichen Klischees vom Wesen

der Liebe auf den Kopf. In Shakespeares Tragödie z. B. lauern offenbar unersättliche und in ihrer Intensität ungewöhnlich heftige Begierden hinter der gesellschaftlichen Idealisierung von der Zärtlichkeit der Liebe und der gegenseitigen Anbetung der Liebenden. In unserem Innern mögen wir im Kleinkindalter entstandene «Todestriebe» hegen, die nach Freud nicht nur jenseits der Realität, sondern auch des Lustprinzips liegen. Von Zeit zu Zeit erstreben wir den Stillstand jeden Lebens – Freud spricht vom Nirwana –, und nach Melanie Klein werden wir gedrängt, die Person zu zerstören, die wir eigentlich lieben. Gerade diese schreckliche Gewalt von innen ist es, angesichts deren wir darum kämpfen, das Geliebte zu hüten und zu bewahren wie einst unsere Mutter, die uns geboren hat und deren innere Gegenwart nach wie vor unsere Existenz bestätigt. Überdies wirkt in uns ein Mechanismus der Abwehr, der uns beständig «Ich» und «Du» verwechseln läßt, selbst nachdem wir gelernt haben, das Bild der Mutter als etwas von uns Getrenntes zu sehen. Vor allem, wenn ihm der geliebte Mensch entzogen wird, wird ein Liebender wie Romeo zum Uroboros, zur mythischen Schlange, die sich in einem endlosen Mysterium selbst verzehrt.

Die soziale Umwelt von Romeo und Julia ist im Unrecht, da sie nur einen Aspekt spontaner Leidenschaft reflektiert und verstärkt, die Aggression. Indem die gesellschaftlichen Sitten der Leidenschaft ihr Recht verweigern, sie für etwas Unzulässiges halten und sie zwingen, ihre Erfüllung allein in der dunklen Nacht zu suchen, indem sie wieder trennen, was vereint war, erfüllen sie zusammen mit einer starren Moral die geschlechtliche Liebe erneut mit Haß und machen sie zu etwas Lebensbedrohendem und letztlich Abstoßendem. Selbst die verständnisvolleren Personen der Handlung – die Amme, bis zu einem gewissen Grad Mercutio sowie die komischen Figuren aus dem niederen Volk, welche die Entfaltung der tragischen Handlung unterbrechen – verwechseln libidinöses Sehnen mit ichbezogener Wollust. In ihrer Unfähigkeit, Erotik zu verstehen oder zu achten, erzeugen die Personen im Umkreis der Liebenden eine Prophezeiung, die sich selbst erfüllt. Da sie reine Leidenschaft

als böse oder bestenfalls als töricht oder blind ansehen, fördern
sie das «Schlechteste» in ihr zutage. Sie trennen die Liebenden.
Enttäuschung und Versagung nähren die der Leidenschaft Romeos und Julias innewohnende Aggression, und sie beginnen
Blut zu lecken, so daß sie sich der eigenen Person und damit
auch einander mit einer Wildheit zuwenden, die sie gegenüber
einer Gesellschaft, die sie völlig einkerkert, gar nicht zum Ausdruck bringen könnten. Sie werden zu Raubtieren und verzehren gierig ihr eigenes Fleisch und Blut.

Da der Pater abseits der allgemeinen Ambitionen und Vorurteile steht, von denen Familien und Nationen beherrscht werden, ist er ähnlich dem unbeteiligten, «neutralen» Psychoanalytiker klug genug, die rebellische Liebe der beiden nicht mit
Vernunftgründen zu verurteilen. Nach außen erkennt und un-
terstützt er ihre Lebenskraft und ihren Mut, ermöglicht ihnen,
sich zu sehen, und dient ihrer Lust, wenngleich nicht im Namen eines Hedonismus oder einer Sinnlichkeit, der er selbst
entsagt hat, sondern zu einem höheren (oder jenseitigen)
Zweck. Solche Ideale, bei denen die wirklichen Menschen hinter den Abstraktionen verschwinden, die wir von ihnen machen, sind indessen höchst gefährlich und grausam instrumen-
talisierend und führen selbst den gelehrtesten Weisen der
menschlichen Natur in die Irre. An seinen sorgfältig ausgedachten Plänen läßt Bruder Lorenzo erkennen, daß er gleich
dem altruistischen Prometheus bereit wäre, den Göttern das
Feuer zu stehlen. Doch es ist nicht er, der dafür büßen muß.

Die furchtbarste Ironie der Tragödie liegt darin, daß der weise und wohlmeinende Kirchenmann, verankert in der christlichen Tradition des Märtyrertums im Dienst der Mutter Kirche,
sein Ziel erreicht. Die Kirche und das, was sie zur damaligen
Zeit repräsentierte – Vernunft und Toleranz –, stellt erfolgreich
den weltlichen Frieden wieder her, auf Kosten der Seelen von
Romeo und Julia, die letztlich ihre Marionetten darstellen. Sie
sind nicht länger Wesen aus Fleisch und Blut, sondern werden
vorzeitig zu Standbildern geläutert, die mahnend spätere Generationen von Heranwachsenden an das jeweils *eigene* selbst-
süchtige Streben erinnern sollen. Sie waren reife Frucht, wie ein

Autor bemerkt hat, und standen vor der Entdeckung ihrer Geschlechtlichkeit in der Liebe zueinander. Doch wir pflücken
und verzehren sie, unterwerfen sie damit unseren eigenen Bedürfnissen und reduzieren sie zu bloßem Anschauungsmaterial
in unserem persönlichen Interesse. Sobald wir dies tun, gerät
ihre Leidenschaft, deren revoltierender Charakter unsere Ängste weckt, völlig in Vergessenheit. Als Tote werden sie sich ewig
lieben, jedoch als Bilder in Gold oder Stein und nicht mehr als
sie selbst.

Vor 70 Jahren hat Freud in seiner ersten ausführlichen Arbeit
über die menschliche Sexualität, in den *Drei Abhandlungen zur
Sexualtheorie*, die Erwachsenenwelt davor gewarnt, die frühzeitige Sexualität des Kindes in Einklang mit der öffentlichen
Meinung zu leugnen und zu übertünchen.[41] Sexuelle und aggressive Neigungen bei Kindern ließen sich in jeder Kinderstu-
be beobachten und wurden von den Kindermädchen auch als
solche verstanden, auch wenn sie von den Eltern, auf die sie
sich richteten, geleugnet wurden. In ähnlicher Weise verdanken
wir dem Dichter und Dramatiker der menschlichen Seele par
excellence, Shakespeare, eine eindringliche Betrachtung zu den
Mißverständnissen der Erwachsenenwelt über die erste Liebe
von Heranwachsenden und darüber hinaus von Kleinkindern.
Diese Liebe ist weder anschmiegsam noch unschuldig und zärtlich noch einfach wollüstig. Sie ist gebieterisch und «zwang-
haft», erfüllt von dem Drang, sich geschlechtlich zu vollenden,
und mit jener tödlichen Entschlossenheit, zu der es kommt,
wenn man sich einer unausweichlichen Einsamkeit und Abge-
trenntheit ausgesetzt sieht. Die solchem Drängen nach Verschmelzung innewohnende Gewalt verbirgt sich hinter offensichtlicheren Konflikten zwischen Kindespflicht, phallischer
Eroberung und sinnlicher Hingabe. Halbwüchsige sind weit
mehr als nur jungfräuliche Blumen, edle Jünglinge, fröhliche
Gesellen oder zärtliche Bräute. Im Innersten sind sie «brüllende
Tiger» und einer des anderen «liebend-eifersüchtiger» Bewa-
cher. Nur wenn sie älter werden, dann – und nur dann – zügeln
sie ihre Leidenschaften. Mit zunehmendem Alter passen sie sich
der Vernunft und der Realität an und zähmen sich im Interesse

der nachfolgenden Generation, deren sie sich annehmen müssen.

Ursprünglich ein Kind des Zeitgeistes des 19. Jahrhunderts, hat sich die Psychoanalyse inzwischen an der Mittelschicht, dem heutigen Zentrum für die kulturellen Werte unserer Gesellschaft, ausgerichtet und den Begriff einer «reifen Genitalität» entwickelt. Nach dieser Vorstellung, die auf Sandor Ferenczi und nach ihm Karl Abraham, zwei Schüler Freuds, zurückgeht, ist eine intensive und sichere Liebe möglich, solange der einzelne sein genital-sexuelles Interesse überwiegend auf einen gegengeschlechtlichen Partner richtet und letztlich die Zeugung, die Fortpflanzung der Gattung erstrebt.[42] Dadurch wird das Erotische in die soziale Ordnung eingebunden, da es immer wieder die Bestimmung der Menschheit ist, weiterzuleben, fruchtbar zu sein und sich zu vermehren. Der Geist Bruder Lorenzos steht jedoch als Mahnmal vor uns und warnt uns vor einem reinen Rationalismus, der die Augen vor den unwiderstehlichen und gewalttätigen psychischen Kräften verschließt, die das Rad des Schicksals antreiben.

Wir Psychoanalytiker, die theoretischen Geisterbeschwörer und die Beichtväter unserer eigenen Zeit, müssen am Ende die Grenzen unserer unstreitig beträchtlichen Erklärungsmöglichkeiten einräumen, die uns das wirkliche Leben setzt. Wir mögen zwar einiges über Leidenschaft wissen, aber deshalb können wir sie noch lange nicht bezähmen. Der Eros braucht den Schleier der Dunkelheit, um an sein Ziel zu gelangen. Zwar mag die Eheschließung Inseln der Nacht ermöglichen, schwarze Dunkelheit hinter verschlossenen Türen, jene innersten Sphären, wo die Liebenden einander neues Leben spenden, bevor sie sich wieder den Pflichten des Alltags widmen müssen. Aber die Institution der Ehe und die erotischen Geheimnisse eines Paares stehen einander zutiefst entgegen. Selbst am Hof Eleanors von Aquitanien wußte man es besser, und von dort stammt auch die Mahnung, wie schwer es wahre Liebe hat, eine Ehe und damit auch die Regelung von Verwandtschaftsbeziehungen zu überdauern. Soziale und sexuelle Verbindungen sind einander nicht äquivalent, mögen sie auch beide noch so sehr vom inneren Drang menschlicher Wesen beseelt sein, sich an einen anderen zu binden und sich ihm zu ergeben.

Die Liebe ist eine Form des Wahnsinns, wie schon Freud erkannt hat. Ein – durch die Vernunft oder die gesellschaftliche Ordnung – gezügelter Wahnsinn ist zwar entstellt, aber darum nicht weniger Wahnsinn. Alle Liebenden müssen in einem Wahn leben, in einem transzendenten, fast mystischen Sinne verrückt sein – das jedenfalls geht aus unserer nächsten Geschichte hervor. Der Psychotherapeut kann bestenfalls versuchen, solchen Verrückten behilflich zu sein, sie vor sich selbst zu schützen, während sie nach Kräften im fiebrigen Hedonismus ihres Lebens schwelgen – und damit ihre «Krankheit» bestätigen. Zähmen können wir sie nicht und sollten dies auch gar nicht erst versuchen.

3. Liebe in der Welt des Orients: Die Geschichte von Leila und Madschnun

Immer wieder schildern bestimmte Patienten auf der Couch des Analytikers ein eigenartiges Phänomen. Während sie in den Halbschlaf hinüberdämmern, haben sie ein körniges Flimmern vor Augen und im Mund einen Geschmack wie von Sand oder feinem Kies. Analytiker in der Nachfolge Freuds haben solche Eindrücke als Sinnesreminiszenzen an eine lebensgeschichtlich weit zurückliegende und der verbalen Erinnerung nicht zugängliche Vergangenheit des Patienten gedeutet. Es sind Erinnerungsspuren der entgegenkommenden und zurückweichenden Brust, an der wir als Säuglinge in entspannten Schlummer gesunken sind und deren Lebensquell stets nur in der Einsamkeit unseres Schlafs versiegt ist. Die Anhänger C. G. Jungs würden in diesem Gaukelspiel des Bewußtseins vielleicht das Vermächtnis des kollektiven Ursprungs unserer Sinnlichkeit in den Wüsten Arabiens sehen. In diese Region führt uns die nächste Erzählung, eine klassische Liebesgeschichte, die dem Gedächtnis der westlichen Welt entschwunden ist, aber ihren romantischen Überlieferungen noch immer Leben einhaucht. Es ist eine

Geschichte, die eine der frühesten Spannungen zum Thema
hat, die im Verlauf einer Liebesbeziehung auftreten – die Qual
der Trennung.

Bei Romeo und Julia haben wir versucht, die todbringenden
Geheimnisse der Nacht zu beschreiben, die sich hinter ihrer zunächst heiteren Romanze verbergen. Im Geist ihres Schöpfers
Shakespeare wollten wir die Klischees in Frage stellen, in denen
die Liebenden und ihre Leidenschaft in späterer Zeit dargestellt
und mystifiziert wurden. Die Geschichte von Leila und
Madschnun erzählt vom Zerstörerischen der Leidenschaft, ihrer Grausamkeit gegenüber der einsamen Brust, in der sie ge-
hegt wird, und von der Aussicht auf dereinstige Erlösung, die
dem Leidenden zuteil wird. Wo Romeo und Julia sich fanden
und nach der Vereinigung ihre Trennung beklagten, schmachtet Madschnun, der Wahnsinnige, in tiefer Einsamkeit nach einer Leila, die für ihn zum reinen Traumbild geworden ist. Doch
zunächst zur Geschichte selbst.

> «So schlummern die beiden
> der Auferstehung entgegen;
> es kann kein Tadel ihnen
> den Weg mehr verlegen.
> Sie hatten sich Treue gelobt
> in *dieser* Welt;
> sie schlafen in *jener* zusammen
> im gleichen Zelt».

Mit diesen melancholischen Versen beschließt der große persische Dichter Nizami, der Begründer des persischen romantischen Epos, seine Version der alten Geschichte von Leila und
Madschnun, *dem* Liebespaar der persisch-islamischen Welt.[1] In
Gedichten und Liedern, in älteren Erzählungen und modernen
Filmen leben Leila und Madschnun weiter und beflügeln noch
immer die romantische Phantasie der islamischen Bevölkerung
Afrikas und Asiens. Die Grundelemente ihrer Legende fügen
sich im realen Leben anderer Liebender und in den Werken
künstlerischer Vorstellungskraft stets aufs neue zusammen.
Kein moslemischer Mann war je ein Madschnun, keine mosle-

mische Frau je eine Leila, sowenig es in Europa wirklich einen Romeo oder eine Julia gegeben hat. Aber ohne das überzeugende Beispiel dieser großen belebenden Mythen der Liebe wären wir kaum in der Lage zu verstehen, warum Männer und Frauen in einer bestimmten Kultur so lieben, wie sie dies tun, und wir könnten kaum die individuelle Tiefe ihrer Leidenschaft ermessen. Da sie ihre Entstehung träumen und keiner Lehre verdanken und da sie ihre Macht als Gestalten der Phantasie eines einzelnen und nicht als die Hüter gesellschaftlicher Normen ausüben, haben Leila und Madschnun (und mit ihnen die Liebenden ähnlicher Legenden) für den Verlauf einer «wahren» Liebesgeschichte und für die Sehnsucht von Liebenden ein Vorbild geliefert.

Heute wird die islamische Welt vielfach als ein barbarischer Hort der Frauenfeindlichkeit angesehen, als Welt des Tschadors – des Schleiers, der die Schönheit der Frau verhüllt, ihre Freiheit beschneidet und ihr jedes Menschsein abspricht. Andererseits ist daran zu erinnern, daß gerade die Welt des persischen Islam einige der schönsten Liebesgeschichten der Menschheit hervorgebracht hat. Diese zeichnen sich aus durch Zärtlichkeit, Gegenseitigkeit der Liebe und eine Verehrung der Frau, die nicht als bloßes Objekt der Wünsche des Mannes oder als Sklavin seiner Begierden in Erscheinung tritt, sondern als eigenständiges Subjekt in den Unternehmungen der Liebe.

Tatsächlich wurde von den Arabern das moderne Thema der leidenschaftlichen Liebe zum ersten Mal nach Europa gebracht. Die Lieder der provenzalischen Troubadoure, die die Liebe zu einem Ideal und die Frau zu einem Idol erhoben, waren Bearbeitungen und häufig sogar unveränderte Kopien der persisch-islamischen Dichtung, wie sie im maurischen Spanien und in anderen geistigen Zentren der islamischen Welt gepflegt wurde. Ihre Einflüsse finden sich in der Literatur der höfischen Liebe, bei Shakespeare, den Romanzendichtern und selbst in den volkstümlichen westeuropäischen Balladen der Neuzeit, in denen der weibliche Liebreiz besungen wird.

Einst lebte unter den Beduinen Arabiens, so beginnt unsere Erzählung, ein mächtiger Herr, dem bei all seinen Besitztü-

mern eines fehlte: ein Sohn. Dieser Fürst, der wohl wußte, daß
«doch nur der wirklich lebendig (ist), der in der Erinnerung eines Sohnes seinen eigenen Tod überdauert», gab reichlich Almosen und verrichtete lange Gebete, damit ihm ein Erbe beschieden werde. Schließlich wurde sein Flehen erhört, und es
ward ihm ein prächtiger Sohn geboren, ein Ereignis, das mit
Jubel und Segenswünschen gefeiert wurde. Das Kind wurde einer Amme anvertraut, «damit es in ihrer Obhut heranwachse
und stark werde. Und das Knäblein gedieh auch. Aber jeder
Schluck Milch, den es trank, wurde in seinem Innern zu einem
Schriftzeichen der Treue. Jeder Bissen, den es aß, gab seinem
Herzen ein Stück Zärtlichkeit.»

Nach seinem zehnten Geburtstag wurde Qeis – so nannten
ihn seine überglücklichen Eltern – auf eine Schule für die Kinder aus vornehmen Familien verschiedener Beduinenstämme
geschickt. Schön und von rascher Auffassungsgabe, unter den
Schülern einer der besten, war er bald bei jedermann beliebt.
Eines Tages kam ein schönes junges Mädchen zu der Schüler-
schar hinzu. Ihre Schönheit beeindruckte Qeis tief. Nizami beschreibt, wie ihre Liebe begann:

«Wessen Herz hätte beim Anblick dieses Mädchens nicht
Sehnsucht gefühlt? Aber der junge Qeis fühlte mehr! Er war
ertrunken im Liebesmeer, noch ehe er wußte, daß es Liebe
gibt. Er hatte sein Herz schon an Leila verschenkt, ehe er
noch bedenken konnte, was er da weggab. Und Leila? Nun,
ihr erging es wie ihm. Gleichzeitig in beiden wurde dieses
Feuer entzündet – und jedes war des anderen Widerschein.
Was hätten sie tun können dagegen? Ein Schenke war gekommen, und er hat bis zum Rand ihre Becher gefüllt. So
haben sie denn getrunken, was eingeschenkt war. Sie sind
Kinder gewesen, und sie haben den Trunk nicht gekannt.
Was Wunder: er hatte sie berauscht, und schwer ist der
Rausch vom ersten Wein! Schwer stürzt, wer zuvor nie gestürzt ist! Sie hatten gemeinsam vom Duft einer Blume gekostet. Ihr Name war fremd, doch ihr Zauber so groß ... und
noch hatte es niemand gesehen. So tranken sie weiter vom

Wein und vom Duft, tranken bei Tage und träumten davon
in der Nacht; und je mehr sie tranken, und je tiefer sie ineinander versanken, um so blinder wurden ihre Augen und um
so tauber ihre Ohren für die Schule und die Welt ihrer Mit-
menschen. Sie lebten auf der Insel ihres Rausches und Trau-
mes allein. Sie hatten einander gefunden...»[2]

Damit beginnt die seltsame Liebesgeschichte Madschnuns. Die
Welt, der das offene Lieswerben und das für sie anstößige
Verhalten der beiden nicht entgeht, reagiert schonungslos mit
Spott, Tadel und Drohungen. Qeis versucht vergeblich, vor-
sichtig zu sein und seine Liebe zu verbergen. Getrennt von Leila
kann er keine Ruhe finden, aber wenn er sie aufsucht, gefährdet er sie beide.

Madschnuns Leidensgeschichte beginnt dort, wo die von
Romeo endete. Die Heftigkeit, mit der Madschnun den
schmerzlichen Verlust der Geliebten annimmt und in seinem
Wahnsinn auslebt, ist der Gewalt vergleichbar, mit der Romeo
die Vereinigung mit Julia herbeizwingt. Aber da Qeis zu Beginn
seiner Leidenschaft getrennt und dadurch verletzt wird, ist seine Raserei schrecklicher als die Verzweiflung Romeos. Qeis
wird ein Madschnun, ein Wahnsinniger: er ist ein lebender To-
ter, dessen Leben zum Geheimnis wird. Während er in den
schmalen Gassen zwischen den Zelten und im Basar umher-
streift, singt er Lieder auf Leilas Schönheit und ihrer beider Liebe. Diese Bekenntnisse werden Leilas Familie schließlich zu
viel. Einzig bedacht auf die Ehre ihrer Tochter und die ihres
Stammes, überwachen sie Leila streng und sorgen dafür, daß
sie Qeis nicht mehr sieht.

Während Leila nur weint, wenn sie allein ist, stellt Qeis, der
mittlerweile allerorten als Madschnun bekannt ist, das Ausmaß
seines Schmerzes allen zur Schau. Immer häufiger und immer
länger verläßt er die Siedlungen seines Stammes, durchirrt die
Einöde und singt selbstgedichtete Gaselen, jene Elegien auf
eine unglückliche Liebe, in denen der Liebende den Verlust,
die Unerreichbarkeit oder die Abwendung der Geliebten beklagt.

«Er trug nur noch Fetzen am Leib und verwilderte zusehends mehr. Von seiner Schwermut geschlagen, hörte er auf niemand und nichts; und was sonst Menschen erfreut und bekümmert, fand in seinem Innern kein Echo. Längst waren auch die zwei, drei Gefährten, die er noch gehabt hatte, von ihm abgefallen, und die Leute zeigten auf ihn von weitem und sprachen: ‹Das ist Madschnun, der Verrückte, Vernarrte, den man einst Qeis genannt hat. Er bringt über sich und die Seinen nur Schande und Schmach...›»[3]

Tief betrübt über die zunehmende geistige Verwirrung seines geliebten Sohnes und den drohenden Verlust des Ansehens seines Stammes, beschließt der Vater von Qeis, für ihn um Leilas Hand zu bitten. Dies wird von Leilas Vater mit der nicht ganz von der Hand zu weisenden Begründung abgelehnt, er könnte seine Tochter keinem Verrückten zur Frau geben, auch wenn dieser aus Liebe zu ihr verrückt geworden sei. In seiner Enttäuschung versucht Madschnuns Vater, dem Sohn vernünftig zuzureden und seine Aufmerksamkeit auf andere Frauen des Stammes zu lenken, «Schönheiten, die ebensogut und noch besser sind als deine Herzräuberin». Doch Madschnun ist wie alle Liebenden, die ihre Wahl ein für allemal getroffen haben, Vernunftgründen so wenig zugänglich wie Julia, als ihr Paris vorgestellt wird. Für Madschnun wie für uns alle ist die Frage, warum von den vielen Tausend Menschen, denen wir im Leben begegnen, und von den Hunderten, die unser Begehren wekken, nur ein einziger mit anhaltender und verzehrender Leidenschaft geliebt wird, mit keiner rationalen Erklärung zu beantworten. Madschnun durchstreift hinfort die Wüste, ein einsamer, halbnackter Wanderer, der in seinen Versen die Gegenwart Leilas heraufbeschwört, um sich von der unerträglichen Pein der erzwungenen Trennung zu befreien, und er unternimmt kaum noch etwas, um sie wiederzusehen.

Nachdem er mit dem profanen Mittel der Brautwerbung gescheitert ist, versucht der Vater, den geliebten Sohn durch eine gemeinsame Pilgerfahrt nach Mekka zu heilen. Diesmal jedoch wird sein Vorhaben durch rätselhafte Vorgänge im Innern des

Liebenden selbst vereitelt. Als er vor der Kaaba, dem heiligsten aller Heiligtümer steht, bittet Madschnun Allah nicht darum, ihn von seinem Wahnsinn zu befreien, sondern ihn im Gegenteil noch zu verstärken: «Wenn ich vom Liebeswein betrunken bin, so mache mich noch betrunkener, als ich es bin! Man sagt mir: ‹Lösche in deinem Herzen dieses Verlangen nach Leila...› Ich aber bitte dich, Herr: laß wachsen meine Sehnsucht nach Leila von Augenblick zu Augenblick! Nimm von meinen Lebenstagen, was immer da ist, und füge es dem Dasein von Leila hinzu! Mich aber laß kein Haar je von ihr fordern, auch wenn mich selber das Leiden so dünn wie ein Haar macht!»[4] Und Madschnuns Gebet wird erhört, seine Seelenpein steigert sich noch.

Bald gibt es weit und breit kein Zelt mehr, dessen Bewohner nicht alles über Madschnuns Liebe zu Leila wüßten. Aufs äußerste erbittert, schicken Leilas Familienangehörige Boten zum Präfekten des Kalifen. Sie schildern ihm, wie Madschnun durch sein Verhalten und seine Lieder nicht nur ihren Stamm in Verruf bringt, sondern auch dem Kalifen schadet, denn «was immer dieser Frechling auch dichtet, das zerreißt hundertfach den Schleier von Anstand und Sitte». Angesichts der gesellschaftlichen Bedrohung, die vom Liebeswahn des jungen Mannes ausgeht, rät der Präfekt dazu, Madschnun zu töten.

Abermals drängt der unglückliche Vater den Sohn, von seiner Liebe abzulassen, um sein Leben zu retten und den Kummer, den er über die Familie, und die Schande, die er über den Stamm gebracht hat, zu lindern. Madschnun beteuert jedoch seine Hilflosigkeit, da sein Schicksal nicht in seiner Hand liege. Was als blinde Leidenschaft begonnen hat, machte ihn schließlich zum Seher, und aus dem enttäuschten Liebenden wurde ein Prophet von Geheimnissen, welche die irdische Logik von Begrifflichkeiten oder des gesunden Menschenverstandes überschreiten.

Auch Leila brennt «im Feuer der Sehnsucht, nur waren die Flammen verborgen, und kein Rauch stieg von ihnen auf». Es gibt keinen, mit dem sie über ihren Kummer sprechen könnte. Wie Julia und wie Frauen überhaupt, die in unbedeutenderen

Dingen des Alltags geschwätzig sein mögen, sind sie, wenn es
um die wahre Liebe geht, diskret und verschwiegen.

«Dennoch drang auch zu ihr die Stimme des Freundes! War
Madschnun nicht ein Dichter? Und so dicht war kein Zelt-
vorhang, daß er seinen Qasiden den Eintritt verwehrte. Jedes
Kind, das vom Bazar kam, trällerte bereits seine Verse; und
jeder Vorübergehende, der eines seiner Liebeslieder summte,
überbrachte damit Leila ... eine Botschaft des Geliebten ...
Im geheimen sammelte sie nun alles, was ihr von den Versen
Madschnuns bald hier, bald dort zu Ohren kam, lernte sie
auswendig und dichtete dann darauf ihre Antworten. Diese
schrieb sie auf Zettelchen und ... übergab sie ... dem Wind.
Oft geschah es dann, daß ein solches Papier jemand aufhob
und las, der seinen versteckten Sinn wohl erriet oder ahnte,
und der auch wußte, wem er galt. Manch einer ging mit seinem Fund zu Madschnun in der Hoffnung, daß dieser ihn
dafür einige seiner so begehrten Verse hören lasse ...
Gar manche Melodie ging auf diese Weise zwischen den
zwei trunkenen Nachtigallen hin und her. Wer sie vernahm,
der lauschte verzaubert; und so ähnlich waren sich die Stimmen dieser beiden, daß sie klangen wie nur ein einziger Gesang. Ihn hatten Schmerz und Sehnsucht geboren, und doch
brach das Weltleid vor ihm entzwei.»[5]

Die Schlucht, die der umherstreifende Madschnun schließlich
zur Wohnstätte wählt, gehört zum Reich eines Beduinenprin-
zen namens Noufal. Als dieser eines Tages in der Gegend auf
die Jagd geht, stößt er auf den wandernden Einsiedler und ist
erschüttert vom Anblick dieser abgezehrten Gestalt mit ihrem
wilden, struppigen Haar und den von Dornen wundgerissenen
Armen und Beinen. In seinem Erstaunen über diese seltsame
und jammervolle Erscheinung in der Wildnis, befragt Noufal
seine Begleiter und erfährt so die Geschichte von Madschnuns
unglücklicher Liebe. Zutiefst bewegt schwört Noufal vor
Madschnun, er werde die Liebenden zusammenführen, und er
überredet ihn, sich seinem Gefolge anzuschließen. Wie der
Narr in *König Lear* ist Madschnun eine armselige, barfüßige

Kreatur, er bietet das leibhaftige Bild unserer verborgenen Trauer, des Leids und der Hinfälligkeit unter der äußeren Hülle des Frohsinns und Erfolgs. Sein Elend spiegelt eine ganz persönliche und zugleich allgemein menschliche Wahrheit: Wir alle haben geliebt und am Verlust gelitten.

An der Spitze seiner Kampfgefährten reitet Noufal schließlich zu den Zelten von Leilas Stamm und fordert sie für Madschnun als Frau. Als der Stamm diese Forderung zurückweist, entbrennen zwei große Schlachten, an denen Madschnun selbst jedoch nicht teilnimmt. Als er deswegen von einem der Streiter Noufals zur Rede gestellt wird, gibt er zur Antwort: «Das Herz der Geliebten schlägt für die Feinde, und wo ihr Herz schlägt, da bin auch ich zu Hause. Sterben will ich für die Geliebte, nicht töten. Wie sollte ich also, da ich mich selbst so aufgegeben habe, auf eurer Seite stehen können?»[6] So groß ist die Liebe dieses Liebenden, daß er selbst seinen treuesten und zum Selbstopfer bereiten Verbündeten verrät.

Obgleich Noufal aus den Schlachten als Sieger hervorgeht, weigert sich Leilas Vater noch immer, seine Tochter freiwillig Madschnun zu geben, eine Haltung, die bei dem ritterlichen Noufal auf Verständnis stößt: «Wenn ich auch gesiegt habe, so möchte ich doch, daß du mir deine Tochter gutwillig gibst. Eine Frau, die man mit Gewalt raubt, ist wahrlich ein trockenes Brot und eine versalzene Süßigkeit.»[7] Auch Noufals Männer, erzürnt über die Weigerung Madschnuns, für seine eigene Sache mitzukämpfen, drängen ihren Herrn, sich aus der ganzen Sache zurückzuziehen. Die Liebe Madschnuns geht über das hinaus, was dem Irdischen verhaftete Menschen begreifen können, da sie jenseits von Loyalität und Vernunft steht.

Leila wird nun von ihren Eltern an Ebn Salam, einen der zahlreichen Bewerber um ihre Hand, verheiratet. Leila, die ihren Kummer verborgen hält, unterwirft sich ihrem Schicksal, weigert sich jedoch, die Ehe zu vollziehen. Sie erklärt ihrem Gatten, lieber sterben zu wollen als sich von ihm dazu zwingen zu lassen. Ebn Salam, der Leila aufrichtig liebt, ist ein Mann mit edler Gesinnung und verspricht ihr, sie nur von weitem anzuschauen: «Sieh, mein Herz ist schon zufrieden, wenn ich dich nur anblicken darf. Ich wäre ein gemeiner Dieb, wenn ich mehr von dir verlangen sollte.»[8] Über welche magische Macht verfügt diese Frau, daß sie so viele Männer schon von weitem in ihren Bann schlagen kann und daß ihr Geist, ihr bloßes Bild alle anrührt, die den Gedichten ihres Geliebten lauschen!

In der Zwischenzeit hat Madschnun das einsame Leben in der Wüste wieder aufgenommen. Noch einmal kommt sein greiser Vater, der den Tod nahen fühlt, und versucht, den Sohn mit seiner tiefen väterlichen Liebe und mit weisen Ratschlägen über die Tugenden der Klugheit und Geduld und über die kleinen Freuden des Alltags zurückzugewinnen. Nachdem das eigene Leben seinen natürlichen Lauf genommen hat, beklagt er die allzu frühe Hinfälligkeit seines Sohnes und ermahnt ihn:

«Verführe dich selbst zu Fröhlichkeit und Vergnügen, zu Scherz und Liebelei, und seien sie wie ein Windhauch so flüchtig! Warum nicht? So ist nun dieses Leben einmal: ob seine Versprechen Wahrheit sind, oder Lüge, du mußt genießen, was dir der Augenblick bringt. Was ist in dieser Welt schon von Dauer? So erfreue dich dessen, was du besitzest, noch heute, und iß, was du geerntet hast, jetzt!»[9]

Nach diesem Appell an Madschnuns Realitätssinn beschwört er dessen Gefühle dem eigenen Vater gegenüber:

«Ach, mein Sohn! Sei mir doch Weggefährte die paar Tage, die ich noch lebe; denn es ist Abend geworden für mich! Wendest du dich jetzt von mir ab, so suchst du mich morgen umsonst. Ich gehe, tritt du in die Lücke für mich! Bald ist mein Leid vergangen, du aber sei froh! Sieh, meine Sonne hängt tief, und sie ist verdunkelt vom Dunst eines langen Tages. Mich erwartet die Dämmerung, Sohn – meine Seele fliegt fort. So komm denn, o komm! Warte nicht länger. Nimm meinen Platz ein, der deiner ist! Komm!»[10]

Madschnun, der weder aus Mitleid noch aus Reue oder Scham zu einer Lüge fähig wäre, gesteht, er könne seinem Rat nicht folgen. «Dein Prägstock ist Weisheit, aber meine Prägung heißt ‹Liebe›, und du kannst diese Münze nicht umprägen ... Siehst

Du denn nicht, daß ich alles, was einst gewesen ist, vergessen habe?... Ich bin der nicht mehr, Vater, der ich einst war!»[11] Von Nizami hören wir, daß Madschnun in dieser Stunde sein Schicksal ganz erkannt hat. Seine endgültige Absage an die Welt verdient, im Wortlaut zitiert zu werden:

«Ich habe nicht nur dich verloren; ich kenne auch mich selber nicht mehr. Wer bin ich? Ich drehe mich um mich selbst und rufe: ‹Wie heißt du? Liebst du? Und wen? Oder wirst du geliebt? Von wem? ...› Eine Glut ist in meinem Herzen, eine Glut ohne Maß, und sie hat alles von meinem Ich zu Asche verbrannt. Sehe ich denn, wo ich wohne? Schmecke ich noch, was ich esse? Ja, das ist es! Ich habe mich verirrt in meiner eigenen Wildnis. Nun bin ich ein Wilder geworden, und die wilden Tiere sind meine Gefährten. Hole mich darum nicht zu den Menschen zurück! Glaube mir, ich bin ein Fremder für sie. Man soll die Melone, die von der Fliege vergiftet ist, nicht im Garten behalten, sonst macht sie auch die anderen krank. Mich zieht es zum Tod – der Tod sitzt in mir. Oh, könntest du nur vergessen, daß du einen Sohn je gehabt hast! Könntest du mich auslöschen aus dem Buch der Geborenen! Mich hier verscharren und dabei denken: Irgendein Toller, Vernarrter, Berauschter... Was wäre schon Gutes von ihm zu erwarten gewesen?... Ach, Vater! Du sagst, daß du zur letzten Reise bald aufbrechen willst? Du sagst, darum kommest du mich holen? Doch sieh, es ist spät geworden, zu spät für uns beide. Auch hier, auch in mir, ist es Herbst, auch ich muß verreisen – und wohl noch vor dir. So laß denn, o Vater, nicht Tote die Toten beweinen...»[12]

Nach der Nachricht vom Tod seines Vaters trauert Madschnun, erfährt jedoch in subtiler Weise eine Wandlung zum Besseren. Nizami bringt den neugewonnenen inneren Frieden Madschnuns im Bild der zunehmenden Harmonie mit den wilden Tieren zum Ausdruck, als deren Gefährte er jetzt durch die Wüste zieht. Er redet zu den Tieren, die auf geheimnisvolle Weise von ihm angezogen werden; er ruht im Schatten von Geierschwingen, während ein Wüstenlöwe seinen Schlaf bewacht.

Den wilden und zugleich ausgeglichenen Kern seines Wesens – und aller Menschen – hat er gefunden. Die allumfassende Natur – die eigene wie die der Welt – vertritt jetzt den Vater.

Dieses Gefühl mystischer Einheit schließt auch Leila ein. Einmal hatte Madschnun einen Fetzen Papier vom Boden aufgelesen, auf dem lediglich sein eigener Name und der Leilas stand. Er hatte ihn in zwei Stücke gerissen und die Hälfte mit Leilas Namen weggeworfen. Als ihn die Leute, die ihn dabei beobachtet hatten, erstaunt nach dem Grund für diese Handlung fragten, gab er zur Antwort, ein Name sei genug für beide: «Wenn ihr wüßtet, was ein Liebender ist, so wüßtet ihr auch, daß man nur ein wenig kratzen muß an ihm, und schon tropft die Geliebte heraus...»[13] Diese Worte erinnern an den mystischen indischen Dichter Kabir, der gleichfalls sagte: «Schmal ist der Pfad der Liebe/nur einem gibt er Raum.»

Durch die Vermittlung eines freundlichen Boten tauschen Leila und Madschnun Briefe voll leidenschaftlicher Sehnsucht aus. Eines Nachts kommt ein heimliches Treffen der Liebenden in einem Palmenhain in der Nähe von Leilas Wohnung zustande. Das Glück ist den Liebenden hold, endlich naht der Augenblick, den sie so lange ersehnt haben. Wie der Leser aber schon vermutet haben wird, zeigt es sich, daß ihrer geschlechtlichen Vereinigung nicht nur äußerliche Schranken im Wege standen. Nizami schildert die Szene so:

«In ihren Schleier gehüllt und beschützt von der Dämmerung, eilte Leila aus dem Garten. Ihre Seele flog ihren Schritten voraus. Dann sah sie Madschnun. Doch sie blieb stehen, bevor sie die Palme, an deren Stamm er lehnte, erreicht hatte. Ihre Knie zitterten, und ihre Sohlen schienen mit der Erde darunter zu verwachsen. Zehn Schritte trennten sie noch vom Geliebten. Ein Zauberkreis umgab ihn, und den durfte sie nicht überschreiten. Sie wandte sich dem Alten an ihrer Seite zu und sagte: ‹Edler Mann! Bis hierher darf ich gehen – weiter nicht. Sieh, ich gleiche schon jetzt einer brennenden Kerze. Gehe ich näher ans Feuer, so verbrenne ich ganz. Die Nähe bringt uns Verderben, in der Religion der Liebenden ist sie ein Fehler. Es ist besser, krank zu sein, als sich des Heilmittels nachher zu schämen... Wozu mehr verlangen? Auch er, Madschnun, der doch ein vollkommener Liebender ist, fordert nicht mehr. Aber geh du zu ihm! Bitte ihn, mir einige Verse zu sprechen! *Er* soll reden, und *ich* will nur sein Ohr sein, er sei der Schenke, und ich trinke den Wein...›»

Madschnun, den eine Ohnmacht überwältigt hat, kehrt ins Bewußtsein zurück,

«... und als seine Augen den Weg zu Leila fanden, flossen von seinen Lippen die Verse, um die sie gebeten hatte... Dann plötzlich verstummte er, sprang auf und floh wie ein Schatten aus dem Garten in die Wüste hinaus. Denn war er auch trunken vom Duft des Weines, den Wein zu trinken ist im Paradies erst erlaubt.»[14]

Er ist es, der die Vereinigung scheut und sie gerade dadurch fortdauern läßt.

Madschnun steht hier für den Sufi-Mystiker, der die Vollkommenheit der Geliebten nur als inneres Bild anschaut. Ohne diese «Vereinigung in der Anschauung» ist nach dem Sufiglauben die körperliche Vereinigung bloße Illusion, Ursache oder Symptom einer geistigen Verwirrung. Die reine, geistige Betrachtung ist alles, was der Mystiker erstrebt, eine Versenkung, die eine solche Intensität erreichen kann, daß die wirkliche Gegenwart der Geliebten sie nur erniedrigen, verunreinigen kann.

Ebn Salam, der alle Hoffnung verloren hat, Leila jemals zu gewinnen, verzehrt sich vor Gram und wird von einem Fieber dahingerafft. Leila ist jetzt frei, doch darf sie nach arabischer Sitte während der zweijährigen Trauerzeit niemanden sehen. Doch noch ehe die zwei Jahre vergangen sind, stirbt auch die von ihrem geheimen Kummer geschwächte Leila.

Als Madschnun in der Wildnis vom Tod der Geliebten erfährt, macht er sich sofort auf zu ihrem Grab. Dort betet er unter Tränen um Erlösung aus seinem qualvollen Dasein. «Mit beiden Armen umfing er den Stein auf dem Grab und preßte ihn an sich, so fest er nur konnte. Nochmals bewegten sich sei-

ne Lippen, und mit den Worten ‹Du Liebe ...› verließ seine Seele den Körper.»

In der persisch-islamischen Welt ist die Erzählung von Leila
und Madschnun ein zentrales Gleichnis für die religiöse Erfahrung des Sufi. Nizami schrieb den Text im 12. Jahrhundert, als
der Sufismus zu einer der vorherrschenden Formen des Islam
geworden war und sich die Sufibrüderschaften oder *tarigas* in
der gesamten islamischen Welt ausgebreitet hatten. Bewußt
wird hier von grundlegenden Ideen, Vorstellungen und Metaphern des Sufismus Gebrauch gemacht, insbesondere in
Madschnuns Zwiegesprächen mit seinem Vater, in denen islamische Mystik und Orthodoxie wohlwollend gegeneinander
ausgespielt werden. Nizami macht Madschnun zum Vertreter
der sufistischen Auffassung «Bewahret die Liebe, nur Lieben ist
unsere Aufgabe»! Die Liebe ist das «absolute Verlangen» Gottes und die irdische Liebe nur eine Vorbereitung auf ihre himmlische Vollkommenheit, in der alle Trennungen aufgehoben
sind. Dort werden die Menschen «vereint in dem wirbelnden,
mystischen Tanz, sie vergessen sich selbst und leben in einer höheren Einheit, nicht länger geschieden als Rose und Dorn.»[15]
Wenn wir die Erzählung als psychologische Schilderung leidenschaftlicher Liebe in der islamischen Welt deuten, als ein
Gleichnis für die menschliche Psyche schlechthin und nicht nur
der Sufiseele, so möchten wir damit keineswegs ihren mystischen Gehalt auf psychologische Vorstellungen reduzieren.
Wir wollen vielmehr die Ebene der menschlichen Liebe be-
leuchten, die letztlich die Erfahrungsbasis darstellt, auf der sowohl der Autor wie der Leser stehen müssen, bevor sie sich auf
religiös-mystische Höhenflüge begeben.
Zumindest in der Oberschicht der meisten islamischen Gesellschaften war die sexuelle Liebe von ausgesprochener Sinnenfreude geprägt.[16] Das dem Christen so wichtige Keusch-
heitsgebot oder die hohe Bewertung der Askese durch den
Hindu sind dem Islam fremd. Der Prophet selbst wird als Beispiel für leidenschaftliche Sinnlichkeit angeführt, und die Tradition hat eine Reihe von *Hadiths* («Erzählungen») bewahrt,

die sich nachdrücklich für die Befriedigung des Geschlechts-
triebs aussprechen – wenigstens beim privilegierten Mann.

Trotz früher islamischer Berichte über Frauen aus dem Adel,
die ein Leben in größter Freiheit führten und sich auf die ange-
nehmste Weise ihren Vergnügungen hingaben, ist es in erster
Linie der Mann, der von der sexuellen Freizügigkeit der Mos-
lems profitiert. Er ist der Nutznießer der Polygamie und der
gesetzlichen Milde gegenüber seinen fleischlichen Gelüsten. Im
Gegensatz dazu sind die Frauen – zumindest in bestimmten
Fällen – sogar des Rechts beraubt, die Erfüllung seiner Wünsche von ihrer Zustimmung abhängig zu machen.

Wie bei jedem ausgeprägten Patriarchat verbirgt sich jedoch
auch hier hinter dem vordergründigen sozialen Konsens über
die männliche Vorherrschaft und über das Idealbild des Mannes, der seine Begierden ungehemmt befriedigen kann, wann
und wo er will, die ebenso mächtige psychische Realität tiefver-
wurzelter Ängste des Mannes vor der furchterregenden Macht
der Frau. Die Frauen haben für ihn etwas Schreckliches, weil
sie für ihre ständige Herabsetzung und Ausbeutung Rache
nehmen. Der Teufelskreis der Misogynie, Rache der Frauen
und männliches Gebaren als Selbstschutz, hat seine eigentliche
Ursache genau in der männlichen «Überlegenheit».

Die Rahmenhandlung der *Erzählungen aus 1001 Nacht* ist ein
gutes Beispiel für die Allgegenwart der männlichen Phantasie.
Die legendäre Märchensammlung beginnt mit dem mächtigen
König Schehriyar, der seit 20 Jahren in Frieden und Gerechtigkeit herrscht. Die Ruhe seiner Herrschaft wird durch den Besuch seines Bruders gestört, der entdeckt, daß Schehriyars Frau
ein ehebrecherisches Verhältnis mit einem Sklaven hat. Schehriyar begibt sich zum Schein aus seinem Palast hinweg, beobachtet jedoch von einem Versteck aus, wie im Garten die Frau-
en seines Harems mit den Sklaven eine Orgie feiern. Höhepunkt der Ausschweifungen ist die Paarung der Königin mit
einem schwarzen Sklaven, der niedrigsten Kreatur, die sich in
der islamischen Hofgesellschaft als Gegenpol zur Majestät des
Herrschers denken läßt.

Diese Phantasie von der treulosen Frau – von nichts ande-

rem beseelt als von ihren sexuellen Leidenschaften («Einer Frau
darf man weder vertrauen noch ihren Versprechungen glau-
ben/Weil sie immer nur hinter dem Kitzel zwischen ihren
Schenkeln her ist»[17]) – war ohne Frage im Islam ein wesentliches Element in der althergebrachten Beziehung zwischen den
Geschlechtern. In dieser Hinsicht haben übertriebene männliche Herrschaftsansprüche in den meisten Kulturen einerseits
dazu gedient, eine sexuelle Gier der Frauen abzuwehren, andererseits haben sie sie dadurch – diesmal in rachsüchtiger Form
– erst recht provoziert.

Tatsächlich wird diese «andere» Auffassung von Frauen in
Leila und Madschnun sehr wirkungsvoll von einem Fremden
zum Ausdruck gebracht, der Madschnun dazu bringen will,
von seiner Liebe abzulassen. Für eine Weile gelingt es dem «dä-
monischen» Misanthropen, den Liebenden in seiner Standhaftigkeit ins Wanken zu bringen, als er das verhängnisvolle Frau-
enbild dieser Kultur in seiner ganzen Machtfülle heraufbeschwört:

«Sie betrügt dich, begreifst du das nicht? Die Freundin, der
du dein Herz anvertraut hast, lief damit über zum Feind!
Deine Saat hat der Wind verweht, und Leila hat dich vergessen. Einem anderen gab man sie zur Frau; und sie, glaub es
mir, hat sich ihm nicht verweigert. O nein! Sie liegt ihm in
den Armen, Nacht für Nacht: auf Küssen und Kosen ist ihr
ganzes Sinnen gerichtet, und während *du* dich in Qualen
verzehrst, vergeht *sie* in Wonnen der Liebe ... Hast du denn
geglaubt, sie sei unter Tausenden die Eine und Einzige? Anders als alle? Ha! So sind doch die Weiber einmal, unbestän-
dig und untreu von Anfang bis Ende. Eine wie alle, und alle
wie eine. Eine Weile sieht sie den Helden in dir, und dann,
mit eins, bist du ein Niemand für sie. Sie sind voller Leidenschaft, gewiß, und mehr als wir Männer, aber auch darin folgen sie nur ihrem Eigennutz. Falschspieler sind die Weiber!
Betrug und Heuchelei steckt in allem, was sie tun. Trau nie
einer Frau! Sie bezahlt dich dafür, indem sie dich quält. Und
recht so! Denn ein Mann, der an Weibertreue glaubt, ist

noch dümmer als sie, die ihm einheizt dafür. Was ist schon
das Weib? Ein Sammelbecken aller Falschheit und Tücke;
Friede, wenn du sie ansiehst von außen, und Krieg, wenn sie
sich von innen zeigt. ... Leidest du, so ist sie vergnügt, und
bist du fröhlich, so frißt sie der Kummer. Dies alles und viel
Ärgeres noch ist Weiberart. Denk daran!»[18]

Vielleicht dürfen wir einmal spekulieren, daß Madschnuns Er-
mahnung durch den Fremden, sich vor der treulosen Frau zu
hüten, die «eine Weile den Helden (in ihm sieht), und dann,
mit eins (ist er) ein Niemand für sie», ein grundlegendes Defizit
in der frühen Mutter-Kind-Beziehung offenbart, wie es für
diese Kultur typisch ist. Der Betrug durch die Frau, der den
Mann so wütend macht und zugleich mit Angst erfüllt, ist
längst begangen worden; der Verlust, den er so sehr befürchtet,
ist ihm vor langem schon widerfahren. Daß Madschnun sich
von Leila fernhält, als der Augenblick einer möglichen Vereinigung gekommen ist, und sich bereitwillig dem Leiden in der
Liebe unterwirft, hat nichts mit der Person Leilas zu tun, sondern mit ihrem weiblichen und damit auch mütterlichen Arche-
typus.

Die Darstellung der Frau in *Leila und Madschnun* kontra-
stiert auffällig mit ihrem herkömmlichen Bild im Islam, das sie
als gewitzte Gegnerin im Krieg zwischen den Geschlechtern
zeichnet, einem Kampf, der mit den Waffen einer vom Gesetz
geduldeten Gewalt einerseits und des Betrugs andererseits geführt wird.

In den meisten arabischen und persischen Liebesgeschichten
ist die Frau ehebrecherisch, unersättlich und ränkesüchtig. Der
für sie charakteristische besondere Scharfsinn wird ihr als Ver-
schlagenheit und nicht als Klugheit ausgelegt und kann sie
nicht zu einer Gefährtin des «seelenvolleren» Mannes machen.
Trotzdem wird der Mann ihretwegen stets aufs Neue «fallen»,
da sie der wie immer unvollkommene Vorgeschmack eines Lebens nach dem Tod ist.[19]

Dem gegenüber ist Leila nicht nur treu und keusch, sondern
– befangen in den Vorstellungen ihrer Gesellschaft vom «richti-

gen» weiblichen Verhalten – auch bereit, tief zu leiden, indem
sie es wagt, aktiv zu lieben, statt sich in ihr kulturelles Los eines
bloßen Objekts der Entscheidungen des Mannes zu fügen.

«Meine eigene Qual ist noch tausendmal größer (als die
Madschnuns)! Auch er, gewiß, ist eine Zielscheibe, auf die
der Schmerz mit seinen Pfeilen schießt... aber *er* ist ein
Mann, *ich* bin eine Frau! Er ist doch frei. Er kann doch fliehen. Er braucht niemand zu fürchten, er kann gehen, wohin
immer er will, kann schreien und sagen und dichten, was immer er fühlt. Aber ich? Ich bin hier gefangen. Ich habe keinen
Menschen, zu dem mein Herz reden und dem es vertrauen
kann. Nur Schande wäre mein Schicksal! So wird mir im
Munde das Süße zu Gift. Wer weiß denn, was ich insgeheim
leide? Mit dürrem Gras bedecke ich den Abgrund meiner
Hölle, so daß keiner ihn sieht. Zwischen zwei Feuern brenne
ich Tag und Nacht. Das eine Mal schreit in meinem Herzen
die Liebe: Auf! Entfliehe wie das Rebhuhn diesem Rabenva-
ter, diesem Geiergatten!... Dann wieder ermahnt mich die
Vernunft: Fürchte die Schande und vergiß nicht, daß ein
Rebhuhn kein Falke ist; so unterwirf dich und dulde, was dir
auferlegt ist!...»[20]

Zum Subjekt wird Leila nicht durch Rebellion gegen gesellschaftliche Normen, sondern dadurch, daß sie ihr Schicksal
selbst wählt. Auch in vielen späteren romantischen Dichtungen
des Islams werden Frauen besungen, die bereit sind, lieber in
den Tod zu gehen als ihre Liebe zu verraten. Eine dieser Geschichten ist die pakistanische Legende von Sohni und Mahinwal.[21]

Die Geschichte von Sohni und Mahinwal

Einst lebte am Ufer des Tschenab in der Stadt Gutschrat ein
Töpfer mit seiner liebreizenden Tochter namens Sohni – die
Schöne –, die dem Vater in seinem Laden zur Hand ging. Eines
Tages kam eine Handelskarawane, die sich von Delhi aus auf
dem Heimweg nach Turkestan befand, in die Stadt, um dort ei-

nige Tage Rast zu machen. Einer der jungen Kaufleute, Isat Beg, gelangte während eines Ganges durch die Basare auch zu dem Haus des Töpfers, wo er Sohni erblickte und sich sogleich heftig in sie verliebte.

Als die Karawane weiterzog, blieb Isat Beg zurück, um seiner Geliebten nahe zu sein. Er eröffnete einen Laden, in dem er irdenes Geschirr verkaufte, das er von Sohnis Vater zu einem höheren Preis erstanden hatte. Ein solches Geschäft konnte nicht lange gutgehen – Isat Beg war ja auch aufs Geschäft nicht aus –, und nach kurzer Zeit mußte er den Laden wieder schließen. All seiner Mittel beraubt, trat er in die Dienste des Töpfers, der ihm auftrug, täglich die Büffel der Familie auf die Weide hinauszuführen. Bald wurde er von allen «Mahinwal», der Hirte, genannt.

Beeindruckt von seiner Entschlossenheit, in ihrer Nähe zu bleiben, und von den Opfern, die er für sie gebracht hatte, begann Sohni Mahinwals Liebe zu erwidern. Betrübt von dem Gedanken an die langen, trostlosen Stunden, die er ihretwegen in der heißen Sonne verbringen mußte, sagte Sohni eines Tages zu Mahinwal: «Ich kann kaum mit ansehen, wie du um meinetwillen alle diese Mühsale erträgst. Warum kehrst du nicht in dein Heimatland zurück, wo du im Haus deines reichen Vaters ein Leben in Luxus führen kannst?» Mahinwals Augen füllten sich mit Tränen: «Wie könnte ich dich verlassen? Getrennt von dir kann ich nicht leben», war seine Antwort.

Sohnis Mutter, die bereits Anzeichen für die Verliebtheit des jungen Paares bemerkt hatte, belauschte dieses Gespräch und hinterbrachte alles ihrem Mann. Der Töpfer geriet darüber so in Zorn, daß er Mahinwal aus seinem Haus warf. Mahinwal suchte seine Zuflucht auf der anderen Seite des Flusses. In kurzer Zeit hingen seine Kleider in Fetzen, und gleich Madschnun war er gezwungen, um Nahrungsmittel zu betteln. Sohnis Eltern aber verheirateten ihre Tochter in aller Eile an einen anderen Töpfer der Stadt. Voller Gram über die Trennung von ihrem Geliebten lebte Sohni fortan im Haus ihres Gatten. Sie flehte zu Allah, er möge sie ihre Liebe nicht verraten lassen, und anscheinend wurden ihre Gebete erhört, denn jedesmal, wenn ihr Mann sich ihr näherte, wurde er von einer geheimnisvollen Krankheit befallen und konnte die Ehe nicht vollziehen.

Eines Tages waren Sohni und ihre Schwiegermutter in der
Küche beschäftigt, als sie von draußen die Stimme eines Bettlers vernahmen. Sohni ging mit einer Tasse Mehl als Almosen
zur Tür, wo sie keinen anderen als Mahinwal erblickte. «Warum bist du hierher gekommen?», fragte sie leise. «Wenn dich
die Verwandten meines Mannes hier sehen, werden sie dich auf
der Stelle erschlagen. Geh wieder weg, und heute Nacht komme ich zu dir auf die andere Seite des Flusses.» Und in der
Nacht, als alle schliefen, schlüpfte Sohni aus dem Haus, nahm
einen großen irdenen Topf mit und ging zum Fluß. Sie warf
sich in die wirbelnden Wasser des Tschenab, doch der Topf trug
sie unversehrt ans andere Ufer, wo sie die Nacht mit Mahinwal
verbrachte. Mit der Morgendämmerung kehrte sie auf dieselbe
Weise über den Fluß zurück. Von nun an kamen die Liebenden
jede Nacht zusammen, bis Sohnis Schwägerin sie einmal dabei
beobachtete, wie sie heimlich ihr Bett verließ und aus dem
Haus ging. Sie folgte ihr zum Fluß und entdeckte alles. Erzürnt
über die Schande, die Sohni über die Familie brachte, vertauschte sie den gebrannten Tontopf, mit dem Sohni den Fluß
überquerte, mit einem ungebrannten, der in den Stromschnellen aufweichen und untergehen würde. In der Nacht darauf
tobte ein Sturm, es blitzte und donnerte, und wild schäumten
die Fluten des Tschenab. Obgleich Sohni bemerkt hatte, daß
die Töpfe vertauscht waren, wollte sie den wartenden Mahinwal nicht enttäuschen. Sie umklammerte den Topf mit den Armen und sprang ins Wasser. Als sie die Mitte des Flusses erreicht hatte, löste sich der Ton im Wasser auf, und sie wurde
von der Strömung fortgerissen. Im Widerschein der aufzuckenden Blitze sah Mahinwal die Geliebte, die mit den Wellen rang,
und sprang ins Wasser, um sie zu retten. Vom Hunger entkräftet, war er indessen zu schwach dazu, und die reißende Strömung des Tschenab entführte die beiden Liebenden alsbald in
ihr feuchtes Grab, wo sie, wie wir annehmen dürfen, vereint
wurden.

Leilas Leiden sind ebenso wie Sohnis Tod die unausweichliche Folge ihres Anspruchs auf erotische Freiheit, die in Widerspruch gerät zur traditionellen islamischen Moral, einem Sittenkodex, demzufolge allein die Einhaltung der Gesetze der Familie und des Stammes das Leben wirklich lebenswert macht. Den Hütern dieser Gesetze – den Vätern und Ehemännern – wird in der Auseinandersetzung zwischen Politik und Ehe ein niedrigerer spiritueller Status zuerkannt als den beiden als Einheit wahrgenommenen Liebenden. Jene gleichen den Vater- und Mutterfiguren in der «Vorstellungswelt» von Analysanden, deren Vielfalt an menschlichen Möglichkeiten und deren Sehnsüchte wegen der stereotypen Rollen, die sie spielen müssen, nicht sichtbar werden. Psychoanalytiker und Dichter wissen das und sie sind damit noch tiefer vertraut.

Es gibt keine eigentlichen Bösewichter in der Erzählung Nizamis, die man bequem für die erotische Katastrophe, der die Liebenden zum Opfer fallen, verantwortlich machen könnte. Aus tiefstem Schmerz mag Leila ihren Vater einen Raben und ihren Gatten einen Geier schmähen, und dennoch läßt die Geschichte auch nicht den leisesten Zweifel daran, daß beide ehrenwerte, großmütige Männer sind, die sich in ihrem Handeln von aufrichtiger Sorge um Leila leiten lassen. Obgleich er ihr rechtmäßiger Gatte ist, zwingt Ebn Salam Leila seine Liebesbekundungen nicht auf, sondern wartet verzweifelt auf eine Änderung in ihrem Herzen, weil ihm an einer Liebe frei von jeglichem Zwang gelegen ist. Nizami zeichnet ein verständnisvolles Bild von seinen Protagonisten, die in einem Netz aus Konflikten und Mißverständnissen gefangen sind. Die Charaktere werden in festgelegte Rollen gezwungen, die ihre humane Gesinnung für die Augen der anderen verstellen, so daß in einem liebenden Verehrer ein Feind gesehen wird.

«Leila, diese Herzbezaubernde, war sich selbst eine Last, und für die andern ein Schatz. Und galt *sie* ihrem Gatten als kostbarstes Juwel, so war *er* für sie eine Schlange, die sie umringelt hatte. War sie in seinen Augen der Mond, so er in den ihren ein Drache, der sie in seinem Rachen festhielt. Und beide mußten leiden aneinander. Für Leila war dieses Dasein eine ständige Qual. Glich sie nicht dem Rubin, eingeschlossen im Herzen des Steins? Sie besaß keine anderen Waffen als die der Geduld und der Täuschung. Sie kannte kein anderes Leid oder Glück, außer dem Geheimnis ihrer Liebe, das sie vor allen Blicken und Fragen verbarg, besonders vor Ebn Salam, dem Gatten! Hatte es dieser etwa besser als sie? War sein Los viel leichter zu tragen als das von Madschnun? Gewiß, er besaß vor der Welt sie, Leila, die ihm teurer war, als alles sonst, und dennoch war dieser Besitz ja nur Schein. Das wußte er wohl, und auch er mußte sein Geheimnis verschweigen. Er bewachte einen Schatz, zu dem ihn kein Weg hinführte, obwohl er ihm gehörte, und den er nicht genießen durfte, auch wenn es der seine war. Eine solche Herzwunde tut weh...»[22]

Dem Psychoanalytiker ist diese stille Verzweiflung aus den Klagen von Patienten vertraut, deren Ehepartner den an sie gerichteten Erwartungen nicht genügen können oder die plötzlich der schmerzlichen Wahrheit ins Gesicht sehen, daß ihr Partner sie nicht liebt. Für den Analytiker bleibt es offen, ob solche vergeblichen Herzensregungen je «analysiert», ob verschüttete Freiheiten wieder zutage gefördert werden können. Ist denn die Liebe eines Menschen, der nicht wiedergeliebt wird, weniger wichtig als die Liebe zu einem Menschen, der diese erwidert? Wieviele unbesungene Liebende mag es geben, deren Liebesgeschichten nichts anderes sind als Klagen über zahllose Zurückweisungen und Verlassenheitsgefühle?

Wenn «Liebe» das Wort ist, das die Fahne des Eros ziert, so ist in der traditionellen islamischen Gesellschaft «Ehre» oder *issat* das Banner, das die Kräfte der Moral versammelt. Aber was ist diese «Ehre», die unausweichlich die Trennung junger Liebender zum Ziel hat? Im Gegensatz zu *Romeo und Julia*, wo der Zwist zwischen den Familien das scheinbare Hindernis für die Liebenden ist, die steinerne Mauer, die beide voneinander trennt, geht die Liebe von Leila und Madschnun von Anfang an einfach «zu weit», ohne daß dies näher erläutert oder begründet würde.

Das, was in islamischen Liebesgeschichten offenkundig zu weit geht – und in romantischen Epen anderer patriarchalischer Gesellschaften weniger deutlich hervortritt –, ist der Eingriff in die Rechte älterer und mächtiger Männer, insbesondere der Väter, die über die weibliche Sexualität verfügen und sie ihrer Aufsicht unterwerfen. Daß dieses Recht, junge Frauen zu besitzen, zu gebrauchen und wie eine Ware zu tauschen, überhaupt in Frage gestellt wird, das ist der eigentliche Angriff auf die «Ehre» der Familie, des Stammes oder der Kaste. Dieses Recht, über die Sexualität der Tochter zu verfügen, ist Teil einer umfassenderen Rechtsordnung, in deren Rahmen ältere, Macht besitzende Männer durch Systeme von institutionalisierter Polygamie, durch Mätressen, Nebenfrauen und Konkubinen, durch die Ausübung von Herrenrechten usw. schon immer die sexuelle Verfügung über junge Frauen für sich beansprucht haben. Zweifel an diesen Vorrechten werden schnell zu Beleidigungen der Ehre und werden damit letztlich auch als Angriff auf die «gesellschaftliche Ordnung» aufgefaßt. Erzählungen von leidenschaftlicher Liebe in patriarchalischen Gesellschaften sind deshalb zugleich auch Geschichten von sexueller und sozialer Revolution, und die Liebenden – ob Tristan, Romeo, Madschnun oder Krischna – sind nicht weniger sexuelle Revolutionäre als Don Juan und Casanova, die auf ihre eigene Weise ebenfalls das etablierte Monopol bedrohen. In anderen Geschichten, auf die wir noch eingehen, kommt dieser Machtkampf unmittelbar zum Ausbruch.

Wenn es um die Bewahrung der Ehre geht, ist der Gruppe kein Preis zu hoch, selbst wenn dies den Tod der Tochter, Schwester oder Ehefrau bedeutet. In einer von Männern beherrschten Gesellschaftsordnung verkörpert die Frau die Gruppenehre – zugleich aber auch den ungezügelten Eros. Sie ist es, die als erste sterben muß, damit der Konflikt zwischen Begierde und *issat* beendet wird; jede andere Lösung, auch wenn sie vom Gesetz geduldet würde, wäre schlichtweg unzureichend. Das läßt sich an der beliebtesten Liebesgeschichte des islamischen Pandschab und Nordindiens überhaupt deutlicher machen.

Die Geschichte von Heer und Randscha

Einst lebte ein wohlhabender Grundbesitzer in der Stadt
Dschang, der hatte eine wunderschöne Tochter namens Heer.
So berühmt war ihre Schönheit, daß die jungen Männer von
nah und fern zu ihrem Vater kamen und um ihre Hand anhiel-
ten. Da er jedoch keinen seiner geliebten Tochter für würdig
befand, wies Heers Vater sie allesamt ab.

Eines Tages ging die junge Heer zu einem am Flußufer fest-
gemachten Boot, um dort wie so oft den warmen Tag zu verbringen. In diesem Boot fand sie einen bäuerlich gekleideten
Jüngling in tiefem Schlaf. Zornig über den Eindringling weckte
sie ihn unsanft und erfuhr von dem Zerknirschten, daß seine
Brüder ihn aus dem Haus gejagt hätten, weil sie ihn für einen
Faulpelz hielten, der lieber auf der Flöte spielte als den Acker
zu pflügen. Heer war sehr angetan von den feinen Gesichtszü-
gen und der freundlichen Art des Jünglings und bat ihn, für sie
auf seiner Flöte zu spielen. Randscha – so hieß der junge Mann
– zog sein Instrument hervor und legte die ganze Inbrunst und
Sehnsucht seiner Jugend in das Spiel, und beide entbrannten in
heftiger Liebe zueinander. Heer erreichte es, daß Randscha für
ihren Vater als Hirte arbeiten durfte. Wenn er nun am Tage die
Büffel hütete, die am Flußufer grasten, entschlüpfte Heer ihren
Gefährtinnen und leistete ihm Gesellschaft, und beider Liebe
wuchs von Tag zu Tag.

Ihr Verhältnis blieb nicht lange unbemerkt, und bald redeten
alle darüber. Schließlich läßt niemand ein Liebespaar seine eigenen Wege gehen, denn junge Liebe schürt den Neid, und
Neid führt zu Gerüchten, Entdeckung und Tod. Das Gerede
drang auch zu Heers Vater, der daraufhin beschloß, seine
Tochter unverzüglich zu verheiraten – die einzige Möglichkeit,
den guten Namen der Familie zu retten. Trotz ihres heftigen
Sträubens wurde Heer einem jungen Mann des Cherastamms
angetraut, der mit großem Gefolge kam, um die Braut abzuho-
len und in sein Dorf zu führen. Voll Schmerz und Trauer über
den Verlust ihrer Liebe wurde Heer davongeschleift. In der

Hochzeitsnacht weigerte sie sich jedoch, ihrem Gatten zu Willen zu sein, der sich der trügerischen Hoffnung hingab, daß sie sich bald eines anderen besinnen würde.

Unter den Frauen des Hauses war eine unverheiratete Schwägerin, die ebenfalls in Liebe zu einem Mann schmachtete, der für die übrige Familie als Bräutigam nicht in Frage kam. Diese Frau wurde Heers Vertraute. Im Gewand eines Bettlers kam Randscha ins Dorf, in dem Heer lebte, und mit Hilfe der Schwägerin schmiedeten sie einen Plan, um der grausamen Trennung der Liebenden ein Ende zu machen. Eines Nachts versuchten die beiden zu fliehen, wurden jedoch von den Männern der Familie ihres Gatten verfolgt und ergriffen, die Randscha verprügelten und ihm Heer entrissen. Das Schauspiel lockte zahlreiche Zuschauer an. Da sowohl Randscha als auch der Ehemann Heer für sich beanspruchten, kam das Paar vor das Gericht des Gouverneurs, der Heer befragte, welcher der beiden Männer ihr wirklicher Gatte sei. Darauf erwiderte Heer, sie habe niemals ihre Einwilligung zu der Heirat gegeben und betrachte sich nicht als verheiratet, da man sie mit Gewalt entführt habe. Das Urteil des Gouverneurs verlangte daraufhin, Heer ihrem Vater zurückzubringen, damit dieser sie Randscha zur Frau gebe. Die Liebenden waren überglücklich und kehrten unter dem Schutz des Gouverneurs nach Dschang zurück. Heers Vater, den man von dem Urteilsspruch benachrichtigt hatte, schien sich diesem zu fügen. «Mein Sohn», sprach er zu Randscha, «geh in dein Haus, um die Hochzeitsvorbereitungen zu treffen; dann komme mit einem richtigen Hochzeitszug hierher, und Heer soll die deine werden.» Doch die Familienehre war befleckt und konnte wie bei Julias Martyrium nur durch Heers Tod wieder reingewaschen werden. So wurde sie vergiftet. Als Randscha an der Spitze des Hochzeitszugs zurückkehrte, fand er sie nicht mehr am Leben. Mit gebrochenem Herzen folgte er ihr bald in den Tod. Heers Grab wurde zu einem Wallfahrtsort besonders für jene, die selbst Hindernisse für ihre Liebe zu überwinden hatten.

Während Leila, Heer und Sohni *Männern* als Inbegriff der «guten» Frau erscheinen, die dem Mann bis in den Tod zutiefst

ergeben ist und die so das gesellschaftlich dominierende Bild
der «schlechten», treulosen Frau in ihren Augen korrigiert, besteht ihr Reiz für *Frauen* der islamischen Gesellschaft in etwas
anderem. Die Heldinnen der Geschichten sind einem frei ge-
wählten liebenden Mann treu. Sie fühlen sich durch ein ander-
weitiges Eheversprechen nicht gebunden, sie lieben insgeheim
und im Verborgenen, aber ohne Scham oder Schuldgefühle,
und damit sind sie ein ideales Beispiel für die Fähigkeit zu einer
Wahl, die selbst unter höchst einengenden gesellschaftlichen
Bedingungen möglich ist. Der Preis für ihre Verwirklichung als
eigenständig Handelnde ist in der Tat abschreckend hoch – sie
müssen mit dem Leben dafür bezahlen. Doch ist die Belohnung
nicht weniger wichtig – die Verheißung der Unsterblichkeit im
Pantheon der legendären Göttinnen der Liebe.

Liebe und Wahnsinn

Die Faszination, die leidenschaftliche Liebe ausübt, liegt in der
Verheißung, die inneren Paradoxien von zwei drängenden und
gelegentlich entgegengesetzten erotischen Strebungen aufzulösen: die Sehnsucht nach dem Einssein mit dem Geliebten und
der Wunsch nach sinnlicher Erregung, sexueller Leidenschaft
und orgastischer Erlösung. Madschnun verkörpert mit seinem
Wahnsinn den ersten dieser Wünsche und seinen Schrecken. Im
Sehnen nach Verschmelzung erleidet (und begreift) er eine ele-
mentare Trennung, die seine innere Welt entleert und gleichzeitig alle Verbindungen mit der äußeren Welt zerstört.

Mit dieser psychologischen Deutung finden wir, die Interpreten aus einer anderen Epoche mit anderer Geistesart, Zugang zu Nizamis alter Erzählung. Allerdings nicht, wie wir
hoffen, durch eine umstandslose oder reduzierende «Anwendung» psychoanalytischer Begriffe, sondern durch einen stän-
digen Wechsel zwischen den Bedeutungsebenen in der Bilder-
und Vorstellungswelt des Epos mit besonderem Augenmerk auf
die darin enthaltenen inneren Ambivalenzen. In dem mit den
Mitteln seiner dichterischen Kunst geschaffenen Freiraum läßt
Nizami den Leser jenen Schrecken erleben, der entfesselt wird,

wenn das Selbst die Zügel allgemeiner Sitte und Gewohnheit abwirft, um sich in der Verschmelzung mit einem anderen zu vergessen. Am Ende bleibt nichts als der – wie Shelley einmal schrieb – «weite und wüste Sand».[23] Madschnuns «Trennungsangst», nachdem «die Zügel ... der Hand dieses Reiters entglitten (waren)»,[24] nimmt durch Nizamis dichterischen Genius Gestalt und Leben an und bleibt damit nicht länger eine psychologische Abstraktion. Ganz wie die erfolgreiche analytische Arbeit, so hat Joel Kovel bemerkt, entzieht uns auch die künstlerische Erzählung die Sicherheit, die etikettierende Bezeichnungen bieten, und verhilft uns dadurch zu einem tieferen Verständnis, zu einer persönlichen Erfahrung jener unaussprechlichen seelischen Nachtseite, von der wir uns für gewöhnlich abwenden.[25]

Madschnuns Angst beginnt in seinem Herzen, in jenem spürbaren und sinnbildlichen Organ der Liebe, das vor Gemütsbewegung bersten oder zerspringen, von Sehnsucht schwer werden oder vor Enttäuschung brechen kann. Ohne sicheren Ankerplatz im Körper hatte «sein Herz ... Schiffbruch erlitten, und nun trieb es in einem Meer ohne Ufer, und der Sturm nahm kein Ende.»[26] Die körperliche Metapher für Leidenschaft, ein «zu Herzen gehendes» Klischee in allen Kulturen, ist ein Anklang an die mit inneren Körperempfindungen verknüpften Ursprünge libidinöser Gefühle im Säuglingsalter, einer Zeit, in der die Außenwelt über die Sinne undifferenziert als innerer Widerhall wahrgenommen wird. Wahre Gefühle sind deshalb immer auch «vom Herzen kommende».

Nicht weniger auffällig sind die Bilder des Meeres und des Sturms, vor allem im Hinblick auf ihren Kontext, denn sie beschwören die Frau als Urmutter herauf. Freud und Ferenczi haben die Frau mit den Ozeanen unserer phylogenetischen Vergangenheit verglichen, von denen der Erdball umgeben war, bevor die Eiszeit – zweifellos eine Wüste eigener Art – uns Lebewesen dazu nötigte, unseren Leib und unsere Genitalien in schützende äußere Hüllen zu kleiden. Die Meere sind in unserem Inneren; zerreißen wir die schützende Membran, so drohen wir an Leib und Seele zu verdorren. Vorstellungen vom

Ozean und der Wüste, Bilder des schwellenden und uner-
gründlichen weiblichen Körpers sowie eines verwehenden kör-
perhaften Selbst, verweisen auf eine tiefe seelische Erschütterung. Ob diese als regressiv oder Neues erschließend begriffen
werden, hängt vom Zusammenhang des – klinischen oder mystischen – Verständnisses des Lesers ab. Wie immer das Urteil
ausfallen mag, der Vorgang als solcher reicht zurück bis in die
Anfänge des menschlichen Bewußtseins.

Die Veränderungen in der körperlichen Erscheinung
Madschnuns gehen einher mit einer schmerzvollen Verarmung
der Seele, da die zahlreichen Bande zwischen ihm und anderen
zerreißen. Dieses Verdorren und Veröden der inneren Landschaft, verwelkt in Einsamkeit, wird durch keinerlei liebevolle
Handlung der Außenwelt – z.B. durch die Bemühungen von
Madschnuns Vater – mehr gelindert. Im Bild des nackten und
abgezehrten Körpers Madschnuns, der rastlos die einsamen
Weiten des Wüstensands durchirrt, wird dies eindrucksvoll geschildert. «Es war», so sagt Nizami, «als habe er seinen Namen
aus dem Buch der Welt herausgerissen – so, als sei er ins Nichts
gefallen, als gehöre er nicht mehr zu den Lebendigen und noch
nicht zu den Gestorbenen...» In seiner Verzweiflung ruft er
aus: «Ach, welches Heilmittel könnte eine Krankheit wie diese
noch lindern? Ja, ein Landstreicher bin ich geworden. Familie und Heimat – wo sind sie? Kein Weg führt mich dorthin zurück, und auch keiner zur Freundin. Zerbrochen
sind Name und Ruf, wie Gläser, zerschmettert am Fels. Zer-
rissen ist die Trommel, die mir einst frohe Botschaft ge-
kündet, und was mein Ohr jetzt hört, ist die Trommel des Ab-
schieds...»[27]

Das Schicksal Madschnuns zeigt uns die dunklere Seite des
Strebens nach Vereinigung. In der fortschreitenden Auflösung
seiner Identität, deren Schrecken nur durch die Faszination der
totalen Verschmelzung wettgemacht wird, wird das Wehklagen
Madschnuns vor Leila zum verzweifelten Wimmern des
Kleinkindes inmitten von Chaos. Es ist der Schrei nach der Gegenwart einer Mutter, die überfließt von süßer Fülle und ihm
jene Nahrung darbietet, deren er bedarf, um vor dem seeli-

schen Tod durch die fortschreitende Auflösung seines Selbst und seiner menschlichen Bindungen bewahrt zu werden.

> «Ich bin gefallen, was soll ich tun?» klagt Madschnun. «O Freundin, komm und nimm meine Hand! Ich kann nicht mehr weiter ... und dir gehöre ich doch, und lebendig bin ich doch besser für dich als tot. Sei gnädig und gönne mir einen Gruß; erwecke mich wieder zum Leben mit einer Botschaft von Dir! Doch man hält dich gefangen, ich weiß es ja wohl. Aber warum dich? *Ich* bin der Verrückte; mich muß man fesseln! Oh, fessle du mich, umwinde meinen Nacken mit der Schnur deiner Locken! Aber deine Locke um meinen Hals ist zerrissen; und trotzdem bin ich nur dein Sklave geblieben. Tu etwas – hilf mir! ... Sind wir nicht beide Menschenkinder, du wie ich; obwohl du ein üppiger Buchszweig bist, und ich ein verdorrender Dorn ...»[28]

Das Zerbröckeln des Mutterbildes erschüttert den Wesenskern der persönlichen Identität, die sich darin spiegelt. Es bringt jenes «Urvertrauen» und jene Zuversicht zum Versiegen, die mit der «Muttermilch» eingeflößt werden und das keimende Individuum in seiner Entwicklung stärken. Dieser Tatsache ist sich Madschnun in seinem Wahnsinn (und Nizami in seinem Epos) durchaus bewußt: «Ach, wäre doch *dein* Schatten wenigstens bei mir geblieben! Aber auch ihn hast du mir weggenommen, und mein Herz und meine Seele dazu. Und was habe ich erhalten dafür? Was ist mir geblieben? Die Hoffnung? Nun, so sieht ein durstiges Kind im Traum die Hand, die ihm einen goldenen Becher reicht. Und wenn es erwacht aus dem Schlaf, was bleibt dann? Es kaut vor Durst nur den eigenen Finger ...»[29]
Stärker als jede äußere Bedrohung und selbst als der Tod birgt Madschnuns Wahnsinn die wohl größte Gefährdung der Liebe in sich. Seiner Selbstbeherrschung beraubt, mit geschwächten Abwehrkräften, ist der Liebende abermals schutzlos einer der frühesten Ängste des Menschen ausgesetzt, jener «psychischen Hilflosigkeit» des Säuglings beim Verlust der Mutter.[30] Die Geburt der Liebe gibt in einer Art Déjà-vu-Erlebnis zugleich die Ahnung von ihrem Ende. Hinter dem hellen

Schein einer gerade erst entbrennenden Liebe droht bereits düster der Verlust. Das Bild der Geliebten haucht unseren frühen Erinnerungen an die Mutter, noch ehe sie als eine von uns getrennte Person wahrgenommen wurde, neues Leben und zugleich neuen Tod ein.

All das hat letztlich wenig zu tun mit der Beziehung Madschnuns zu seiner Mutter, deren Gestalt nur schemenhaft erscheint. Für uns ist Nizamis künstlerische Darstellung eines Mannes von Interesse, der sich in der Trennung verzehrt und auf unerklärliche Weise unfähig ist, aus seiner tiefen Einsamkeit herauszufinden. In dieser Hinsicht ist die Faszination Madschnuns als eines Liebenden wohl für alle Kulturen und historischen Epochen ungebrochen und spricht einen Gemütszustand an, der latent in uns allen gegenwärtig ist. Das Unerbittliche, Tragische an Madschnuns isoliertem Dasein und seine herzzerreißenden Klagen lassen für uns den Schmerz spürbar werden, den alle erwartungsvollen Liebenden fühlen.

Madschnuns Zustand ist zugleich ursprünglicher und kontemplativer als der des stürmischen und schmachtenden Romeo. Die Bewahrung Leilas bis hin zu Madschnuns Verzicht auf jede erotische Berührung steht an oberster Stelle. Er fühlt, daß er eine Illusion zerstören würde, wenn er sie besitzen würde. Er ist der Asket im Gegensatz zum wilden Tier Romeo, und diesem dennoch innerlich verbunden in der Anerkennung des fundamentalen Dilemmas des Lebens und der Triebnatur des Menschen. Romeo ist der Tätige, Madschnun der Mystiker, aber beide sind Opfer infantiler Bedürfnisse. Während Romeo in der Illusion handelt, er könne Besitz ergreifen von dem, was er begehrt, und sich der Verzweiflung ergibt, als ihm das Begehrte verweigert wird, nimmt Madschnun eine vorbestimmte, tiefste Enttäuschung innerlich vorweg und ergibt sich betrachtenden Gedanken darüber.

Wie wir jedoch wissen, ist die Gestalt Madschnuns für die Männer der persisch-islamischen Welt gleichzeitig auch von besonderem Reiz. Wenn wir psychoanalytische Methoden auf eine literarische Figur anwenden, dann wenden wir sie letzten Endes, wie Norman Holland gesagt hat, auf das entsprechende

Lesepublikum an.[31] Madschnuns Wahrheit liegt ebenso wie seine Schönheit in den Augen seines Betrachters beschlossen. Mit anderen Worten, wir behaupten, daß bestimmte sozialgeschichtliche Bedingungen in traditionellen islamischen Gesellschaften eine besondere Form der Mutter-Sohn-Beziehung zur Folge haben. Diese führt ihrerseits zu einer Instabilität des Mutter- und Frauenbildes bei islamischen Männern und gibt eine Veranlagung zu extrem entgegengesetzten Erfahrungen der Verschmelzung und Trennung mit.

In weiten Teilen der traditionellen Moslemgesellschaften des Vorderen Orients wird das Verhältnis zwischen Kind und Mutter, das so mächtig fortwirkt, in der Regel ignoriert oder bestenfalls verleugnet.[32] Nur einer einzigen Welt gesteht diese patriarchalische Kultur eine Wirklichkeit zu – oder gibt ihr Beachtung: der Welt der erwachsenen Männer. Die ersten sieben bis acht Lebensjahre verbringt ein Knabe ausschließlich im Kreis seiner Mutter und anderer weiblicher Pflegepersonen. Bezeichnenderweise stoßen seine Versuche, in den Bereich der Männer einzudringen, im allgemeinen auf den Spott der männlichen Erwachsenen, die ihn immer wieder abweisen und den Freuden und Gefahren der Mutter-Sohn-Dyade überantworten. Innerhalb dieser Dyade ist der Knabe Gegenstand der beständigen Aufmerksamkeit, der unaufhörlichen Besorgnis und (gelegentlich unerwünschten) Hilfestellung einer Frau, deren Einmischungen möglicherweise seine zunehmende Selbständigkeit zuwenig beachten. «Arabische Jungen werden vom Vater schikaniert und von der Mutter gehätschelt» – diese Sicht der Dinge ist vielleicht zu sehr vereinfacht, verweist indessen auf eine Art mütterlicher Allgegenwart.[33] Was fehlt, ist ein zunehmendes Maß an Versagung durch eine Mutter, die immer «gerade richtig» ist. Dies ist ein für den Westen typischer Vorgang der allmählichen psychischen Entwöhnung, der es dem Kind erleichtert, die wirkliche Mutter durch ihre dauerhafteren psychischen Repräsentanten zu ersetzen. Diese inneren Bilder bedeuten eine Entschädigung für ihre unvermeidlichen Schwächen und die Unterbrechungen ihrer Gegenwart, und ermöglichen eine Geschmeidigkeit der Beziehung, unabhängig vom Kommen und Gehen der Mutter (oder später der Geliebten).

Sobald das Kind zur privilegierten Männerwelt zugelassen wird – was mit dem erstmaligen Besuch der *maktab*, der Koranschule zusammenfällt –, wird der ausschließliche «Maternalismus» seiner Kinderjahre übergangslos durch einen nicht weniger ausschließlichen «Paternalismus» ersetzt. Von nun an wird vom Knaben gefordert, die mütterlich-weibliche Welt ganz und gar zu verwerfen; alles, was bisher erlaubt war, ist jetzt Kinder- oder Weiberkram, was für die erwachsene Männerkultur dasselbe ist. Dem Jungen wird auferlegt, vorbehaltlos die frauenfeindlichen Werte der Väter zu übernehmen. «Das Heranwachsen bedeutet, die Kindheit zu vergessen, auszulöschen und zu unterdrücken. In unseren traditionalistischen Gesellschaften wird man erwachsen, indem man die Kindheit verachtet und alles Weibliche ablehnt», heißt es bei Bouhdiba, einem Autor aus Tunesien.[34] Vom Knaben wird die kompromißlose Abkehr von der mütterlichen Welt verlangt – er soll die vergessen, die einst all seinen Verrichtungen als Mittlerin diente und ihm so lange Zeit einen Reichtum von Gefühlen bot. Diese Abwendung muß vom Kind als offener Verrat an der Mutter empfunden werden. Ist es möglicherweise das Schuldgefühl wegen dieser erzwungenen und auf die Mutter projizierten Treulosigkeit – «nicht ich habe mich von ihr getrennt, sondern sie ist es, die mich verlassen hat» –, das die kulturelle Phantasie der wankelmütigen und unzuverlässigen Frauen so gefühlsbeladen macht? Und könnte es nicht sein, daß die absolute Zurückweisung der Frau, an der wir so gehangen haben, den Bruch leichter erträglich machen soll? Ihres Wertes beraubt, hat sie keinen Reiz mehr, und die Trennung ist weniger schmerzhaft.

Kehren wir nach diesem Exkurs in kulturpsychologische Spekulationen zu unserer Geschichte zurück: Madschnuns Verlangen nach Vereinigung ist so stark, daß er trotz der fortschreitenden Zerstörung seiner Identität daran festhält. Es ist die geschlechtliche Begierde, die für ihn das größte Hindernis auf dem Weg zu einer Vereinigung mit Leila darstellt. Übersetzt in die Sprache des Mutter-Sohn-Diskurses in der islamischen Kultur, könnte man es etwa so ausdrücken: Es ist, als gäbe er die Schuld am Verlust der Mutter und an seinem (bewußt ersehnten) Eintritt in die Männerwelt seinem Sein als Mann, insbesondere seiner primären Ausdrucksform – der phallischen Begierde. Diese Begierde trennt nicht nur, was ursprünglich ein Ganzes war, sondern sie realisiert sich auch in der phantasierten Gewalt der sexuellen Leidenschaft, die nach Madschnuns Vorstellung in der «wahren» Liebe keinen Platz hat. Der von ihm, genauer gesagt von Noufal für ihn unternommene Versuch, Leila durch einen Krieg gegen ihre Familie und ihren Stamm in Besitz zu nehmen, symbolisiert die zerstörerische Gewalt des männlichen Triebes und Madschnuns eigene Ambivalenz diesem gegenüber. Bis zu einem gewissen Grad stimmt Madschnun den Feindseligkeiten zu, an deren Ausbrechen er sogar beteiligt ist, dieser Demonstration kriegerischer Männlichkeit, aber er ist nicht bereit, am eigentlichen Kampfgeschehen teilzunehmen. Und als auch die zweite Schlacht beendet ist, bestraft er sich schwer dafür, daß er dem Drängen seiner männlichen Begierde erlegen ist, und büßt seine Schuld, indem er sich von einem Bettelweib fesseln und wie ein wildes Tier vor den Leuten zur Schau stellen läßt. Als er in dieser Verfassung eines Tages vor Leilas Zelt steht, ruft er aus:

«In Fesseln stehe ich vor dir, einen Strick um den Nacken, und lasse mir deine Züchtigung gefallen. Ja! Ich habe gesündigt, ich weiß es, und meine Sünde ist so groß, daß sie mir niemals verziehen werden kann. Sieh, ich bin dein Gefangener, und du sollst mein Richter sein! Fälle dein Urteil! Bestrafe mich, wie immer du magst:... Um meinetwillen ist deiner Sippe Unheil widerfahren, und zur Sühne schlagen mich nun meine eigenen Hände. Gestern habe ich mein Verbrechen begangen, und bin darum heute zurückgekehrt, um in Ketten Qualen von dir zu erleiden. Töte mich, aber weise mich Elenden nicht von dir! Wie könnte ich mich schuldlos bekennen – vor dir? *Du bist noch treu, selbst wenn du untreu bist; ich aber bin schon schuldig vor dir, wenn ich schuldlos bin...*»[35]

In dieser Erzählung des sehnsüchtigen Verlangens behindert auch der Vater das Streben des Sohnes nach seelischer Einheit mit der Mutter. Allerdings ist dieser Vater nicht der ödipale Gegenspieler oder Rivale in der Phantasie des Kindes, dem wir so häufig in der westlichen Literatur begegnen. Nicht aus seinem eigenen Interesse verweigert er dem Sohn den sexuellen Besitz der Mutter. Er ist vielmehr darauf bedacht, den Sohn von ihr wegzuschieben, um das ursprünglich androgyne und verwöhnte Geschöpf in die «wirkliche» Welt seiner männlichen Kultur zu ziehen. So umreißt er in den Gesprächen mit Madschnun die Auffassung von männlicher Identität und ist bemüht, den Sohn auf seinem Weg in den Stand eines Mannes zu geleiten. Ein solcher Vater verhält sich weder kastrierend noch behindernd, sondern als Initiator.

Erst nach dem Tod des Vaters «gelingt» es Madschnun, den Ansprüchen der männlichen Rolle und seinen phallischen Trieben vollständig zu entsagen. Indem er sich willentlich entmannt, gewinnt er jene seelische Einheit mit der Geliebten zurück, die sein eigentliches Ziel ist. Es ist überdies eine geschlechtslose «duale Einheit», die er anstrebt – ihr ermangelt die erotische Lust ebenso wie jegliche Charakteristik des Geschlechts. So sagt Madschnun von sich: «Rein ist meine Seele vom Dunkel der Wollust, geläutert von niedriger Gier meine Sehnsucht, frei von Scham mein Gemüt. Ich habe den Bazar der Sinnenlust in mir zerbrochen. Die Liebe ist die Essenz meines Seins. Die Liebe ist das Feuer, und ich bin wie das Holz, das die Flamme verzehrt. Die Liebe ist eingezogen und hat das Haus geschmückt, und das Ich hat sein Bündel geschnürt und ist ausgezogen. Obwohl du mich zu sehen meinst, bin ich doch nicht mehr: was ist, ist die Geliebte ...»[36]

Nizami beschreibt Madschnuns Verzicht auf sexuelle Leidenschaftlichkeit in Bildern der Harmonie mit wilden Tieren – er hatte «die Wilden mit den Wilden versöhnt»[37] – und ist sich durchaus der Symbolik bewußt, wenn er beispielsweise bemerkt: «Sind nicht die Tiere ein Echo des Menschen? Sie sind das, wozu wir sie machen.»[38] Madschnun überkommt eine große Ruhe. «Sein Blick irrte nicht länger über den Nachthimmel

hin. Er fand in seinem Innern ein Zuhause.»³⁹ In diesem Zustand hat er einen Traum:

> «Ein Baum wuchs vor ihm aus dem Boden. Er wurde rasch
> immer höher, und er reckte seine Krone dem Zenit des Him-
> mels entgegen. Mit den Augen folgte ihm Madschnun. Da
> sah er plötzlich einen Vogel. Der flatterte vom äußersten
> Zweig quer durch das Laubwerk herab auf ihn zu, ohne jede
> Scheu. In seinem Schnabel glitzerte etwas wie ein Tropfen im
> Licht. Gerade über Madschnun ließ er es fallen, und es war
> ein Juwel, das seinen Scheitel traf und dort als Diadem von
> strahlendem Glanz liegen blieb...
> Ein Glücksgefühl durchströmte Madschnun, wie er es so
> lange nicht erlebt hatte. Hob der Vogel seiner Seele die
> Schwingen? War er nicht leicht, als könnte er selber schon
> fliegen? So wird selig im Traum, wem am Tag die Erfüllung
> der Liebe versagt ist...»⁴⁰

In etlichen seiner Schriften hat Freud wiederholt behauptet, er-
fundene Träume ließen sich in derselben Weise deuten wie reale
Träume, und er hat diese Aussage durch die Deutung der er-
dichteten Träume in der Novelle «Gradiva» von W. Jensen zu
belegen versucht.⁴¹ Natürlich stand für ihn außer Zweifel, daß
Träume in der Literatur im Gegensatz zu wirklichen Träumen
keine verkleideten Wunscherfüllungen waren, sondern Bilder
mit der Absicht, den Gang der erzählten Handlung voranzu-
treiben, z.B. als Prophezeiungen, die für den Fortgang der Geschichte erforderlich waren oder als symbolische Hervorhe-
bung eines Themas. Außerdem fehlt bei der Analyse eines
erfundenen Traums das entscheidende Element einer schulge-
rechten Traumdeutung: die assoziativen Einfälle des Analysanden zum Traumgeschehen. Trotzdem war Freud mit seiner
Auffassung, daß der fingierte Traum an einer entscheidenden
Nahtstelle zwischen tatsächlich geträumten Träumen und der
schöpferischen Phantasie seinen Platz hat, von der Möglichkeit
einer Deutung solcher Träume überzeugt – unter der Voraussetzung, daß man sie plausibel in ihren Kontext stellte, bzw.
eng auf die im Text geschilderten Ereignisse bezog. Was die

fehlenden Einfälle des Träumers zu seinem Produkt angeht, so läßt sich diese Schwierigkeit überwinden, wenn man die Traumeindrücke des fiktiven Träumers *nach dem Erwachen* und die Empfindungen untersucht, die sich während seiner Erinnerung an diesen einstellen. Der latente Trauminhalt – genauer gesagt, seine metaphorische Bedeutung – läßt sich noch weiter erhellen, wenn der Analytiker oder der Leser selbst die Einfälle des fingierten Träumers durch seine eigenen Assoziationen zu dem Traum ersetzt.

Zum Traum Madschnuns kommt es nach dem Tod seines Vaters und in Verbindung mit seinem wachsenden Gefühl von innerem Frieden und Harmonie mit seiner wilden Umgebung. Kurz bevor er in seinen Traumschlaf sinkt, hat Madschnun in seinem Gebet zum Allmächtigen erneut seine Hilflosigkeit beteuert und allem Anspruch auf eigenes Handeln und die Bemeisterung seines Schicksals entsagt. Im manifesten Traum wird die Passivität fortgeführt, wenn Madschnun auf dem Boden liegt und zum Himmel blickt. Im latenten Trauminhalt werden sowohl Passivität als auch Hilflosigkeit zur Schöpfung eines mächtigen Selbst verkehrt – ein gekrönter König ganz ähnlich dem, wie Romeo ihn sich kurz vor seinem Ende erträumt. Die Macht kommt noch in einem weiteren Traumbild zum Ausdruck, in dem des Baumes, der in immer weitere Höhen wächst, bis seine Krone im Zenit des Himmels steht. Der Bezug zu den Erektionen, die Madschnun zweifellos im Schlaf gehabt hatte, liegt auf der Hand. Ebenso offensichtlich ist aber auch das Gefühl, durch deren Mißachtung eine gewisse Größe errungen zu haben. Es ist ihm geglückt, die rohen Anwandlungen der Fleischeslust durch das grandiose Selbst des geschlechtslosen Säuglings zu ersetzen. Nach diesem Traum verspürt er ein lang entbehrtes Glücksgefühl, das sich auch im Bild vom «Vogel seiner Seele» und der Leichtigkeit seines Körpers ausdrückt, «als könnte er selber … fliegen». Der Tod des Vaters, so läßt sich vermuten, hat Madschnun aus seinen ödipalen Fesseln befreit, wahrscheinlich aber noch mehr von den Ansprüchen der Männerwelt, der er schließlich den Rücken zukehrt. Statt ein Ausgestoßener in dieser wirklichen Welt zu sein, ist

Madschnun ein Herrscher in einem anderen, früheren Reich –
in der mütterlich-weiblichen Welt, in der die meisten von uns
wenigstens eine zeitlang Herrscher gewesen sind.

Abschließend können wir sagen, daß in Nizamis Erzählung
von Leila und Madschnun das Schwergewicht auf der Trennung und auf dem liegt, was für den Psychoanalytiker eine – im
vorliegenden Fall ebenso «masochistische» wie «altruistische» –
Selbstaufgabe ist. Für uns bringen Romeo und Madschnun prägenitale Begierden zum Ausdruck, die gebieterischen wie zugleich verletzlichen Wünsche des Säuglingsalters. Unser westlicher Held indessen strebt nach Erfüllung dieser Wünsche und
folgt dabei dem überkommenen Männlichkeitsbild: Romeo ist
von dem Drang erfüllt, seine Julia zu ergreifen, zu besitzen und
zu verschlingen, wobei er sich selbst aufopfert und verzehrt.
Madschnun hingegen enthält sich und entsagt der körperlichen
Gegenwart der Geliebten, um sie nicht durch seine alles verschlingende Gier zu vernichten.

Hätten wir nicht bereits vermutet, daß Liebesgeschichten die
Ideale einer Kultur in Frage stellen, so hätte uns Madschnuns
phallische Übergabe an eine Frau im Rahmen einer so ausgeprägt männlichen Tradition wie der des Islam überrascht.
Gleich Romeo stellt der verrückte Liebende die Klischees von
männlicher Dominanz und weiblicher Ergebung auf den Kopf
– zweifellos verbreitete Vorstellungen, aber ganz besonders
ausgeprägt in der Zeit und der Gesellschaft, in der er gelebt hat.
Von universellerer Bedeutung ist jedoch Madschnuns aktives
Streben nach Infantilisierung; es bestätigt und unterstreicht unsere Behauptung, daß der Wunsch, ein in den Armen gehalte-
ner Säugling zu sein, zum erotischen Wesen eines Mannes
ebenso gehört wie sein Wunsch, eine Frau zu sein, oder – etwas
wahrscheinlicher – im Streben nach Vereinigung mit der Geliebten seinen Penis zu gebrauchen.

Alle diese scheinbar widersprüchlichen Wünsche bilden eine
paradoxe Einheit im verborgenen Kern der Geschlechtsidentität eines Mannes, der in den orgastischen Begegnungen der
Liebe mit ihren häufigen, wenn auch vorübergehenden Überschreitungen der Grenzen des Selbst und des Geschlechts *das*

wiederentdecken und erneut beanspruchen möchte, was wir in
der Rückschau als das verlorene Paradies empfinden – die mütterliche Geborgenheit zwischen unserer leiblichen und der
«psychischen» Geburt. Die phallische Illusion des modernen
Mannes hat diesen Wünschen jede Legitimität und Wirklichkeit abgesprochen, so daß wir schließlich die erotische Natur
des Mannes übermäßig reduziert haben: Er ist ein abgesonder-
tes geschlechtliches Wesen, das sich auf einer dauernden, kon-
fliktbeladenen und notgedrungen unerwiderten Suche nach der
Vereinigung mit einer Frau befindet.

4. Die heimliche Leidenschaft von Radha und Krischna

Einer unserer Patienten, ein leidenschaftlicher Mann von
24 Jahren, mußte an sich beobachten, daß er mehr und mehr
dem Vergnügen des geschlechtlichen Verkehrs mit seiner
Freundin aus dem Wege ging. Ein weiteres Symptom war seine
Unfähigkeit zu weinen, was sein Selbstbild als Romantiker
trübte.

Ein Traum brachte eine Seite seiner Ängste – und Wünsche –
ans Licht. Der Patient tauchte zusammen mit anderen Kindern
in einen tiefen Schlund. Er gelangte wieder an die Oberfläche
mit einem Gefühl, als wäre er sich eines Teils seines Körpers
nicht mehr sicher, der Partie unterhalb des Halses. Darauf sah
er sich plötzlich über den Spielplatz seiner alten Schule zu den
Umkleideräumen der Mädchen statt zu denen der Jungen laufen.

In seinen Einfällen zu diesem Traum sprach der Analysand
von einer beunruhigenden Empfindung, die er nach seinem
Eindringen in die Geliebte hatte; ihm schien, als wäre er mit ihr
zusammengeschweißt, als wären beider Schamhaare ineinander gepreßt, beinahe verklebt. Ihre Brüste mit den für ihn so
lustvollen moosweichen Rundungen schienen ihm in seinen
Brustkorb einzudringen und zu seinen eigenen zu werden.
Beim Höhepunkt hatte er in einem fast veränderten Bewußt-
seinszustand den Eindruck, mit seinem Penis ihre feuchte Vagi-

na in sich aufzunehmen; er mußte gegen namenlose Ängste ankämpfen und zitterte vor Schreckensschauern. Unvermittelt sprach er über seine Unfähigkeit zu weinen und verglich das Netzen seiner Augen mit dem Feuchtwerden des weiblichen Genitals.

Schließlich deckte der Analysand seinen – wie es schien – «geheimsten» Wunsch auf. Er wollte ebenso schön und üppig sein wie die Geliebte; er wollte eine Frau sein. Während er die Illusion genoß und seinen auch für ihn selbst überraschenden Wunsch in der Sicherheit des analytischen Raums auskostete, fragte er sich, ob er aus einer Frau wieder als Mann hervorgehen würde – ehrgeizig, machtvoll und prächtig?

Nach einer Weile tröstete sich der Patient mit Betrachtungen über die weite Verbreitung der, wie es schien, doch rein persönlichen Perversion. Vielleicht «erkannte» sein Analytiker Frauen nicht viel anders als er. Hatte nicht der zu Selbstenthüllungen neigende Held des Romans *The Impossible Profession* von Janet Malcolm, der von ihr als der «typische» Analytiker geschildert wird, die Ursache dafür eingestanden, daß er nicht mehr sprechen und schreiben konnte? Wenn er das täte, so klagt der Held des Romans, dann würde er sich symbolisch einen lange gehegten, aber anstößigen Wunsch erfüllen – sich als eine «schöne Frau» vor den Augen anderer zu exponieren. Da ja die anderen Analytiker, die «den Menschen in ihr Inneres sehen», sein geheimes Verlangen erkennen würden, war dies zu tun ganz unmöglich.

Ein anderer Patient hatte eine unerlaubte Beziehung zur Frau eines Geschäftsmannes aufgenommen, für den er arbeitete, und dabei fast unüberwindliche Kasten- und Klassenschranken durchbrochen. Das Paar hatte sich dreimal heimlich getroffen, ohne daß es bisher zu Intimitäten gekommen wäre. Seiner Krankheit ging ein Traum über den lang ersehnten Augenblick der Vereinigung voraus. In diesem entdeckte er zu seinem größten Entsetzen, daß der Frau ein Penis gewachsen war, der sich an den feuchten Schamlippen seiner eigenen, neugebildeten Vagina rieb und einen Aufruhr ungekannter, köstlicher Empfindungen in ihm auslöste. Alsbald fühlte er merkwürdige

Veränderungen in seinem Körper vorgehen: einzelne Partien wurden weich und zart wie bei einer Frau, während andere härter und muskulöser wurden. Seine Angst steigerte sich noch, als er «Visionen» von Hindugöttern und -göttinnen hatte – Schiwa und Parwati, Krischna und Radha, Rama und Sita –, die sich der Liebesumarmung hingaben. Die Empfindungen und Gefühle von Gott und Göttin in der Vereinigung erlebte er wie eigene, die mit beängstigender Schnelligkeit aufeinander folgten.

Einigen dieser geheimnisvollen Gefühle – und denen zahlreicher «normaler» Menschen – wenden wir uns nunmehr mit einer charakteristischen Liebesgeschichte aus dem hinduistischen Indien zu.

Für einen Inder, genauer gesagt einen Hindu, ist die Liebe zwischen Radha, der schönen Kuhhirtin, die später für bestimmte Kulte eine Göttin wurde, und Krischna, dem jungen schwarzen Gott, der eine weitverbreitete Verehrung genießt, weniger eine im Ganzen erzählte Geschichte als eine zufällige Aneinanderreihung von Episoden, die in Bildern und Berichten, Liedern und Tänzen überliefert sind. Im Lauf der Jahrhunderte ist ihre Verbindung in Tausenden feinster Miniaturen festgehalten worden, in denen die Liebenden getrennt und vereint, sehnsüchtig und verlassen abgebildet sind. Ihre Gestalten werden lebendig, sobald wir den großen Sängern der klassischen indischen Musik lauschen – von Kumara Gandharwa bis zu Jasraj –, wenn sie die frommen Lieder mittelalterlicher Heiliger singen, die in ihren Gedichten die liebevolle Vereinigung der Liebenden belauschen oder sogar die Rolle Radhas einnehmen. Die Geschichte nimmt unsere Phantasie gefangen, sobald wir den beseelten Ausdruck, die blitzenden Augen und gewundenen Bewegungen einer indischen Tänzerin zu Gesicht bekommen, die (als Radha) ihren Zorn über Krischnas Treulosigkeiten tanzt, oder die eines Tänzers, der (als Krischna) für seine unbedachten Affären um Verzeihung bittet. Die Geschichte wird jedesmal neu belebt, wenn ein Verehrer (oder eine Verehrerin) Krischnas am gemeinsamen Gesang einer Episode der

Geschichte teilnimmt und vom Geist eines der beiden Liebenden so besessen wird, daß er (oder sie) sich erhebt und in Ekstase den Gott oder seine Geliebte tanzt.

Die Legende von Radha und Krischna ist keine Erzählung in
der Art, wie man sie kennt. Die Protagonisten haben weder eine gemeinsame Vergangenheit noch gehen sie einer tragischen
oder glücklichen Zukunft entgegen. Sie ist vielmehr eine Be-
schwörung und Gestaltung der ganz auf den Augenblick des
Hier und Jetzt bezogenen Leidenschaft. Sie ist ein Versuch, die
erregenden, vergänglichen Momente der Sinne und die verwirrenden Weisen festzuhalten, wie Lust und Schmerz noch vor
der rückblickenden Erinnerung erlebt werden, die eine entglit-
tene Herrschaft über unser Gefühlsleben zurückzuerobern
sucht und die die unausbleiblichen Verwirrungen der Liebe
wegzensiert. Sie ist keine tragische, sondern eine zärtliche und
im Grunde genommen fröhliche Erzählung.

Die wollüstige Zärtlichkeit, in die die Begegnungen der Liebenden getaucht sind, ist verblüffend. Zahlreiche Barden und
Balladensänger, von denen die meisten Dschajadewa verpflichtet sind – einem Sanskritdichter aus dem 12. Jahrhundert, der
die Legende in ihren Umrissen endgültig geformt hat –, haben
immer wieder den Verlauf ihrer Zusammenkünfte geschildert.
Ein Hindu braucht nur die Augen zu schließen und sich zu «erinnern», um Wrindawan, einen indischen Garten Eden, vor seinem Auge entstehen zu sehen. Im ewigen Sonnenlicht des Mythos, der von den Nebeln der Geschichte unbeeinträchtigt
bleibt, erwacht an einem tropischen Frühlingstag ein waldiges
Dickicht am Ufer des Flusses Jumna zum Leben. Die Senfstau-
denfelder am Rande des Waldes mit ihrem dichten Teppich aus
leuchtend gelben Blüten erstrecken sich weit in das Land. Die
Luft ist erfüllt vom Duft frisch erblühter Jasminbüsche und
flammenfarbener Mimosenblüten, deren Dolden voll und
schwer von den Bäumen hängen. In den Ohren mischt sich das
Summen der Bienen mit dem Ruf des Kuckucks und dem fer-
nen Geläute der Glocken am Hals der grasenden Rinder. Die
Töne aus Krischnas Flöte dringen durch das Gehölz und sta-
cheln die bereits unruhigen Sinne noch mehr an, indem sie den

Aufruhr im Innern verstärken und auf das Hereinbrechen unbekannter Gefühle vorbereiten. Die Geschichte, die das Wesen
jugendlichen Feuers erfassen will, spielt in einem Land der Liebe und nicht der Geographie; ihr Milieu ist weder gesellschaftlich noch historisch, sondern sinnlich.

Bei hereinbrechender Dämmerung bittet Nanda, Krischnas
Ziehvater und Oberhaupt einer Gemeinschaft von Kuhhirten,
die Hirtin Radha, Krischna auf dem Heimweg durch das Wal-
desdickicht zu begleiten. Unterwegs, in einer Höhle, «trium-
phiert ihre geheime Leidenschaft». Radhas Gedanken weilen
nur noch bei Krischna, der ihr jedoch untreu ist und mit anderen Kuhhirtinnen schäkert – er küßt, umarmt oder liebkost
wahllos eine dunkle Schönheit nach der anderen.

> «Er, der allgemeine Wonne ruft hervor durch seine Gunst,
> dessen zarter Lotusleib weiht des Leiblosen Gottes Fest,
> Den nach Wunsch allgegenwärtig die Hainmädchen rings
> umfangen,
> Sieh, o Freundin, wie im Frühling unbefangen Hari spielt!»[1]

Radha wird eifersüchtig, wenn sie sich vorstellt, wie der Geliebte «mit den erschaudernden Ranken des Armes ein Hirtin-
nentausend» umarmt, doch mehr noch als die Eifersucht erfüllen sie all die verwirrenden Gefühle einer stolzen, heftig nach
dem Geliebten verlangenden Frau, die sich von diesem verlassen glaubt.

> «Es zählet aller Zierden Zahl, und stößt sich nicht an die
> Verstoßung,
> Es sehnet nach Versöhnung sich, und weiset ferne die
> Verschuldung;
> Nach Krischna, der mit andern zwar sich letzt und ohne
> mich ergetzet,
> Macht liebend wieder doch sich auf dies leide Herz! was soll
> ich machen?»[2]

Der Kummer der Einsamen und Bilder einer betrogenen Liebe
und verlorenen Leidenschaft, die in träumerischen Gedanken
wiederbelebt wird, wechseln einander ab und verstärken sich
gegenseitig und haben doch zugleich etwas Gütiges an sich.

«Mir, mit ermattet gesunkenem Aug', ihn mit lustvoll
erschauernden Wangen,
Mir, der im Tau der Erschöpfung Zerflossenen, ihn trunken
von Zittern umfangen,
Freundin! den Keshi-Besieger, den klaren,
Bring' ihn zum Spiele mir, liebesbewegt sich der Wunsches-
gewährten zu paaren.»[3]

Die Macht, die von Radhas Sehnsucht ausgeht, bewirkt in Krischna einen Sinneswandel. Unter allen *gopis* (Kuhhirtinnen),
austauschbaren Quellen der Lust und der Selbstbestätigung,
ragt Radha in Krischnas Bewußtsein allmählich als eine besondere Frau heraus, die in ihrer unverwechselbaren Eigenart begehrt wird. Nach einer Formulierung von Maurice Valency
wird aus Krischna, dem «heroisch Liebenden», für den keine
Frau außergewöhnlich ist, und der nichts anderes sucht als eine
Reihe amouröser Abenteuer, nunmehr der «romantische Liebende», den es zu einer einzigen, durch keine andere zu erset-
zenden Geliebten zieht.[4] Die unbeschwerte Jagd nach dem
Vergnügen, diese Entdeckung macht schließlich der in Verwirrung geratene Krischna, ist durch die gefährlichsten Feinde des
Vergnügens zum Stillstand gekommen – durch Erinnerung
und Zuneigung.

«Die lieblichen Berührungen, das holde schwanke Blicke-
spiel der Augen,
Der Mundnymphäe würz'ger Duft, die Nektarträufelung
der losen Worte,
Der Bimba-Lippe Süßigkeit! da in Vergegenwärt'gung all'
der Reize
Mit Andacht das Gemüt an sie sich schmiegt; wie kann der
Trennung Pein doch walten!»[5]

Aus dem Gott, dem es allein um die eigene Lust zu tun war, ist
ein Mann geworden, dem das Wohlbefinden der Gefährtin
nicht weniger am Herzen liegt als das eigene. Er entdeckt, daß
er lieber dienen und verehren möchte als überwältigen und fordern. Dieser Augenblick der Wandlung eines rein sinnlichen
Verlangens zur Anbetung der Liebe verleiht dem Gedicht von

Radha und Krischna als einer Liebesgeschichte seine besondere Wirkung.

Es ist bemerkenswert, daß drei der berühmtesten Werke der Weltliteratur über romantische Liebe, die in ihrem jeweiligen Kulturkreis eine herausragende Stellung einnehmen – Bérouls Epos von *Tristan und Isolde* in Europa, Nizamis *Leila und Madschnun* in der Welt des Islam und Dschajadewas *Gitagowinda* in Indien –, ungefähr um dieselbe Zeit entstanden sind, nämlich im 12. Jahrhundert. Ob dies ein zufälliges Zusammentreffen ist oder seine Ursachen in sozio-historischen Strömungen hat, die über den Erdball hinweg zusammenflossen, das ist eine Frage, deren Beantwortung außerhalb unseres eher lebensgeschichtlichen Ansatzes liegt. Auffallend ist aber, daß die Dichtungen über die leidenschaftliche Liebe bedeutsamen kulturgeschichtlichen Veränderungen in Europa, dem Vorderen Orient und Indien vorausgingen und sie möglicherweise erahnten. Es ist, als ob die in den Liebesgeschichten gestaltete, allmähliche gegenseitige Entdeckung zweier Liebender zugleich eine fundamentale Erfahrung des menschlichen Geistes enthüllte.

Doch kehren wir zur Legende von Radha und Krischna zurück: Radha hat von Krischnas reuevoller Wandlung und seiner Zuneigung zu ihr erfahren und erwartet ihn, für die liebevolle Begegnung gekleidet und geschmückt, an ihrem Treffpunkt im Wald. Ihr sehnsüchtiges Harren ist vergeblich, Krischna erscheint nicht. Radha verzehrt sich vor Eifersucht und sieht ihn in der Phantasie in der Liebesumarmung mit einer Rivalin. Als Krischna schließlich doch kommt, weist Radha ihn zornig zurück:

> «Die von geküssetem dunkelgeschminketem Auge geliehenen Schwärzen
> Färben die rötlichen Lippen, o Krischna, dir ganz überein mit dem Herzen.
> Harihari! geh nur, Mâdhava! geh nur, Keshava! rede nicht trügliche Worte!
> Lotosgeaugter! suche nur die, die dir dienet im Kummer zum Horte!»[6]

Aber getrennt sehnen sich die Liebenden mit einem immer stärker werdenden Gefühl der Verlassenheit nacheinander. Schließlich wird Radha von ihrer Freundin überredet, ihren Stolz und ihre Scham zu überwinden und zu dem Geliebten zu gehen.

«Walle mit wallendem Busen, mit wogender Lenden-
bewegung die Bahnen,
Schüchtern im Klange des schütternden Schmuckes, und
zeige den Gang der Fasanen,
Mädchen! dem Madhu-Bemeistrer,
Dem genaheten, nahe dich, Râdhikâ!»[7]

Völlig im Bann sexueller Erregung, «mit verlangendem Lust-
bangen», begibt sich Radha eilends zu ihrem ebenso sehn-
suchtsvollen (und reuigen) Geliebten. Krischna singt:

«Den nach des Freundes Umfangen verlangenden, bangen-
den, einzig erkornen
Busen laß wallen am Busen mir, stille die Glut des Ge-
mütegebornen!
Im Augenblick dem Nârâyana, dem genaheten, nah’
o Râdhikâ!
Reizende! reiche den Nektar der Lippe, belebe den Sklaven, den toten,
Den in dir lebenden, welchem die Gluten der Trennung
zu atmen verboten.
Im Augenblick dem Nârâyana, dem genaheten, nah’
- o Râdhikâ!»[8]

Als die ekstatische Liebesumarmung vorübergehend einer orgastischen Entspannung gewichen ist, bittet Radha den Geliebten scherzhaft, ihr die Kleider und das zerzauste Haar wieder
zu ordnen.

«Den Schmuck der Brüste rüste zu, laß Farb’ auf Wangen
prangen!
Lind um die Lende leg den Gurt, den Kranz am Haarnetz
kräusle!

Schling um die Hand die Spangenschlang', am Fuße
fest die Fessel! –
So angewiesen, jedes tat gewandt der Gelbgewand'ge.»⁹

Die Legende berichtet über die Entstehung dieser Verse, daß
Dschajadewa fürchtete, ein Sakrileg zu begehen, wenn er den
Gott Radhas Füße berühren ließ – eine Gebärde, die allgemein
als Zeichen der Unterwerfung unter einen Höherrangigen verstanden wurde –, zögerte deshalb mit der Niederschrift der
letzten Zeilen und verließ sein Zimmer, um ein Bad zu nehmen;
als er zurückkam, stellte er fest, daß Krischna in seiner Abwesenheit das Gedicht selbst vollendet hatte! Die Geschichte von
Radha und Krischna, wie sie uns überliefert worden ist, weicht
nur in einer wesentlichen Hinsicht von Dschajadewas ursprünglicher Version ab. Dieser lieferte nur einen versteckten
Hinweis auf das Verbotene ihrer Liebe, wenn er aus der erwachsenen Radha, die dem jungen Krischna zur schützenden
Begleiterin mitgegeben wurde, dessen Geliebte werden läßt.
Denn Radha verletzte damit die Autorität und die Anweisun-
gen der Aufpasserin der Kuhhirtinnen.

«‹Wolken ballen sich am Himmel. Tamalabäume verdunkeln
den Wald.
Die Nacht macht ihm Angst. Radha, geh' mit ihm
nach Hause!›
Nach Nandas Worten brechen sie auf, unter Bäumen und
Dickicht
führt ihr Weg entlang,
Bis verborgene Leidenschaften Radhas und Madhavas
am Ufer des
Jamuna triumphieren.»¹⁰

Spätere Dichter, vor allem Vidiyapati, die nicht so sehr Krischna, sondern Radha und ihre Liebe in den Vordergrund stellen, geben dem Verbotenen in der Geschichte ein deutlicheres
Gepräge und einen bestimmteren Inhalt. Radha ist die Frau eines anderen, und ihre Beziehung zu Krischna mag als mystische Allegorie viele Bedeutungen haben, im Rahmen menschlicher Gebote und Verbote ist sie nichts anderes als Ehebruch.

Radha ist zweifellos kein Ausbund an weiblicher Tugendhaftigkeit, wie sie in Hindutexten eingehend beschrieben wird, noch
kommt sie in die Nähe einer der «guten» oder «bösen» Mutter-
göttinnen der indischen Mythologie und Religion.

Sie ist als Person differenzierter, abgerundeter und komple-
xer, als es die Phantasie eines einjährigen Jungen (oder
Madschnuns) zulassen würde. Sie ist vielmehr eine Figur in der
Vorstellungswelt eines Knaben, der gerade beginnt, seine eigene Sexualität und die seiner Mutter zu entdecken. Die ersten
Rivalen sind bereits auf dem Schauplatz erschienen, aber noch
nicht zu inneren Hemmungen umgestaltet worden, die sein
Vergnügen an der mütterlichen Erotik mit Eifersucht erfüllen.
Noch herrscht ein ungetrübtes Vergnügen an der Sinnlichkeit
dieser nur allzu kurzen Periode, ein unbefangenes Experimen-
tieren mit all ihren Spielarten. In ihrem leidenschaftlichen
Schmachten nach geschlechtlicher Vereinigung mit dem Geliebten und in ihrem verzweifelten Leiden in seiner Abwesenheit ist Radha einfach die Verkörperung des *mahabhava*, eines
«großen Gefühls», dem gesellschaftlicher Anstand und Konventionen gleichgültig sind.

Bevor wir mit unserer Deutung des *mahabhava* der Legende
fortfahren, müssen wir die Liebe von Radha und Krischna in
ihren kulturgeschichtlichen Kontext stellen. Man hat mehrfach
darauf hingewiesen, daß ganz verschiedene indische Überlieferungen – religiöser und erotischer, klassisch-literarischer und
folkloristischer Art – in den dichterischen Gestaltungen des
Mythos, insbesondere bei Dschajadewa, zusammenfließen und
miteinander verwoben werden, was schließlich gerade dem Gitagowinda einen Reiz verliehen hat, der von fast allen Indern
geschätzt wird.[11]

In Indien taucht die «Liebe aus Leidenschaft» erstmals in der
höfischen Dichtung und im Drama der sogenannten klassischen Periode der Hinduzivilisation auf, die sich über die ersten nachchristlichen Jahrhunderte erstreckte. Früher, in den
Epen des *Mahabharata* und des *Ramayana,* war Liebe in der
Regel beschränkt auf das rein sinnliche Verlangen und dessen
Befriedigung.[12] Das galt insbesondere für den Mann, für den

die Frau ein Werkzeug der Lust und ein Objekt der Sinne *(in-driyartha)* war, denn sie diente ihm zur Befriedigung eines leiblichen Bedürfnisses neben vielen anderen. Gewiß findet sich in den Epen eine Idealisierung der Eheschließung, doch hauptsächlich als einer gesellschaftlichen und religiösen Handlung. Die Pflicht zur ehelichen Liebe und die Übung der Keuschheit in der Ehe wurden hauptsächlich von der Frau gefordert, während dem Ehemann kaum Grenzen gesetzt wurden; er konnte zu einem ausschweifenden Himmel aufblicken, der von wollüstigen Göttern und «himmlischen» Huren wimmelte, überirdisch wie auch begehrenswert und alle stets bereit, Vergnügen zu geben und zu empfangen. Ihr Hindu-Pantheon hat einige Ähnlichkeit mit dem griechischen Olymp, wo sich die Götter und die Göttinnen die Zeit vertreiben und in der willkommenen Freiheit von moralischen Einschränkungen ihre Intrigen spinnen.

In den folgenden Jahrhunderten setzte sich in Indien der Buddhismus mit seinem negativ gedeuteten Begriff der Begierde durch; für ihn war der Gott der Liebe gleichbedeutend mit Mara oder dem Tod. Die von ihm eingesetzte neue Kosmologie war der Weiterentwicklung einer Literatur der leidenschaftlichen Liebe nicht besonders förderlich. Aber auch durch die Hintertür eines erotischen Mystizismus fand die Liebe keinen Eingang. Im Therigatha, den Psalmen ehrwürdiger Schwestern des buddhistischen Ordens, die sich durch pflichtbewußte, töchterliche Gefühle gegenüber dem Buddha auszeichnen, findet sich nichts von der Erotik der Nonnen des christlichen Mittelalters, die in ihren leidenschaftlichen Ergüssen Christus als ihren jugendlichen Bräutigam beschworen.

Diese Nüchternheit scheint sich radikal mit dem Untergang der klassischen Periode (1.–7. Jahrhundert n. Chr.) geändert zu haben. In Dichtung und Drama, die an den Höfen in Blüte standen, wurde die Liebe ein vorrangiges Thema, das überhaupt jedes andere Gefühl überdeckte. Es ist eine Liebe, die zutiefst sinnlich ist. Die Frau glüht nicht weniger vor Verlangen als der Mann und wirbt um ihn ebenso wie er um sie. Männlichkeit wird nicht mit Verführung und Eroberung gleichgesetzt. Die noch erhalten gebliebenen Verse der wenigen Dichterinnen zeigen, daß sie in ihren Äußerungen sogar noch freier waren als ihre männlichen Kollegen.

Doch obgleich das eigene «Ich» oder Selbst nicht auf dem Spiel steht, ist die in der Dichtung besungene Erotik von einer narzißtischen Stimmung getragen, die eher hedonistisch als leidenschaftlich ist. Die Sanskritdichtungen und Dramen sind gekennzeichnet durch eine verspielte Freude an den schillernden Gestalten der Liebe, ein lustvolles Genießen ihrer Vergnügungen und ein hochkultiviertes Erdulden ihrer Schmerzen. Spontaneität, inbrünstige Hingabe und begeistertes Hochgefühl fehlen in der Regel. Von ein oder zwei bemerkenswerten Ausnahmen abgesehen, wird das Thema der Liebe in vielen Details behandelt; dem entsprechen die Miniaturen in der Kunst, für die die indische Kultur berühmt ist. Kurze Strophen versuchen, diese oder jene Empfindung der Liebe zu bannen; es sind Kameen, die erotische Augenblicke festhalten. Worauf es ankommt – und das ist der Kern der indischen ästhetischen Theorie –, ist das Erfassen des *rasa*, wörtlich «Duft» oder «Parfum», die Stimmung eines bestimmten Augenblicks der Leidenschaft, der dann von dem poetisch gebildeten Kenner mit Behagen genossen werden kann. Die Intensität der Stimmung wird nicht durch psychologische Tiefe erreicht, sondern durch die Anhäufung sinnlicher Einzelheiten.

Indem er die Grenzen zwischen innerem Empfinden und äußerem Sinneseindruck verwischt, behandelt der Dichter die Liebe kaum als etwas Vergeistigtes und steigert auch nicht eines ihrer Gefühle ins Erhabene. Statt dessen wird die Liebe mit einem bestimmten Eindruck oder Gefühl in seiner konkreten körperlichen Äußerung gleichgesetzt. So bemerkt etwa Barbara Miller über das *Gitagowinda*: «Leidenschaft wird für uns greifbar durch die sinnlichen Schilderungen von Bewegungen und Körperformen. Jahreszeitliche Veränderungen in der Natur und körperliche Anzeichen für innere Gefühle werden reich koloriert, um eine dichte Atmosphäre der Leidenschaft zu schaffen.»[13] Die Betonung, die ihr volles Gewicht durch die Erfindungskraft der «frühen Genitalphase» und ihre Wiederbele-

bung in der Pubertät bekommt, liegt auf der sexuellen Selbst-
entdeckung. Das weibliche Gegenüber ist eine Quelle der
Erregung und der Freude, die mit ihrem Bild und ihrer Ausstrahlung die Sinne und den Körper belebt. Dieses andere muß
sorgfältig erforscht werden, bis in die letzten Einzelheiten, und
deshalb kann es nicht sogleich wieder aufgegeben werden.
Trotzdem sind das Seelenleben der Frau, ihre Vergangenheit
oder Zukunft nicht Gegenstand der dichterischen Verzückung;
auf einer inbrünstigen Monogamie liegt nicht der Akzent.

Auf die meisten modernen Leser, die einen Sinn für das Persönliche und Subjektive haben, wirkt die Schilderung der Liebe
in dieser frühen indischen Literatur seelenlos: sie erscheint als
entpersönlichter wollüstiger Zustand, der rein die Sinne erfreut. Für diejenigen, deren Empfindungen von Romantik und
Individualismus geprägt sind, ist es schwer, sich mit den Protagonisten der Liebesgedichte des Sanskrit und Tamil zu identifizieren. Es sind nicht ein bestimmter Mann und eine bestimmte
Frau, sondern Mann und Frau an sich – sofern sie jung und
schön sind. Das Gesicht der Heldin gleicht z.B. stets dem
Mond oder der Lotusblume, ihre Augen sind wie die Wasserli-
lien oder gleichen denen eines jungen Rehs. Sie geht immer
leicht vornübergebeugt unter der Last ihrer vollen Brüste, überirdisch üppige Blumen in vollkommenster Rundung, so dicht
aneinander gepreßt, daß nicht einmal mehr ein Grashalm dazwischen passen würde. Die Taille ist schlank mit drei Bauch-
falten, die Schenkel sind rund und drall wie ein Elefantenrüssel
oder ein Bananenbaum. Der Nabel sitzt tief, die Hüften sind
schwer. Diese lyrischen und zugleich konventionellen Beschreibungen von Körperteilen scheinen die Funktion kollekti-
ver Fetische zu haben, kulturell gebilligte Fingerzeige für den
einzelnen, die es ihm ermöglichen, sich seiner erotischen Erregung hinzugeben, ohne eine Selbstaufgabe oder Verschmelzung befürchten zu müssen.

Nun ist tatsächlich zumindest ein Aspekt der Schönheit einer
geliebten Frau in dem Sinne unpersönlich, daß sie eine Gabe
der Natur vor allem für junge Menschen ist, und es muß ein ge-
wisses Mindestmaß von ihr vorhanden sein, damit der flüchtige

Blick gebannt, der Dichter lyrisch wird. So heißt es etwa bei Auden: «Ein Mädchen, das hundert Kilo wiegt, und eine Frau von achtzig Jahren mögen vielleicht schöne Gesichter im persönlichen Sinn haben, aber die Männer werden sich nicht in sie verlieben.»[14] Für unseren Geschmack hingegen tritt die Bedeutung der unpersönlichen Schönheit hinter eine persönliche Anziehung zurück, die eher eine individuelle als eine natürliche oder kulturelle Schöpfung ist. Nach einem Wort der Schwestern Brontë liegt «die Schönheit im Auge des Betrachters», dessen forschender Blick in strahlenden Augen die Fenster zur Seele und den Widerschein des Ganzen sieht. Die Lust, die beim Betrachten einzelner Züge der Frau geweckt wird – aber auch beim Anblick bestimmter Körperteile, hängt für den modernen Erwachsenen nicht mehr allein davon ab, wie weit die Frau einem einheitlichen kulturellen Vorbild entspricht, sondern beruht auch auf einem Gefühl für ihre Einmaligkeit, indem selbst ihre Schwächen sympathisch wirken. Heute sind es die flüchtigen, aber unverkennbaren Belanglosigkeiten – die Verengung ihrer Augen während eines spöttischen Lächelns oder das Nagen an der Unterlippe, während sie über etwas nachgrübelt –, die den Liebenden faszinieren, wobei das Aufblitzen einer ästhetischen Bewunderung von der Welle der Entzückung überlagert wird. Shakespeare hat es in einem seiner großartigen Sonette so ausgedrückt:

> «In ihrem Aug' glänzt nichts von Sonnenlust
> ...
> Ich sah noch niemals eine Göttin gehn,
> Doch meiner Herrin Fuß berührt den Grund.
> Und doch kann keine sie an Reiz erreichen,
> Von der man lügt in schwülstigen Vergleichen.»[15]

Eine Frau ist eine Frau nicht aufgrund feststehender Körpermerkmale, sondern weil sie sie selbst ist und ihre Gliedmaßen und Gesichtszüge von ihrer persönlich geprägten Weiblichkeit bewegt werden. Die Würdigung ihrer Individualität geht Hand in Hand mit dem, was Jung und später Mahler als die «Individuation» des Liebenden bezeichnet haben. Ihr mehr oder weni-

ger erfolgreiches Gelingen ist ein Markstein in der Entwicklung des einzelnen, der auch die frühen dyadischen Auseinandersetzungen des Kleinkindalters abschließt und das älter
werdende Kind in eine Welt der «ganzen Objekte oder Personen» einführt, die jeweils eine komplexe Fülle von Eigenschaften aufweisen. Indem es diese Menschen liebt, gelangt das Kind
– oder der Erwachsene – über das Selbst und dessen Empfindungen hinaus und gewinnt eine reflexive Distanz zu ihnen.
Tut es das nicht, bleibt es dem rein Genießerischen verhaftet,
dann leugnet es die regressiven und progressiven Aufwallungen
einer echten Leidenschaft.

Die indische Dichtung wird unzugänglich und sogar langweilig, sobald ihre anfängliche Frische unter den scholastischen
Regeln zu welken beginnt, die in den späteren Jahrhunderten
zunehmend die Oberhand gewinnen. Ähnlich den modernen
Sexualwissenschaftlern mit ihrem Hang zur Klassifizierung,
hatten jetzt die Sanskrit-Poetik und eine «Lehre der Erotik» die
vielfältigen Stimmungen und Situationen der Liebe definiert,
analysiert und kategorisiert. Alle Liebenden – Männer wie
Frauen – mußten danach eingeordnet werden, wie sie sich zur
Liebe verhielten und darauf reagierten. Weitere Unterteilungen
betrafen ihren gesellschaftlichen Rang, ihren Charakter, die
näheren Umstände sowie die unterschiedlichen Nuancierungen
ihrer Gefühle und Gesten. Ein ursprünglich revolutionärer
ästhetischer Impuls wich der Bürokratisierung des Schönen.
Mit ihrem Beharren auf der «richtigen» Kombination von Ty-
pen, Gefühlen und Situationen geriet die scholastische Dampf-
walze immer mehr in Fahrt und zermalmte unterwegs die
schöpferischen Gestaltungen leidenschaftlicher Liebe ebenso
wirkungsvoll wie die früher im Epos anzutreffende Indifferenz
und die buddhistische Ablehnung solcher Gefühle.

Seit dem sechsten Jahrhundert gab es jedoch auch gegenläu-
fige Tendenzen, die, wie so oft in Indien, ihren Ursprung im
Bereich des Religiösen hatten. Sie breiteten sich bald aus und
hatten einen so tiefgreifenden Einfluß auf die Kultur und das
Empfinden der Hindus, daß ihre Nachwirkungen noch heute
zu spüren sind. Wissenschaftler haben diese Veränderung als

Bhakti bezeichnet, das Aufkommen von Erbauungsreligionen als Aufbegehren gegen die versteinerte Hindupraxis jener Zeit. Im Rückgriff auf Traditionen der klassischen Liebesdichtung und unter Verwendung eines vorhandenen und in ganz Indien gebräuchlichen Bestands an Symbolen und Redewendungen strebten die Bhakti-Dichter nach spontaner, direkter und persönlicher Gefühlsäußerung statt einer vergeistigten Kultivierung ästhetischer Wirkungen und der «beschaulichen Empfindung», wie sie von Sanskrit-Dichtern bevorzugt wurden.[16]

Obgleich sie in mancher Hinsicht mit den Heldinnen und Helden der klassischen Liebesdichtung (1.–5. Jahrhundert) in Verbindung stehen, sind die Figuren Radhas und Krischnas primär aus der Bhaktibewegung heraus entstanden, die immer ein besonderes Gewicht auf das Erotische gelegt hat. Hier verleiht die Kultur der sinnlichen Erfahrung ihr besonderes Gepräge. Im Gegensatz zu einem Großteil der westlichen sexuellen Mystik sind Radha und Krischna jedoch keine Figuren einer erotischen *Allegorie*. Im Bhakti wird das sexuelle Besitzen und Besessensein durch einen Gott verherrlicht. Für diese Strömung ist die sexuelle Liebe da erfüllt, wo die umfassendste Inbesitznahme, die «engste aller Berührungen» stattfindet. In dieser Vorstellung versuchen die Schöpfer und Zuhörer der Bhakti-Dichtung, sich in Radhas Liebe zu Krischna zu versetzen, und zwar durch Gedichte, die alle leidenschaftlichen Phasen nacherzählen. Bhakti ist vorwiegend weiblich ausgerichtet, und die erotische Liebe zu Krischna (oder auch Schiwa) wird gänzlich vom weiblichen Gesichtspunkt aus betrachtet, wenigstens, soweit sich der Mann in diesen zu versetzen vermag. Die andächtigen Männer, die Heiligen und Dichter müssen alle eine weibliche Haltung und Rolle annehmen, um Radhas Reaktionen getreulich nachzuerschaffen. Die leidenschaftliche Liebe Radhas zu Krischna, die bis zu ihrer höchsten Intensität getrieben wird, ist keine Allegorie der religiösen Leidenschaft, sondern sie *ist* diese selbst.[17] Deshalb braucht Dschajadewa keine Unterscheidung oder Wahl zu treffen zwischen dem Religiösen und dem Erotischen, wenn er das Thema seiner Dichtung mit den Worten einführt:

«Wenn die Erinnerung an Hari (Krischna) euer Herz erfüllt,
Wenn seine Verführungskünste euch erregen,
So lauscht Dschajadewas Worten
In diesen sanft leidenschaftlichen Liedern.»[18]

Indem er seinen Rang als *adi-guru* («erster Lehrer») der Radha-Krischna-Kulte bekräftigt, *weiß* Dschajadewa, daß die Erfüllung des Herzens und die Erregung der Sinne zusammenge-
hören. Dieses Zusammenfallen von Erkenntnis und Gefühl ist
überdies eng verknüpft mit der Illusion einer partiellen oder
vollkommenen Umkehrung des eigenen Geschlechts.

Die Intensivierung der Leidenschaft, genauer die Steigerung
der sexuellen Erregung ist also das «große Gefühl», das *mahabhava*, das die ganze Legende von Radha und Krischna durchzieht. Radha verkörpert einen Zustand der permanenten verliebten Spannung, ein Hier und Jetzt des Verlangens, das in
sich die Erwartung einer kommenden lustvollen Erlösung
trägt, ... aber ach, noch nicht! Ihr geht es nicht um den «Gesichtsausdruck der befriedigten Begierde», sondern um dessen
erwartungsvolle Vorwegnahme. Radha verkörpert eine andauernde Erregung, die keine orgastische Entladung braucht, sie
vertritt Ideale, die anderswo in tantrische Praktiken eingegangen sind. Ihr ganzes Streben richtet sich auf das innerste Wesen
der Erotik. In einem der Lieder Vidyapatis sagt sie:

«Durch alle Zeiten hindurch
hielt ich ihn (Krischna)
an meine Brust gedrückt,
doch mein Verlangen
blieb ewig unerfüllt.
Ich habe empfindsame Menschen
leidenschaftlich versunken gesehen,
doch keiner kam dem Innersten
des Feuers so nahe.»[19]

In einem Kommentar zu ihren Gesprächen mit den Tempeltän-
zerinnen von Orissa strich die Anthropologin Fréderique Marglin die Tatsache heraus, daß diese Frauen, wenn sie von der

4. Die heimliche Leidenschaft von Radha und Krischna 109

Liebe *(prema)* Radhas und der anderen Kuhhirtinnen sprechen,
nicht die keusche, platonische Liebe meinen. Sie bezeichnen
damit vielmehr die – in diesem Fall bewußte, in vielen anderen
Fällen unbewußte – Phantasie einer endlos anhaltenden sexuellen Erregung.[20] Das Fehlen von *kama* oder Wollust in der Liebe
Radhas zu Krischna bedeutet nicht auch das Fehlen der Begierde, sondern einfach des Orgasmus. Die Tänzerinnen, die für
sich die Spannung und Intensität der Gefühle der mythischen
Kuhhirtinnen ausdrücken möchten, erklären den Unterschied
so, daß einer von Krischnas Namen «*Acyuta*» ist, «der, dessen
Samen nicht zu Boden fällt». Marglin bemerkt dazu: «Was hat
es zu bedeuten, daß Krischna seinen Samen zurückhält? Meine
Informantin gab mehrere Bedeutungsebenen an. Erstens gibt es
die Alltagserfahrung, daß jedes sexuelle Vergnügen nur vorübergehend ist. Nach dem Orgasmus ist die lustvolle erotische
Spannung dahin; auf diese Weise erlangt man nur ein begrenz-
tes Vergnügen oder Glück *(khyanika sukha)*. Ein Mann, der
ejakuliert, verliert außerdem seine Kraft und wird alt. In dieser
Welt, der Welt des *samsara*, ist die Lust kurz, und man zeugt
Kinder, während es im göttlichen Schauspiel Krischnas fort-
währendes *(nitya)* Vergnügen und keine Kinder gibt. Die *gopis*
werden nicht geschwängert... Das Verspritzen des Samens hat
weitere Folgen, d. h. eine Geburt. Krischnas erotische Tändelei-
en mit den *gopis* haben keinen weitergehenden Zweck und keine Folgen. Sie existieren an sich und für sich.»[21] Es ist in der Tat
ein Verweilen in der Unmittelbarkeit der Erregung, das voll-
kommene Aufgehen von Körper und Seele in diesem Gefühl.

Im Rückgriff auf klassische Traditionen, in denen die geschlechtliche Erregung durch bestimmte Körperreaktionen
umschrieben wird, z. B. Schweißausbrüche und Aufrichten der
Haare (die Erwähnung von Geschlechtsorganen und genitalen
Empfindungen galt immer als geschmacklos und unakzepta-
bel), versucht ein Gedicht nach dem anderen, die *rasa* der Erregung Radhas zu vermitteln. Indem sie dem Körper eine zentrale Stellung in der Schilderung der erotischen Leidenschaften
einräumen – die letzten Endes Gedanken sind, mit denen sich
das Bewußtsein nicht tragen würde, wenn es nicht mit dem

Körper verbunden und zu seinem Überleben von diesem abhängig wäre –, erkennen die Bhakti-Dichter anscheinend intuitiv die Wahrheit jener Verse von Auden an und bestätigen diese: «Unser Körper kann nicht lieben:/ doch ohne ihn/ welche
Werke der Liebe könnten wir da wohl verrichten.»[22] Radhas
Erregung, hervorgerufen durch die Erwartung der körperlichen Vereinigung, wird mit folgenden Worten beschrieben:

> «Sie schauert, stöhnet, winselt, zittert, schweigt,
> Sinnt, schwärmet, nickt, fällt, strebet, schwiemet hin;
> Nur deine Huld erhält die Holde noch,
> O Himmelsarzt, sonst bleibt kein Anhalt ihr.»[23]

Und in der sinnlichen Glut des Vorspiels

> «... war ein Frösteln in ihrer flüsternden Stimme.
> Sie fürchtete sich, ihre Worte zu formen.
> Was ist heute Nacht der lieblichen Radha geschehen?
> Bald willigt sie ein, bald schreckt sie zurück.
> Um Liebe gebeten, schließt sie die Augen
> Darauf brennend, in das Meer der Begierde zu tauchen.
> Er bittet sie um einen Kuß.
> Sie entzieht ihren Mund
> Und dann, wie eine Nachtlilie, ergriff sie der Mond.
> Sie spürte den Gürtel von Berührung erzittern.
> Sie wußte, ihr Liebesschatz würde geraubt.
> Sie deckte die Brüste mit ihrem Gewand.
> Der Schatz aber lag entblößt.»[24]

Auf den ersten Blick scheint die große Zahl von Radha-Kri-
schna-Gedichten, in denen die beinahe körperlichen Schmerzen Radhas über die Trennung beschrieben werden, die Behauptung nicht zu stützen, das zentrale Gefühl sei die sexuelle
Erregung und diese bei den Hörern hervorzubringen das einzige Ziel der Dichter. Der Inhalt dieser Gedichte besteht jedoch
aus Radhas Erinnerungen an ihr erotisches Vergnügen – aus
dem Versuch, den Gegenstand ihrer Erwartung durch schwel-
gerisches Gedenken festzuhalten. Überdies hat die romantische
Literatur in aller Welt die Trennung der Liebenden als ein pro-

bates Mittel zur Steigerung der erotischen Sehnsucht verwendet. Im Leben wie in der Kunst galten Umwege zur Steigerung des Liebesverlangens schon immer als unentbehrlich. Getrenntheit und Vereinigung sind keine verschiedenen Kategorien der Liebe – wie sie es in der Tradition der indischen Poetik sind –, sondern lediglich unterschiedliche Phasen des Liebeszyklus, die durch das sehnsüchtige Verlangen eng miteinander verbunden sind. Das Insistieren des Liebenden und des Dichters auf den Zustand der Trennung bedeutet den Verzicht auf einen Besitz, der die Begierde zum Schwinden brächte. Die erotische Leidenschaft, von de Rougemont als Person gedacht, erfindet stets neue Trennungen, um eine noch vollendetere Steigerung zu erreichen.[25] Unter der Oberfläche der trübsinnigen Schwermut liegt das *Bedürfnis* des Liebenden, vor dem Genuß seiner Liebe Schranken aufzurichten, voll *köstlicher* Erwartung die Erfüllung zu verzögern und die Ekstase in der Zeit anzuhalten, um sie ewig dauern zu lassen.

Die geschlechtliche Erregung ist zugleich ein innerer Zustand, das Produkt jener Phantasien, in denen der Liebende, wie Robert Stoller gesagt hat, zwischen einer Ahnung der Gefahr und der Erwartung hin und her gerissen wird, die Gefahr durch die Lust zu ersetzen.[26] Die – weitgehend unbewußten – entscheidenden Phantasien, die sich in der angstvoll verlangenden Liebe Radhas zu Krischna spiegeln, werden wesentlich vom Motiv einer verbotenen Grenzüberschreitung geformt und gefärbt.

Zunächst einmal liegt bereits in der Allgegenwart des Ehebruchs in der Erzählung eine Verletzung moralischer Gebote. Zum zweiten übertritt ein Liebender, der danach strebt, die Gefühle und Körperempfindungen des anderen zu seinen eigenen zu machen, die Grenzen seines eigenen Geschlechts. Und schließlich wird die durch diese Phantasien ausgelöste Erregung erhalten und zum Höhepunkt gebracht durch die Heimlichkeit, in der sich die Übertretung vollzieht.

Der offensichtlichste Ausdruck des Verbotenen, bei dem die durch soziale Gebote und Normen errichteten Schranken überschritten werden, findet sich in jenen Darstellungen, die

Radha einen Ehemann und obendrein eine Schwiegermutter
aufbürden und auf diese Weise fortwährend das Ehebrecherische ihrer Liebe zu Krischna betonen. In dieser Hinsicht bestanden natürlich beträchtliche theologische Schwierigkeiten.
In manchen Kommentaren wird ausführlich erklärt, warum
Krischna als Gott nicht wirklich die Frau eines anderen begehrt
haben konnte. Andere bemühen sich, das Gegenteil zu beweisen, indem sie erklären, daß Krischna gerade wegen seiner
göttlichen Natur an keine normalen menschlichen Beschränkungen gebunden sei. Am Ende triumphierte – vielleicht unausweichlich – das Bedürfnis der Gesellschaft nach lustvoller
Unterhaltung über ihre theologischen Skrupel, und sie forderte
nachdrücklich, daß die mythischen Liebenden als eindeutig
ehebrecherisches Paar hinzunehmen seien. Die Gleichsetzung
des Ehebruchs mit dem Erregenden und Romantischen ist auch
in der westlichen literarischen Tradition zum Gemeinplatz geworden, angefangen mit dem Sittenkodex am Hof Eleanors
von Aquitanien bis zu den Romanen zeitgenössischer Autoren.
Doch im indischen Kontext hat diese Verknüpfung besondere
Auswirkungen, da hier die Zweiteilung zwischen dem Ehelichen und dem Ehebrecherischen über die Jahrhunderte hinweg
sehr ausgeprägt und spannungsvoll geblieben ist.[27]

In der rituellen Sphäre gab es immer eine Trennung zwischen
den Göttern der sexuellen Liebe einerseits und jenen Gottheiten, die über Ehe und Fruchtbarkeit wachen. Selbst im modernen Indien kommt die sogenannte «Liebesheirat» – fast ein Widerspruch in sich und Anlaß zu aufgeregtem und ausgiebigem
Klatsch – meist nur in der phantastischen Welt des Films vor;
im allgemeinen hält man sie für eine gewagte Erfindung des
Westens, die von der urbanisierten und, wie man annimmt, ausschweifenden Oberklasse übernommen wurde.

Was die Frage des Verbotenen angeht, so waren sowohl die
gesellschaftlichen Sitten als auch die Gesetze im Hinblick auf
ehebrecherisches Verhalten bis auf den heutigen Tag äußerst
streng. Die Epen zählten Ehebruch zu den fünf Hauptsünden –
neben dem Mord an einem Brahmanen, Töten einer Kuh, Un-
glauben und Zuhälterei –, für die keine Buße möglich ist, und

sie warnten vor ihren furchtbaren Folgen. «In keiner Kaste darf
sich ein Mann der Frau eines anderen Mannes nähern. Denn es
gibt nichts auf der Welt, das das Leben so sehr verkürzt, wie
wenn ein Mann auf Erden die Frau eines anderen besucht. So
viele Poren der Körper einer Frau hat, so viele Jahre wird er in
der Hölle schmachten... Wer eines anderen Mannes Frau berührt, wird als ein Wolf, ein Hund und ein Schakal wiedergeboren, danach als ein Geier, eine Schlange, ein Reiher und ein
Kranich.»[28]

Auch die Frau entgeht in der Mythologie nur selten der Strafe. Ahilya, die Frau eines Weisen, die eher der Lüsternheit In-
dras (des Götterkönigs) zum Opfer fiel, als daß sie ihre kurzen
Freuden mit ihm ekstatisch genossen hätte, mußte für ihren unfreiwilligen Fehltritt teuer bezahlen. Parshuram tötete auf das
Geheiß seines Vaters die eigene Mutter, die während des Ba-
dens im Freien einen schönen König erblickt hatte, der im
kurzweiligen Spiel mit seinen Frauen «in Gedanken untreu»
geworden war. Auch heute noch wissen wir aus der Praxis als
Analytiker, daß Ehebruch in den meisten Schichten der indischen Gesellschaft kaum als nebensächliches und allgemein üb-
liches Verhalten angesehen wird. Für eine Frau ist schon der
bloße Gedanke daran ein schwerwiegendes seelisches Ereignis,
das angstvolle Gewissensbisse nach sich zieht.

Im Gegensatz dazu haben die Dichter und Literaten der
klassischen Epoche, die alle einen großen Einfluß auf spätere
kulturelle Einstellungen und Empfindungen ausgeübt haben,
zumindest in den oberen Kasten, die Hindu-Heirat im allgemeinen als eine gesellschaftliche und religiöse Pflicht verachtet.
Sie sahen in der Ehe einen tödlichen Feind des «großen Gefühls», nach dem sie – wie überhaupt die meisten Dichter –
strebten. Unablässig brachten die Dichter ihre Verachtung der
ehelichen Liebe in sehnsüchtigen Schilderungen von Liebesszenen, die keinen ehelichen Fesseln unterworfen waren, oder in
Klagen über das Ersterben der Liebe in der Ehe zum Ausdruck:

«Dort, wo der Mond nicht verflucht wird
und keine süßen Worte des Boten vernommen werden,

wo die Reden nicht von Tränen erstickt sind,
und wo kein Körper sich verzehrt;
sondern dort, wo man im eigenen Haus schläft
mit dem einen Besitzer, beflissen ihm dienend;
darf dieses Gleichmaß allnächtlichen Beischlafs,
darf dies Armselige Liebe sich nennen?»[29]

Damals idealisierten die Dichter und vor allem die Dichterinnen – z.B. Vidya und Bhavakadevi – die Ekstase der verbotenen Beziehung. Im Gegensatz zu der Verurteilung, die die Ehe-
brecherin in religiösen und juristischen Abhandlungen erfuhr,
war sie der Bewunderung der Dichter und Dichterinnen sicher.

In den poetischen und dramatischen Traditionen werden die
Frauen in drei Gruppen eingeteilt: die Kurtisane *(veshya)*, die
Ehefrau *(svakiya)* und «die andere» *(parakiya)*. Die «andere»
Frau kann entweder ein unverheiratetes junges Mädchen sein
(kanyaka) oder eine verheiratete Frau *(parodha)*. In einer offensichtlich «ödipalen» Anspielung ist es die *parodha*, die Frau eines anderen Mannes, die das Prinzip des Eros am vollkommen-
sten verkörpert (da sie sehr viel aufs Spiel setzt) und deshalb als
die begehrenswerteste Geliebte angesehen wird. Hierzu heißt
es bei einem Sanskrit-Dichter:

«So gibt es Frauen,
die uns anziehen mit
ihrer Ungezwungenheit,
Prostituierte,
und es gibt die tiefe Scheu
der eigenen Frau,
die schönste und
die anmutigste Blume,
die sich öffnet
und ihre Liebe zeigt;
doch wer in dieser Welt
kann uns mehr erfreuen
als die Frau eines anderen Mannes,
die mit entblößter Brust liebt?»[30]

Im Gegensatz zu früheren Dichtern der Klassik, die das unbeschwerte Hochgefühl, die unvergleichliche «Freude» der erfüllten Liebe zur Frau eines anderen Mannes hervorhoben, gaben die Bhakti-Kulte erhabenere Gründe dafür an, daß Radha zu einer ehebrecherischen *parakiya* gemacht wurde. Für sie war der Ehebruch symbolisch für das Heilige, jener überwältigende Augenblick, der die Welt und die Gesellschaft leugnet und das Profane der alltäglichen Konventionen überschreitet, während er ein bedingungsloses (und aufrührerisches) Verhältnis mit Gott als dem Geliebten schafft. Indem sie an unser Empfinden für die innersten Gebrechlichkeiten und das Unbotmäßige der leidenschaftlichen Liebe rührt, singt Radha:

«Beim ersten Schall seiner Flöte
fiel das Löwentor der Verehrung
für die Altvordern,
fiel die Pforte des *dharma*,
der gehegte Schatz meiner Scham
war verloren;
ich stürzte zu Boden
wie vom Blitz getroffen.
Ach, sein dunkler Körper
verharrte in der *tribhanga*-Stellung,
schoß den Pfeil ab, der mich durchbohrte;
meine Ehre dahin, meine Familie
verloren für mich,
mein Heim in Vraja
verloren für mich.
Nur mein Leben bleibt mir – und auch mein Leben
ist nur wie der Hauch des Atems, der von mir geht.»[31]

In der Vermischung von Elementen der ehebrecherischen Liebe mit dem Göttlichen gingen die Bhakti-Dichter sogar noch weiter als die Troubadoure des europäischen Mittelalters, die die ehebrecherische Liebe mit «wahrer Liebe» gleichgesetzt hatten. In der legendären Entscheidung des Cour d'amour (Minnehof) in Champagne, die 1174 getroffen wurde, findet sich die folgende Erklärung: «Wir erkennen nämlich und legen fest, daß zwischen Ehegatten keine Minne statt finden könne. Denn Minnegenossen reichen sich beiderseits Minne dar, ohne daß sie durch irgend eine Rücksicht dazu gezwungen werden können. Ehegatten dagegen sind Pflichten halber genöthigt, einander alles mitzutheilen und zu erweisen, und keiner von beiden darf dem andern etwas verweigern ... Mit Recht findet daher unter Ehegatten kein Minneverhältnis statt.»[32]

Sowohl die Heiligung der außerehelichen Liebe in Indien als auch ihre Romantisierung in Europa lenken indessen von ihrer «wirklichen» Faszination ab: Ihr fehlen nämlich etliche Faktoren, die ansonsten häufig sexuelle Ängste hervorrufen und folglich eine Hemmschwelle vor dem geschlechtlichen Verlangen errichten. Die ehebrecherische Liebe, die allem Alltäglichen so sehr entrückt ist und mit dem auf Dauer berechneten «Traum von Sicherheit» und der Abhängigkeit von der Ehebeziehung kaum etwas zu tun hat, ist weniger durch ödipale Tabus gefährdet, die in Ehen nicht selten dem Partner angeheftet werden. Mit anderen Worten, da sie keine Abwehrmechanismen benötigt, ist die ehebrecherische Beziehung relativ frei von neurotischen Störungen wie Impotenz und Frigidität, die in der Ehe als Folge einer Übertragung unbewußter sexueller Einstellungen auf den Ehepartner auftreten oder ihre Ursache in Hemmungen haben, die zu einem früheren Zeitpunkt gegenüber dem gegengeschlechtlichen Elternteil wirksam waren. Obwohl sie also von solchen innerseelischen Tabus befreit ist, hat die ehebrecherische Situation doch teil an der mit ihrer Verletzung verbundenen prickelnden Erregung, wobei der hintergangene Ehepartner als *äußeres* Hindernis die Funktion hat, die Intensität der erotischen Empfindungen noch zu erhöhen. Während er einerseits noch einmal die Schauer seiner ödipalen Phantasien aufleben läßt, begegnet der ehebrecherisch Liebende andererseits nicht dem Bild oder den Verboten des einst begehrten Elternteils in der Person, der jetzt seine Liebe gilt. Bei diesem Abenteuer wurden die Tabus über Bord geworfen und gehören nicht mehr zu jenen alltäglichen Problemen, unter denen nicht wenige Ehen leiden.

Für die Verhältnisse in Indien ist noch ein weiterer Aspekt

von Bedeutung. Die Familiengebote verlangen die Unterord-
nung der Frau unter den Mann. Demgegenüber ist die ehebrecherische Person an diese Rangunterschiede zwischen Mann
und Frau nicht gebunden. Radha darf Krischna mit «*tu chora*»
(«du Dieb!») anreden, was für eine verheiratete Frau gegenüber
ihrem Mann undenkbar wäre, die in diesem Fall die Höflich-
keitsform der zweiten Person Plural verwenden muß – eine
Vorschrift, die der sexuellen Hingabe der Frau im «Herren-
schlafzimmer» kaum förderlich sein dürfte. Das heimliche Leben der Ehebrecher besteht überdies aus kurzen Augenblicken
gestohlener Zeit und nicht aus einer langen Periode des Zu-
sammenlebens. Damit verringern sich die Forderungen nach
vertrautem Umgang außerhalb der Sexualsphäre. Der Körper,
gefesselt von den Zwängen der Gesellschaft und der individuellen Moral und verstrickt in ein Geflecht von unbewußten Erwartungen und Haltungen aus der Vergangenheit, sieht im
Ehebruch eine Verheißung neuer Freiheiten und Spielräume.
Es ist die spontane, lebendige und zugleich kurzlebige Begegnung, die ihn befreit.

In der künstlerischen Gestaltung des Verhältnisses zwischen
Radha und Krischna tritt zur ersten wichtigen Quelle der geschlechtlichen Erregung, der ehebrecherischen Verletzung gesellschaftlicher Konventionen, eine zweite, die durch die erste
sogar noch verstärkt wird, nämlich das Überschreiten der eigenen Geschlechtsgrenzen. Wir alle sind schließlich entweder
Mann oder Frau. Von dieser unumstößlichen Tatsache des Lebens wissen wir ungefähr seit unserem 30. Lebensmonat, in
dem unsere innerste Geschlechtsidentität fixiert wird. Von da
an wachsen wir in einem festgelegten gesellschaftlichen Umfeld
auf, das dem biologischen Geschlecht Rollen zuweist, die
scheinbar aus unserem Körper hervorgehen, unserem Penis,
unserem Schoß und all den sekundären Geschlechtsmerkma-
len, die mit ihnen verbunden sind. Läßt sich daran etwas ändern, soll man es überhaupt – wenn es doch die Unterschiede
zwischen den Geschlechtern sind, die den Mann und die Frau
zueinander drängen und ihnen eine Vereinigung erst ermöglichen? Diese Fragen werden von der indischen Liebesdichtung

und der Kunst nachdrücklich bejaht. Und dies geschieht innerhalb einer hochentwickelten mythologischen Tradition, die dem Westen weitgehend unbekannt geblieben ist und deren Gottheiten schon immer mehr Ähnlichkeit mit irdischen Menschen aufwiesen als anderswo.

In der Malerei reicht die Wiedergabe der Überschreitung der eigenen Geschlechtsgrenzen von der Darstellung der Liebenden als einer androgynen Einheit in der traditionellen Orissaschule bis zu bestimmten Bildern aus der Gegend am Himalayagebirge, auf denen jeder auch die Kleidung des anderen trägt oder Radha die aktivere, «männliche» Rolle beim Koitus übernimmt. In der Dichtung spricht etwa Sur Das mit Radhas Stimme:

> «Du wirst zu Radha, und ich werde zu Madhava,
> wahrhaft zu Madhava; diese Vertauschung
> will ich bewirken. Ich schmücke dein Haar
> und setze mir (deine) Krone aufs Haupt.
> Sur Das sagt:
> So wird der Herr zu Radha und Radha zum Sohn
> Nandas.»[33]

Die Umkehrung der Geschlechtsrollen fällt noch mehr ins Auge, wenn ihre geschlechtliche Vereinigung beschrieben wird. Der Dichter Chandi Das preist

> «... die gelassene, sinnliche Vereinigung der beiden
> bei der jetzt das Mädchen die Führung übernimmt
> und freudig auf dem ausgestreckten Körper des Geliebten
> reitet»,[34]

während Dschajadewa Krischna Worte in den Mund legt, die wir heutzutage als «weiblich masochistische» Wünsche bezeichnen würden:

> «Komm und strafe mich, du schöne Närrin,
> Beiße mich mit deinen scharfen Zähnen,
> Binde mich mit deinen Rankearmen,
> Presse mich mit deinen festen Brüsten!
> In der Lust bewahre deinen Ingrimm,

Lasse den verschmähten Pfeil der Liebe
Mich durchbohren, mir den Atem rauben.»[35]

Erst unter dem Einfluß des westlichen Phallozentrismus des
19. Jahrhunderts, einer der zweifelhaften geistigen «Segnun-
gen» der britischen Kolonialherrschaft, wurden viele gebildete
Inder irritiert durch diese Betonung der Weiblichkeit bei einem
Kulturhelden. Der große bengalische Schriftsteller Bankim
Chandra Chatterjee, Verfechter eines virilen Nationalismus,
schrieb über das Gitagowinda: «Vom Anfang bis zum Ende
enthält es nicht einen einzigen Ausdruck männlicher Gefühle –
während von weiblichen sehr viel die Rede ist – oder ein einziges erhabenes Gefühl ... Ich bestreite keineswegs seine (Dschajadewas) in mancher Hinsicht große dichterische Leistung, eine
ausgesuchte Bildersprache, Zartgefühl und eine unerreichte
Kraft des Ausdrucks, doch das macht ihn nicht weniger zum
Dichter einer verweichlichten und sinnlichen Generation.»[36] In
den Bhaktikulten, wo die Andächtigen eine erotische Beziehung zu Krischna herstellen müssen, kann der Mann gar nicht
anders als seine Geschlechtsgrenzen überschreiten. Wenn er
danach trachtet, gegenüber seinem göttlichen Herrn wie eine
Frau zu werden, so ist diese Verletzung des biblischen Gebots
«Was dem Manne ziemt, das soll keine Frau anlegen, noch soll
ein Mann Frauenkleider tragen»[37] alles andere als «ein Greuel
vor dem Herrn». Im Bhakti fordert Krischna als Herr und Gott
eine solche bereitwillige Wandlung nicht nur von seinen männlichen Anbetern, sondern er ist ihnen darin mit gutem Beispiel
selbst vorangegangen. Infolgedessen gibt es auch zahllose Legenden von indischen Heiligen, die erfolgreich danach strebten, zur Frau zu werden. Hierfür nur zwei Beispiele: Der Guja-
ratiheilige Narsi Mehta aus dem 15. Jahrhundert schreibt, «ich
ergriff die Hand dieses Liebhabers der *gopis* (d. i. Krischna) in
liebevollem Zwiegespräch ... Ich vergaß alles andere. Selbst
meine Männlichkeit fiel von mir ab. Ich begann, wie eine Frau
zu singen und zu tanzen. Mein Körper schien sich zu verändern, und ich wurde selbst eine der *gopis* (Kuhhirtinnen). Ich
handelte als Vermittler, wie eine Frau, und verwies Radha ihren

übergroßen Stolz ... Zu solchen Zeiten erlebte ich Augenblicke unvergleichlicher Süße und Freude.»[38]

Von A. K. Ramanujan erfahren wir, daß der Tamilendichter und Heilige Nammalvar, der 370 Gedichte über die Liebe geschrieben hat, stets mit der Stimme einer Frau sprach: der Geliebten Krischnas, einer Trost und Rat spendenden Freundin oder der einer Mutter, «die verzweifelt versucht, die liebestollen Phantasien ihrer Tochter zu bändigen».[39] Nammalvar hat auch über andere Themen als die Liebe geschrieben und dabei eine andere Haltung angenommen. Ein Kommentar aus dem 13. Jahrhundert erklärt diesen Unterschied so: «In der Erkenntnis die eigenen Worte, in der Liebe die Worte einer Frau.»[40] Der Legende zufolge war Amaru, einer der frühesten und größten Liebesdichter des Sanskrit, die hundertste Inkarnation einer Seele, die zuvor in den Körpern von hundert Frauen gewohnt hatte.

Narsi Mehta, Nammalvar und zahllose andere, unbekannte Anhänger der Radha-Krischna-Kulte legen Zeugnis ab von der ursprünglichen Sehnsucht des in seiner «phallischen» Männlichkeit befangenen und isolierten Mannes, sein heroisches Gehabe abzulegen und sich an der Weiblichkeit – der Frau und der eigenen – zu erfreuen. Diese universellen Wünsche sind etwas anderes als die pathologischen Fälle, wo ähnliche Phantasien in Verbindung mit einem weiblichen Verhalten des Mannes Ausdruck einer «homosexuellen Libido» sein können, ein Rückzug aus der phallischen Männlichkeit in eine Analerotik. Mit anderen Worten, manche Anhänger des Bhaktikults mögen tatsächlich dem durch Freud berühmt gewordenen Paranoiker Dr. Schreber näherstehen, der in seinem Wahn überzeugt war, in ein Weib verwandelt worden zu sein, um Gottes Frau zu werden und einer gänzlich neuen Menschengattung das Leben zu schenken.[41] Gleich Schreber schützen sich vielleicht auch diese Andächtigen vor ihrer Angst und ihrer unbewußten Vorstellung, entmannt worden zu sein, und versuchen, sich mit ihrer Weiblichkeit als einem Ersatz zu trösten. Für die Mehrzahl der Kultanhänger, der Heiligen wie auch für die meisten anderen, ist der Wunsch, eine Frau zu werden, jedoch keine späte Entstellung phallischer Strebungen, sondern ein weiteres Vermächtnis unserer «vorzeitlichen» Erfahrung mit unseren Müttern. Diese Zwiegeschlechtlichkeit, das Spielen des Männlichen und des Weiblichen, stellt vermutlich den Höhe- und Umschlagpunkt der präödipalen Entwicklung dar, bevor Kastrationsängste und Schuldgefühle einsetzen und die sexuelle Neugier zurückdrängen und dämpfen.

Die Mutter tritt von früh an als allmächtige Kraft eines elterlichen Universums in Erscheinung, die scheinbar nach Belieben bestimmte Dinge oder den Vater und andere Männer auftreten lassen kann. Sie ist es, deren Brüste und magische Berührungen schon vor langer Zeit die wilden Triebansprüche besänftigt haben, sie ist es, deren fruchtbarer Schoß der eigentliche Ursprung des Lebens zu sein schien. Solche mütterlichen und weiblichen Kräfte sind irdisch und zugleich geheimnisvoll und transzendent, und sie erfahren keinerlei Einbuße durch die reine Sinnlichkeit, in der sie erlebt werden. Wenn der kleine Junge zum Mann heranwächst und seine vorbestimmte männliche Rolle in der Gesellschaft einnimmt, kann es geschehen, daß er die vergänglichen und doch auch offenkundig mächtigen Eigenschaften des Phallus überbewertet und all jene verachtet, die von deren Besitz ausgeschlossen sind. Ungeachtet seines «männlichen Protests», wie man ihn genannt hat, wird ein Knabe (oder ein Mann) immer unter dem Fehlen des Weiblichen leiden. Verborgen im Schleier der Nacht oder in dem Schleier, der in der Ekstase religiöser Leidenschaft über das Bewußtsein fällt, wird er seinen Penis bereitwillig der Vagina und der Frau übergeben, der er gehört – jedenfalls, solange er nicht befürchten muß, ihn für immer zu verlieren.

Krischnas erotische Huldigung an Radha vermittelt etwas von der schmerzhaften Seite der Ergebungsphantasie des Mannes auf dem Höhepunkt der geschlechtlichen Erregung. Er sehnt sich danach, von den Brüsten der Frau ganz bedeckt und durchdrungen zu sein, während er selbst in Gedanken lustvoll zusammenschrumpft. Alle Fasern seines Genitals sind auf die freundlich empfangende Feuchtigkeit eingestellt, die seinem Auge unsichtbar bleibt, und sie strafen sich ein letztes Mal, wenn er schließlich seinen Samen ausstößt, einen Sendboten, der seinen Weg tief in das Innere des dunklen Kontinents der Geliebten antritt, der für ihn selbst unerreichbar bleibt. Einmal mehr muß der Mann erkennen, daß der eindringende Penis die Frau nie erobern oder festhalten kann. Dieser betritt lediglich ihr Territorium und berührt ihre Pforten, um dort zu schrumpfen und allzu schnell zurückgezogen zu werden. Wäre dieses Organ nicht eine Brücke, die sich immer wieder neu zur Geliebten schlagen ließe, der Mann würde mit Freuden darauf verzichten und sich kastrieren, um mit ihr eins zu sein – wenigstens für einen Augenblick des Glücks. Das «Geheimnis des Mannes» (auch der Götter) liegt nach Bruno Bettelheim darin, daß er etwas sein möchte, was er unmöglich sein und haben kann: eine Frau.

Die vielfältigen Bilder von Dunkelheit und Nacht in den Schilderungen der Zusammenkünfte von Radha und Krischna – wie auch bei Romeo und Julia, Leila und Madschnun oder Tristan und Isolde – machen die verborgene Natur dieser Phantasmagorien und Täuschungen der Seele besonders deutlich. Die bildlichen Darstellungen zeigen Radha und Krischna von Dunkelheit umgeben, während sie selbst von einem düsteren, vom Himmel kommenden Glanz erhellt sind. Sie zeigen die Liebenden in einem Dreieck finsterer Nacht, während außerhalb die übrigen Bewohner Vrindavans sorglos ihren täglichen Verrichtungen nachgehen. Es sind Metaphern für eine Sinnlichkeit, die sowohl der Welt als auch dem Bewußtsein der Liebenden verborgen bleibt. Für Radha wie für Julia sind Nacht und Dunkelheit die Beschützer der erotischen Erregung, Schweigen und Heimlichkeit ihre Freunde. Laute Störungen sind zu vermeiden:

«Laß die umzingelnden, plauderhaft klingelnden,
liebesverrät'rischen Spangen,
Freundin, o husche zum dämmrigen Busche,
von nächtlichen Schleiern umfangen!»[42]

In einem Basholi-Bild von Rasmanjari werden die sitzenden Liebenden folgendermaßen beschrieben:

«Die Angst vor der Entdeckung verbietet es, daß sich die Blicke der Heißverliebten begegnen. Die Furcht vor dem Klirren der Armreifen hält sie davon ab, sich zu umarmen. Sie küssen sich auf die Lippen, ohne daß ihre Zähne sich berühren. Auch ihre Vereinigung ist lautlos.»[43]

Viele Bilder Radhas zeigen, daß es nicht nur die anderen sind, denen die leidenschaftliche Erregtheit verborgen werden muß. Auch sie selbst, in ihrem – wie Rückert[44] es übersetzt hat – Zustand des «verlangenden Lustbangens», verhält sich, als wäre ihre wahre Verfassung ein Geheimnis, dessen Kenntnis sich ein anderer Teil ihres Selbst nicht eingestehen darf. Allein der Dichter sieht in ihr Herz.

«Unschuldsbeteuerungen, doch voller Leidenschaft
Gebärden des Sträubens, doch ohne jede Kraft,
aus ihrem Runzeln der Stirn wird ein Lächeln des Mundes,
ihr Weinen bleibt tränenlos – mein Freund,
auch wenn Radha ihre Gefühle verbergen möchte,
jeder Versuch verrät aufs Neue die tiefe Liebe ihres Herzens
für den Bezwinger des Dämons Mura.»[45]

Andere Dichter, die sich in Radha hineinversetzt haben, wenn diese sich des Nachts mit pochendem Herzen davonstiehlt, um Krischna zu sehen, beschreiben plastisch ihre Furcht, während sie die unterdrückte Erregung ihres heimlichen Fortgehens lediglich andeuten, die durch die Drohung der Entdeckung noch an Intensität gewinnt. In ihren Bildern finden wir Sturm, sich windende Schlangen, brennende und zerkratzte Füße.

«O Madhava, wie soll ich dir etwas sagen, da ich voller Schrecken bin?
Ich kann dir nicht sagen, wie ich gekommen bin,
und hätte ich auch Tausende von Zungen.
Als ich meine Kammer verließ und die Dunkelheit sah,
schauderte ich:
Ich konnte den Weg nicht sehen,
und Schlangen wanden sich mir um die Fußgelenke!
Ich war allein, eine Frau; die Nacht war so finster,

der Wald so dicht und düster,
und ich mußte so weit weggehen.
Es regnete in Strömen –
welchen Weg sollte ich einschlagen?
Meine Füße waren voll Schmutz
und brannten, wo Dornen sie zerkratzt hatten.
Doch ich hoffte, dich zu sehen,
und es machte mir nichts aus,
jetzt ist all mein Schrecken dahin ...
Wenn der Klang deiner Flöte an mein Ohr dringt,
muß ich mein Haus, meine Freunde verlassen,
es zieht mich in die Dunkelheit, zu dir.»[46]

Wir stellen uns vor, daß Gott Krischna, dessen durchdringen-
der, in die verborgenen Winkel des menschlichen Herzens ge-
hender Blick auch voller Mitgefühl ist, in der Dunkelheit lä-
chelte. Er hätte zweifellos gewußt, daß der Klang seiner Flöte
wie die des griechischen Pan Jahrhunderte vor ihm der immer-
während und unwiderstehliche Ausdruck der menschlichen
Sinne im Banne der Liebe war.

   Und was bedeuten Dunkelheit und Nacht für Krischna,
wenn er sich passiv der Umarmung Radhas hingibt? Auch hier
enthüllt der Gott allein unter dem Mantel der Nacht das tiefste
«Geheimnis des Mannes» – daß auch er eine Frau sein möchte.
In der Nacht, im Dschungel, treten an die Stelle getrennter
Wahrnehmungsweisen (insbesondere der visuellen) die takti-
len, instinktiven und stärker synästhetischen Formen des Er-
kennens. Die äußeren Bilder des eigenen Selbst und der Geliebten schwinden, und an ihre Stelle tritt die innerste sinnliche
Erfahrung. Je mehr Krischna der Illusion eines aus zwei Lei-
bern zusammengeschmolzenen einzigen, hermaphroditischen
Körpers erliegt, desto mehr steigern sich gegenseitig die Phantasien der Verwandlung in eine Frau und die sexuelle Erregung,
und er «erkennt» Radha nicht mit dem Auge, sondern mit dem
Fleisch.

   Die Schleier der Nacht werden bei dieser liebevollen Geschichte niemals ganz weggezogen. Überdies ist eine der

Hauptpersonen ein Gott, der solchen vielgestaltigen Veränderungen widerstehen und sie transzendieren kann. So bleiben die Liebenden am Leben, und eine Tragödie wird abgewendet. Von anderen unentdeckt, bleiben sie auch den Augen der inneren Wächter verborgen – sie brauchen weder eine Kastration noch Ambivalenz oder, was am schlimmsten wäre, Schuldgefühle zu fürchten.

Zweiter Teil: Eros als Ehebrecher

In den bisherigen Kapiteln haben wir jene Mythen der ersten Liebe behandelt, die innerhalb ihrer Kulturen das Bild der erotischen Leidenschaft mitgeformt haben. Diese Geschichten haben die Phantasien und Verhaltensweisen junger Liebender ebenso beflügelt wie sie die verklärenden Ideale derer beeinflußt haben, die ihren Liebesfrühling schon hinter sich haben. Sie erzählten uns von den brennenden Qualen, Ekstasen und heimlichen Schreckensängsten, die in der Liebesbeziehung zweier Menschen schlummern.

Wir wenden uns jetzt den Dreieckskonstellationen zu – jenen sprichwörtlichen ewigen Triaden, die sich einstellen, wenn Leidenschaften die Vorrechte älterer Generationen und die normalen Gesetze von Nachfolge und Besitz in Frage stellen. Ähnlich wie bei den Dreieckskonstellationen, von denen das Seelenleben so sehr bestimmt wird, geht es in diesen Erzählungen weniger um Wahnsinn und entfesselte Triebe als um innere Konflikte und Ambivalenzen. Nachdem wir einen Blick auf das Spiel der Leidenschaft an sich geworfen haben, legen wir in den folgenden Kapiteln das Schwergewicht mehr auf ihr Zusammenstoßen mit verinnerlichten Zwängen. Nicht daß unsere jungen Liebenden von ihnen frei gewesen wären, aber jetzt geht es darum, daß die Hauptpersonen der folgenden Geschichten in ihren Begierden von diesen Kräften gehindert werden.

Psychoanalytisch gesprochen, werden wir nunmehr in das Zeitalter des Ödipus geführt. Im ersten der folgenden Kapitel geht es um die Machtkämpfe zwischen Vätern und Söhnen, in denen Frauen eher die Rolle von Objekten einer «phallisch narzißtischen» Eroberung und Beherrschung spielen, als daß ihnen das besondere (sexuelle) Interesse des Mannes gilt. In der persischen Geschichte von Vis und Ramin, in den indischen Legenden und natürlich im Mythos von Ödipus ist der Mord – an Vater oder Sohn – die große Gefahr, die im Hintergrund droht.

Unsere beiden ersten Geschichten von Vis und Ramin sowie Tristan und Isolde erzählen von der Ambivalenz und der tiefen Liebe zwischen Vätern und Söhnen, einer zumeist zärtlichen, zu Zeiten aber auch sinnlichen Liebe. Sie erzählen von Reue und Klage, wenn die magische Sexualität einer Frau den Jüngling von seinem väterlichen Freunde weglockt und trennt. Als Folge dieses Verlusts werden wie bei Hamlet Kastrationsdrohung und Vaterliebe als Schuldgefühle verinnerlicht. Die Macht des Gewissens hindert den Sohn daran, seiner Begierde und damit jedem Triebimpuls überhaupt nachzugehen. Die Gefahr liegt hier in einer unablässigen Reue, einem «Pfahl im Fleische», der immer wieder daran erinnert, daß die Verletzung moralischer Gebote selbst in Gedanken dazu führt, daß man nicht mehr liebenswert ist. Diese Bedrohung wird um so schmerzhafter, wenn ein Jüngling gerade von einer um Jahrzehnte älteren Frau begehrt wird, die er doch erst nach langen inneren Kämpfen aufgegeben hat. Jetzt droht die Gefährdung Wirklichkeit zu werden; eine ebenso erregende wie niederschmetternde Möglichkeit tut sich auf, die die Zerstörung der gesellschaftlichen Ordnung und die Vernichtung aller ihrer Glieder nach sich ziehen kann.

5. Gekrönte und Gehörnte: Liebe als Machtspiel

Götter haben es leichter als sterbliche Männer, ihr Geschlecht ungestraft zu verwandeln. Häufig genug behaupten die letzteren ihre Männlichkeit in mutigen, aber mühseligen Versuchen, sich aus der anhaltenden Gewalt des Weiblichen und des gestaltlosen Ursprungs aus dem weiblichen Schoß zu befreien. Solche Männer sehen in Frauen nur Ausschmückungen und Spiegel des eigenen Phallus, und ihr sinnliches Vergnügen bleibt gegenüber ihrer Selbstliebe nebensächlich. Wenn sie gegen die Väter kämpfen, dann weniger um die Frau als um die Macht.

Ein Patient, seiner Männlichkeit unsicher, schildert, wie er seine Freundin auf seinen Schoß hebt und ihren Körper wie eine Verlängerung oder gar Verkörperung seines Penis handhabt, der für ihn noch immer klein und kindlich ist im Vergleich zu seiner übrigen Körpergröße. Er konkurriert in seiner Phantasie fortwährend mit dem Analytiker und macht ihn zu einem Zuchthengst, der einen ganzen Stall weiblicher Patienten bedient, die vor seinem Beratungszimmer Schlange stehen. Er war nicht auf der Suche nach heißbegehrten ödipalen Schätzen, sondern nach männlicher Befähigung. Während der Analytiker den Einfällen des Patienten lauscht, wandert der Strom seines Bewußtseins zu den primitiven Zurschaustellungen drei- bis vierjähriger Knaben auf dem Spielplatz. Unter den stets wachsamen Augen ihrer Mütter springen sie in einer Ersatzhandlung umeinander herum und bekämpfen sich mit Stöcken und Speeren zwischen den Beinen, um auf diese Weise ihrer Anatomie nachzuhelfen. Der Analytiker erinnert sich auch an die Geschichte von einem indischen Maharadscha, der während der ersten Jahrzehnte unseres Jahrhunderts gelebt hatte und an seinem Geburtstag an der Spitze eines Festzugs splitternackt durch seine Hauptstadt zog und zur Vermehrung des eigenen Ruhms sein majestätisches Organ in seiner ganzen erigierten Pracht vor den Augen der Zuschauer prangen ließ.

Drei- bis vierjährige Knaben, ein Analysand in den Fängen einer «kontrollierten Regression» oder ein prunksüchtiger Maharadscha aus alten Tagen – ihnen kann man leicht ein verstehendes Lächeln schenken. Aber wenn ein Knabe ins Mannesalter eintritt, in das strahlende Licht jugendlicher Kraft und Stärke, dann stellt er für alle Väter, die an der Schwelle zum Greisenalter und Tod stehen, eine Bedrohung dar. Der phallische Angriff einer neu aufstrebenden Männlichkeit trifft auf den Anspruch des älteren Oberherrn, der auf unerschöpfliche Kraft und darüber hinaus Unsterblichkeit pocht. Mit dem zyklischen Wechsel der Generationen durch die Geschichte ist auf einer bestimmten Ebene und bis zu einem gewissen Grad eine tödliche Auseinandersetzung unausweichlich – vor allem, wenn eine Frau als Kriegsbeute winkt. Schließlich sind es die

Frauen, die durch Sexualität und Empfängnis über den Schlüssel zum Königreich des ewigen Lebens verfügen.

Die in diesem Kapitel behandelten Erzählungen, die persische Geschichte von König Moubad, Vis und Ramin, die indischen Legenden von Patriarchen, Göttern oder Königen, die ihre Töchter begehren und ihren Söhnen heftig in den Weg treten, und selbst der berühmte Mythos von Ödipus, sie alle zeigen uns Dreieckskonstellationen in ihren ursprünglichen Aspekten.

Wir müssen betonen, daß es dabei nicht um das einfache sogenannte «ödipale Dreieck» geht, das allein vom Standpunkt des «Sohnes» aus betrachtet wird. Fast 90 Jahre nach der Entdeckung des Ödipuskomplexes würde eine solche Beschränkung auf eine reine Übung hinauslaufen, die sich auf ausgetretenen Pfaden bewegt und alles bestätigen würde, was wir schon wissen: den Drang des Sohnes, sich mit der Mutter zu verbinden, seinen Wunsch nach sexueller Vereinigung mit ihr und nach Ausschließung und Vernichtung des besitzenden Vaters, und schließlich seine an Hamlet erinnernde Neigung, sich am Objekt seiner inzestuösen Begierden, der Mutter, zu rächen, die sich nicht ihm, sondern seinem Rivalen, dem Vater-Herrscher hingegeben hat. Sogar die Ödipussage selbst, der wir uns am Ende des Kapitels zuwenden, widerlegt diese simplen Vorstellungen.

Zum einen bezieht sich die sexuelle Rivalität zwischen Vater und Sohn in den islamischen und hinduistischen Geschichten nicht zwangsläufig auf die Mutter als das primäre Objekt der Begierde, jedenfalls nicht offen erkennbar. Die Auseinandersetzung wird um Töchter und deren Ersatzfiguren geführt. Als Freud die Bedeutung des Ödipuskomplexes in der Literatur anhand der Beispiele *König Ödipus, Hamlet* und *Die Brüder Karamasow* illustrieren wollte, ist ihm anscheinend die Tatsache entgangen, daß der Kampf zwischen Vater und Sohn bei Dostojewski eine andere Qualität hat als bei Sophokles und Shakespeare.[1] Gruschenka gehört eindeutig zu Dimitri, wenn sie überhaupt jemandem «gehört», und es ist dessen Vater Fjodor Pawlowitsch, der sie vom Sohn weglocken will.

Zum anderen ist die Auseinandersetzung zwischen Vater
und Sohn um eine Frau, die ihrem Alter nach, wenn nicht sogar
rechtmäßig zum Sohn gehört, ein beliebtes Thema in den Liebesgeschichten außerwestlicher Kulturen. Trotz ihrer struktu-
rellen Ähnlichkeit mit anderen Ödipuslegenden zeigen sie eine
Verlagerung des Schwerpunktes von den Inzestwünschen des
Sohnes gegenüber der Mutter auf das verbotene Verlangen des
Vaters nach der Tochter. So trägt z. B. die Unklarheit über das
Objekt der Begierde in unserer persischen Erzählung, das Of-
fenbleiben der Frage, wem Vis wirklich «gehört», dem «Vater»
oder dem «Sohn», wesentlich bei zu ihrem zeitlosen Reiz und
ihrer erzählerischen Kraft.

König Moubad, Vis und Ramin

Die Geschichte von Vis und Ramin, wie sie von dem persischen
Dichter Fakhr-ud-Din Gurgani (11. Jahrhundert) erzählt wird,
beginnt mit einem großen Fest, das König Moubad gibt. Bei
diesem Festschmaus im Frühling, der an das Fest von König
Marke in *Tristan und Isolde* und den Auftakt zahlreicher westlicher und östlicher Heldenepen erinnert, treffen sich viele vornehme Fürsten mit ihren Gemahlinnen, Prinzen und Prinzes-
sinnen, Edelmänner und Edelfrauen aus dem ganzen Reich.
Moubad, ein großzügiger und offenherziger König, ganz den
Lustbarkeiten und dem Wein zugetan, erspäht Shahru, die Für-
stin einer entfernten Provinz.

Er hält um ihre Hand an. Shahru hat Einwände wegen ihres
Alters, denn schließlich ist sie schon weit über 20 Jahre alt und
hat etlichen Kindern das Leben geschenkt – Grund genug, den
ritterlichen Antrag des Königs abzuweisen. «Meine Schönheit
hat Könige zu Sklaven gemacht, der Wohlgeruch meines Körpers hat Tote ins Leben zurückgerufen», erwidert sie, «doch
nun ist für mich der Herbst des Lebens angebrochen, meiner
Anmut Frühling ist dahin. Die Zeit hat gelbe Blumen auf meine
Wangen gestreut und Kampfer in meinen Moschus gemischt,
sie hat das Leuchten der Schönheit auf meinem Antlitz erblassen lassen und die kristallene Zypresse meiner Gestalt gebeugt.

Die Welt häuft Schimpf und Spott auf alle Alten, die sich den Anschein der Jugend geben wollen.»[2] Offensichtlich ist «alt» ein kulturell und historisch ebenso relativer Begriff wie die Vorstellung, ab wann eine Frau nicht mehr «mannbar» ist. Moubad stimmt ihrer Auffassung zu, wenn er auch zunächst höfliche Einwände erhebt und sich in seinem zweiten Frühling selbst nicht danach richtet. «Willst du schon nicht meine Gefährtin und Geliebte sein», bittet er sie, «so schenke mir eine Tochter, die du geboren hast. Da die Frucht nach der Saat gerät, wird deine Tochter zweifellos deinen Jasminbusen haben.» «Es ist gewiß nicht alltäglich, daß jemand sich zuerst in eine Frau verliebt und dann bei ihr um die ihr gleichende Tochter anhält, die er noch gar nicht gesehen hat». Shahru erwidert, sie habe bisher nur Söhne geboren, schwört jedoch einen heiligen Eid, im Fall der Geburt einer Tochter nur Moubad als Schwiegersohn anzuerkennen.

Nach einigen Jahren schenkt Shahru tatsächlich einer Tochter das Leben und gibt ihr den Namen Vis. Bald nach ihrer Geburt wird Vis einer Amme in Obhut gegeben, die sie in eine weit entfernte Stadt mitnimmt und dort mit großer Liebe und Fürsorge zusammen mit Ramin, dem neugeborenen, späten Bruder Moubads großzieht. Zehn Jahre lang wachsen Vis und Ramin wie Bruder und Schwester zusammen auf, dann kehrt Ramin in den Palast Moubads zurück. Vis wächst zu einem ungemein schönen, aber anmaßenden Mädchen heran, «mit einem Leib aus Silber und einem Herzen aus Stahl». Diese Schilderung des Mädchens durch die Amme erweist noch einmal die in der persischen und der islamischen Kultur allgemein vorherrschenden Ambivalenzen gegenüber der Frau, die angeblich gekennzeichnet ist durch «die Härte eines Diamanten, die Süße des Honigs, die Grausamkeit eines Tigers, den warmen Glanz eines Feuers und die Kälte des Schnees.»[3]

Schließlich kehrt auch Vis zu ihrer Familie zurück. Die Mutter versucht, das Mädchen rasch zu verheiraten, findet jedoch keinen geeigneten Gatten für sie. So greift sie auf eine gesellschaftliche Konvention zurück, die dem modernen westlichen Empfinden fremd ist.

«Da ich in der weiten Welt keinen Mann für dich weiß, kann ich dich da einem geben, der geringer ist als ein Gemahl? Im ganzen Iran gibt es keinen, der deiner als Ehemann würdig wäre außer Viru, dein eigener Bruder. Werde seine Frau, vermehre den Ruhm deiner Familie und mache meine alten Tage glücklich durch diese Verbindung. Virus würdige Schwester soll seine Frau, unsere schöne Tochter soll unsere Braut sein.»[4] Als Vis diese Worte vernahm, «wallte Leidenschaft auf in ihrem Herzen, und sie schwieg zustimmend. Nicht ein einziges Wort sprach sie zu ihrer Mutter, denn in ihrem Busen brannte die Liebe zu ihrem Bruder.»[5]

Die Freimütigkeit, mit der hier geschlechtliche Liebe zwischen Bruder und Schwester behandelt wird, erklärt sich aus der kulturellen Tradition des alten Iran. Wie im alten Ägypten war die «königliche Hochzeit» von Bruder und Schwester in den herrschenden Dynastien eher die Regel als die Ausnahme. Was für die moderne Psychoanalyse am Inzest zwischen Bruder und Schwester «königlich» ist, sind seine symbolischen Anklänge, insbesondere die ihm zugrunde liegende Phantasie der erotischen Selbstvervollkommnung, die den einzelnen über die übrige Welt erhebt und ihn von dieser ausschließt. Geschwister sind einander nicht ein bedrohlicher anderer, dem gegenüber man ohne es zu wollen durch den Drang eines normalen erotischen Verlangens verletzbar werden kann, sondern ein ungefährlicherer Teil desselben Selbst. Versinnbildlicht in der Liebe zwischen Zwillingen sind Bruder und Schwester die männliche und weibliche Version ein und desselben höheren «Ich».

In der Erzählung wird außerdem eine spezielle Sanktionierung von sinnlichen Begierden und geschlechtlicher Vereinigung innerhalb der Familie angedeutet – sie werden nur so lange geduldet, wie die Machtstruktur zwischen den Generationen unangetastet bleibt. Hier geschieht die Übertretung des Inzesttabus innerhalb derselben Generation, obgleich auch sie etwas von dem Erregenden an sich hat, das den Inzest zwischen den Generationen auszeichnet. Der Analytiker ist nur allzu vertraut mit jenen assoziativen Gedankensträngen, die von Pubertätsträumen von Sexualität zwischen Geschwistern, die fast jeder hat, in das Unbewußte hinein und dort zu den verbotenen elterlichen Hütern führen.

Während die Hochzeit gefeiert wird, erscheint unvermittelt ein Bote Moubads, der das Fest unterbricht und Shahru an das gegebene Versprechen erinnert. Shahru steht vor einem Dilemma, da sie sich einerseits schämt, ihr Wort nicht gehalten zu haben, andererseits jedoch wenig geneigt ist, zu einem Versprechen zu stehen, das sie vorschnell und vor vielen Jahren einmal gegeben hat. Vis nimmt die Angelegenheit selbst in die Hand und schickt Moubad folgende Botschaft:

«Das Alter hat Euch den Kopf verwirrt... Ihr wolltet keine junge Braut aus dieser Welt, sondern für jene andere jetzt schon Vorsorge treffen. Viru ist gleichermaßen mein Gemahl und mein Bruder, und die würdige Shahru ist meine Mutter; mein Herz gehört in Freuden ihm und in Fröhlichkeit ihr. In meinen Armen halte ich eine fruchtbare Zypresse, wie sollte ich da nach einem öden, verdorrten Feld Sehnsucht haben?... Ich passe mit meinem Bruder wie Wein und Milch zusammen; ich trage kein Verlangen nach einem alten Moubad in einem fremden Land. Warum sollte ich einen Jüngling wegen eines alten Mannes zurückweisen? Ich spreche offen zu Euch, ohne Euch etwas zu verheimlichen.»[6]

Erzürnt über diese Antwort und die grundlose Beleidigung seiner Männlichkeit sammelt Moubad ein Kriegsheer und zieht in das Land von Vis und Viru, entschlossen, die Mutter gewaltsam zur Einhaltung ihres Versprechens zu zwingen. Im Kampf fällt der Vater von Vis und Viru. Moubad wird jedoch geschlagen und will gerade den Rückzug antreten, als ein anderer General die Lage ausnützt und seinerseits die Provinz überfällt. Prinz Viru beeilt sich, dieser neuen Bedrohung zu begegnen, und die Hochzeit mit seiner Schwester bleibt wegen deren Menstruation während der Hochzeitsfeierlichkeiten und des Krieges mit Moubad unvollzogen.

Nachdem er von Virus Abzug erfahren hat, stößt Moubad mit seinen restlichen Truppen erneut vor die Mauern der Hauptstadt vor und sendet Vis folgende Botschaft:

«Um Euretwillen bin ich hierhergekommen, denn die Liebe zu Euch hat mich wahnsinnig gemacht. Wollt Ihr meine wahre Geliebte sein, so wird Euch mancher Wunsch von meiner Hand erfüllt werden. Ich schwöre Euch heute einen Liebeseid, daß wir hinfort zwei Häupter mit einer einzigen Seele sein werden. Mein ganzes Sinnen und Trachten soll auf Eure Lust gerichtet sein, mein Mund nur noch durch den Euren sprechen. Ich bringe Euch den Schlüssel zu meiner Schatzkammer, und all meine Kostbarkeiten, große und kleine, sollen Euch gehören. Ich will Euch mit einer solchen Fülle an Gold und Geschmeide beschenken, daß Mond und Sonne vor Eurem Anblick erblassen werden ... Solange noch Leben in meinem Körper wohnt, will ich Euch wertschätzen wie meine eigene Seele.»[7]

Abermals verschmäht Vis den Reichtum und die Macht, die der alte König ihr anbietet, sie spottet über sein Alter und nennt ihn den «tatterigen Moubad». Überdies beruft sie sich auf eine Autorität, die höher steht als er.

«Wenn ich ihm (Viru) nicht die Liebestreue halte, welche Entschuldigung habe ich dann auf der anderen Seite meinem Schöpfer gegenüber vorzubringen? Ich fürchte den Schöpfer schon mit meinen jungen Jahren; habt Ihr denn keine Furcht, da Ihr ein lendenlahmer alter Mann seid? Ihr tätet gut daran, das Urteil des Schöpfers zu fürchten ... Der Herr der Welt hat mich mit Geschmeide, Brokatgewändern und Gold in Fülle versehen; hofft nicht darauf, meinen Sinn durch Kleinodien zu ändern ... Nicht einmal mein Bruder, mein erwählter Gemahl, hat bislang sein Verlangen an mir gestillt. Wie solltet da Ihr Euer Verlangen an mir stillen, selbst wenn ihr Mond und Sonne wäret? Ich habe meinen silbernen Leib noch nicht einmal meinem Bruder hingegeben, mit dem ich von ein und derselben Mutter geboren wurde. Wie sollte ich ihn da Euch hingeben, einem solchen Toren, der zudem meine Heimat verwüsten ließ?»[8]

Der liebestolle Moubad ist über diese Botschaft von Vis hocherfreut, denn was ihn an ihren Worten aufhorchen läßt, ist nicht ihre Abneigung ihm gegenüber, sondern die Tatsache, daß sie noch unberührt ist. Ihre Unschuld erscheint unbefleckt und wirkt deshalb verjüngend auf ihn. Er ruft seine beiden Brüder Zard und den jüngsten, Ramin, um über das weitere Vorgehen gemeinsam zu beraten.

Ramin, der mit Vis zusammen aufgewachsen und während der ganzen Zeit heimlich in sie verliebt gewesen ist, versucht Moubad, der zeitlebens *wie ein Vater* zu ihm war, davon abzubringen, sie weiter mit Anträgen zu verfolgen. «Du wirst sie nur nach großem Unglück erringen», prophezeit er ihm, «und wenn du sie für dich gewonnen hast, wirst du das Unglück nicht ertragen können, das sie dir noch bringen wird. Aber noch viel schwerer wiegt, daß du ein alter Mann bist, und diese bezaubernde Vis ist ein junges Mädchen. Wenn du eine Gattin nehmen mußt, so suche dir eine andere; Jugend zu Jugend und Alter zu Alter. Und dieses junge Mädchen, das du begehrst, muß einen Jüngling zum Mann haben. Du bist der Dezember, sie ist der Frühling; wahrlich keine leichte Aufgabe, die beiden zusammenzubringen.»[9] Es ist das Alter, das die Jugend verletzt, nicht umgekehrt.

Bei Vis und Ramin haben wir die metaphorische Äquivalenz der Beziehung zwischen ältestem und jüngstem Bruder einerseits und der zwischen dem Vater und seinem Sohn andererseits hervorgehoben. Die Verschiebung ist jedoch auch insofern bedeutsam, als sie einen ansonsten unvorstellbaren Bruch des Familiengesetzes abmildert. Sie macht Mehrdeutigkeiten möglich und damit die Fortsetzung eines Dialogs zwischen den Generationen mit all seinen Drehungen und Wendungen im dramatischen Handeln.

Der Ratschlag Ramins, der Moubads später Leidenschaft eine andere Richtung weisen wollte, stachelt diesen nur noch mehr an. Gurgani hat es so ausgedrückt: «Ein von Liebe erfülltes Herz ist keinem weisen Rat zugänglich, jeder Tadel steigert nur noch seine Inbrunst. Ist ein Herz von Liebe verzehrt, so wird ihr Feuer durch Vorwürfe nur noch stärker angefacht. Und stiege auch eine Wolke auf von der Erde und regnete statt der Vorwürfe Steine herab, der Liebende würde den Regensturm nicht einmal dann fürchten, wenn die Steine zu Speeren würden. Alles, was einen Tadel auf ihn zieht, ist ein Fehler, nur nicht die Verfolgung der Liebe, denn diese ist eine Tugend. Kein Wohlmeinender wird mit seinen Vorhaltungen die Begierde aus dem Herzen eines Liebenden löschen. Das Verlangen ist wie das Feuer, die Vorwürfe sind der Wind; und was bewirkt der Wind, wenn er ins Feuer bläst?»[10] Die Kräfte der Leidenschaft und insbesondere der Begierde stehen dem Animalischen näher als die des Gewissens, mag unser Über-Ich auch noch so primitiv entwickelt sein. Das Eigeninteresse und der Stolz von anderen sind jedoch ebenfalls Triebkräfte, mit denen zu rechnen ist.

Der zweite Bruder Moubads, Zard, dem König und seinem Gefolge aufrichtig verbunden und von praktischem Denken, gibt ihm den Rat, Shahru kostbare Geschenke, Gold und Juwelen zu senden. Der verführerische Reichtum und Shahrus schlechtes Gewissen, weil sie ihren Eid gebrochen hat, werden sie nach seiner Meinung dazu bewegen, dem König ihre Tochter zu geben. Diese Vermutung erweist sich als richtig, und Moubad führt schließlich eine wehklagende Vis mit sich heim.

Ramin, der zu ihrer Begleitung gehört, erblickt zum ersten Mal das Gesicht der zu einer Frau herangewachsenen Vis und wird von der ganzen Gewalt erotischer Leidenschaft ergriffen.

«Er fiel vom Pferd, so schwer wie ein Berg, gleich einem Blatt, das der Wind vom Baum reißt. Sein Gehirn begann ihm im Kopf zu sieden von dem Feuer, das in seinem Herzen entfacht war; das Herz war ihm aus dem Körper gewichen wie der Verstand aus dem Kopf... Die rosigen Wangen hatten die Farbe des Safrans angenommen; die weinroten Lippen waren blaßblau wie der Himmel. Die Farbe des Lebens war aus seinem Gesicht geschwunden, und an ihre Stelle waren die Insignien der Liebe getreten.»[11]

Einmal mehr wird der Held durch die Reize einer Frau aus dem Sattel geworfen und zu Boden gestreckt. Ein Hauptmerkmal der Dichtung Persiens und der von ihr beeinflußten Länder ist die besonders ausführliche Schilderung der Qualen eines un-

gestillten Verlangens, einer unerfüllten Sehnsucht und der unerwiderten Liebe, die sich allesamt der fesselnden, letztlich
grausamen sinnlichen Macht der Frau verdanken. Gurganis
Beschreibung eines rasenden Ramin, der aus Liebe zu Vis außer sich geraten ist, reiht sich ein in die Vielzahl ähnlicher
Schilderungen vom Leiden der Liebe, ein Thema, das in der
späteren persischen Dichtung eine zentrale Rolle spielen sollte
und im Gegensatz zu einer auf Abwehr bedachten Frauenfeindlichkeit steht.

Vis ist voller Gram über die Trennung von ihrem Bruder und
Gatten Viru. «Wann immer sie Moubad erblickte, zerriß sie ihren Körper anstelle ihrer Kleider; sie wollte keines seiner Worte
hören, noch sollte er ihr schönes Gesicht sehen. Sie drehte ihr
Gesicht zur Wand, und aus ihren Augen strömte eine Flut von
Tränen des Schmerzes über ihre Wangen.» Ihr Leiden wirkt
selbst wieder erregend. «So blieb sie die ganze Reise hindurch
und in Marv; der König hatte nicht einen einzigen Tag Freude
an ihr; das Gesicht von Vis war herrlich wie ein Garten – aber
ein Garten mit fest verschlossenen Pforten...»[12]

Das Gesicht, darauf hat die Psychoanalytikerin Phyllis
Greenacre noch einmal hingewiesen, ist der Spiegel der Genitalien. Wenn der Mann das Gesicht ansieht, blickt er auf die
Mutter mit dem Säugling an der Brust, zugleich auf die unsichtbaren Körperpartien der Mutter des fünfjährigen Knaben
mit dem Ödipuskomplex und auch auf die strahlende Frau, die
er umwirbt – sie sind alle aus einem Stück.

Die Amme erfährt von Vis' Bedrängnis und den näheren
Umständen ihrer Entführung durch den König und begibt sich
nach Marv, um mit ihrem früheren Pflegekind zusammenzu-
sein. Sie versucht, Vis zu trösten, rät ihr, das Leben so gut es
geht zu genießen, und weiß insbesondere die Vergnügungen
der Sinnlichkeit und der geschlechtlichen Vereinigung mit einem Mann zu rühmen. Vis verharrt jedoch standhaft in ihrem
Kummer: «Deine Worte sind wie unfruchtbare Saat; mein
Herz trägt kein Verlangen nach Wohlgeruch und Schmink-
farbe. Sackleinen sei meine Kleidung, Staub mein Thron,
Schmerz und gramvolle Seufzer seien meine Höflinge; Mou-

bad soll so wenig Freude an mir haben wie ich Ansehen durch ihn. War ich mit Viru eine Palme ohne Sproß, so bin ich jetzt ein Sproß, der keine Datteln trägt. Wenn ich einen Mann um der Begierde willen bräuchte, stünde es mir besser an, frei zu sein von aller Begier. Da schließlich Viru sein Verlangen nicht an mir stillen konnte, soll auch kein anderer Mann dieses Vergnügen genießen.»[13]

Vis bittet die Amme, einen bösen Fluch zu ersinnen, der Moubad ein Jahr impotent macht, so daß sie vor ihm ihre Ruhe hätte. Die Amme willigt widerstrebend in diesen Wunsch ein und präpariert einen Talisman, den sie in der feuchten Erde am Ufer eines Flusses vergräbt. Solange der Talisman feucht bleibt, wird Moubad impotent bleiben. Die Amme hofft, nach Ablauf dieses Jahres werde Vis sich mit Moubad versöhnen. Dann braucht sie nur noch den Talisman zu verbrennen, denn «sobald das Feuer den Riegel des Talismans verbrennt, fängt die Kerze der Männlichkeit wieder Feuer». Zum Unglück für den König kommt es jedoch zu einem Hochwasser, der Talisman wird ins offene Meer geschwemmt und Moubad bleibt für den Rest seines Lebens impotent. Selbst wenn er jetzt Vis bekommen sollte, könnte er nicht in sie eindringen, so groß ist die furchtbare Macht des Ozeans Frau, zu locken, einzulullen, zu verschlingen und zu entmannen.

In der Zwischenzeit leidet Ramin bittere Qualen und ergibt sich schwermütig all den Liebesseufzern, blutigen Tränen und traurigen Liedern einer Trennung. Nachdem er der Amme im Garten begegnet ist und sie als «Mutter» angeredet hat, fleht er sie um Hilfe an. Die Amme hegt zärtliche Erinnerungen an den ehemaligen kleinen Jungen, zögert jedoch, ihm behilflich zu sein, die Liebe von Vis zu gewinnen. Ramin entscheidet die Sache einfach dadurch, daß er die Amme umarmt und «sein Verlangen an ihr stillt». Die zuvor kalten Worte der Amme werden erwärmt in der Leidenschaft einer weiteren kaum kaschierten Verführung eines Elternteils. Durch diese fast inzestuöse Verbindung in ein anderes Reich des Bewußtseins und der moralischen Empfindungsfähigkeit entrückt, nunmehr selbst ein altgewordenes Kind der Leidenschaft, verspricht sie ihm, ihre nicht unbeträchtlichen Fertigkeiten einzusetzen, damit Ramin Vis für sich gewinnt. Gurgani bemerkt an dieser Stelle zur zeitgenössischen Meinung über Liebesbeziehungen: «Hat ein Mann einmal die Begierde einer Frau geweckt, dann sieht es für alle Welt so aus, als hätte er ihrem Kopf Zaumzeug übergestreift.»[14]

Wie in der folgenden Szene mit Vis, so besiegt auch hier Sexualität die alte Frau und bringt die Wahrheit ihrer weiblichen Natur ans Licht. Jetzt ist Ramin nicht mehr der kleine Junge für sie.

Es gelingt der Amme mit Flüchen, gutem Zureden, Schmeicheleien, lyrischen Schilderungen geschlechtlicher Freuden und mit Lobpreisungen von Ramins körperlichen und geistigen Reizen, Vis' Bedenken zu zerstreuen und sie geradezu neugierig auf Ramin zu machen. Schließlich kommt es zwischen beiden zu einer Begegnung, als der König gerade auf einer Reise unterwegs ist, und sie verlieben sich ineinander.

Gurganis Schilderung der ersten Liebesnacht spiegelt die kulturell verstärkte phallozentrische Vorstellung von einer Liebesvereinigung, bei der der Mann den erobernden Jäger und die Frau die unglückliche Beute zu spielen hat. Die Jungfräulichkeit wird als Schatz beschrieben, den der Mann begehrt und sich zum Raube nimmt. Im Geschlechtsakt wird die hochmütige Vis gedemütigt, ihre Macht wird ihr jetzt von einem noch mächtigeren Oberherrn entrissen. Die Bildersprache des Dichters ist durchtränkt von Gewalt und einer Art kriegerischer Brutalität. «Als er sich aufbäumte im Glanz seines Glückes, schob er den Schlüssel der Begierde in das Schloß der Glückseligkeit: seine Freude an der Geliebten schwang sich noch weiter empor, als er bemerkte, daß das Siegel Gottes noch unberührt auf ihr prangte. Er durchbohrte diese kostbare Perle voll süßer Weichheit und führte eine Heilige vom Altar ihrer Jungfräulichkeit hinweg. Als er den Pfeil aus der Wunde zog, waren Pfeil und Ziel gleichermaßen in Blut getaucht. Die rosengliedrige Vis war von dem Pfeil wundgeschossen, das Verlangen ihres Herzens hatte sich in dieser Verwundung erfüllt. Nachdem beide ihre Begierde gestillt hatten, wurde ihre Liebe rasch größer. In dieser Weise blieben sie zwei Monate zusammen, einzig im Genuß ihrer Glückseligkeit und des Verlangens ihrer Herzen.»[15]

Ihr eingebildeter Phallus wird ihr vom Mann genommen, der den Weg zu ihrer «wahren» Weiblichkeit zu finden weiß. Zumindest in der phallokratischen Phantasie sieht sich die Frau als Geliebte am Ende gezwungen, sich in die eigenen masochistischen Wünsche und in die sklavische Abhängigkeit vom Willen ihres Geliebten und ihres Körpers zu ergeben.

Moubad, den die Reise in das Heimatland von Vis geführt hat, schickt Ramin eine Botschaft, in der er ihn bittet, ihm Gesellschaft zu leisten und – ohne daß er von ihrer Verbindung Kenntnis hätte – auch Vis mitzubringen. Die Liebenden begeben sich zum König, aber verabreden, sich auch weiterhin heimlich zu sehen. Als der König eines Tages mit Vis in seinen Armen schläft, kommt die Amme und sagt Vis, Ramin wolle für einen Monat auf die Jagd gehen und verlange danach, die Geliebte vorher noch einmal zu sehen. König Moubad erwacht, vernimmt die Worte der Amme und ist voller Zorn über den Treuebruch. Er läßt Vis' Bruder Viru kommen und befiehlt ihm, die Amme zu bestrafen und die Schwester zu züchtigen, weil er befürchtet, von seiner Wut übermannt zu werden. «Wenn ich sie bestrafe, werde ich keine Grenzen mehr kennen. Ich werde die Augen von Vis im Feuer ausbrennen und die Amme auf dem Pfahl martern. Ich werde Ramin aus der Stadt verbannen und seinen Namen niemals wieder erwähnen. Ich werde all diesen Schändlichkeiten ein Ende machen und meine Seele von der Schmach dieser drei reinigen!»[16]

Vis zeigt jedoch keine Reue und bekennt sich sogar in Gegenwart ihres Gatten und Bruders mutig zu ihrer Liebe zu Ramin. «Ramin ist mein Erwählter in beiden Welten, er ist die Seele meines Körpers und die Seele meines Lebens; er ist das Licht meiner Augen, der Friede meines Herzens, mein Herr, Geliebter und Freund. Ich lebe nur für die Liebe. Meine Treue und Liebe zu Ramin werde ich erst in dem Augenblick preisgeben, da ich sterben muß … Ramin ist mir teurer als Shahru, teurer auch als Viru. Ich habe euch mein Geheimnis geoffenbart; seid voller Zorn oder Barmherzigkeit, wie es Euch beliebt. Wenn

Ihr wollt, so bringt mich um oder laßt mich hängen; ich habe Ramin bis jetzt nicht verlassen und werde das auch künftig nicht tun.»[17]

Bei all seinem Rasen und Toben hegt König Moubad sowohl Vis als auch Ramin gegenüber zärtliche Gefühle, ganz wie König Marke gegenüber Tristan und Isolde. Er bringt es deshalb auch nicht fertig, einem von beiden ein Leid anzutun. Er schickt Vis zur Familie ihrer Mutter. Als Ramin den Herrscher um die Erlaubnis bittet, einen Jagdausflug in das Land von Vis und Viru machen zu dürfen, ist sich Moubad über den eigentlichen Zweck des Vorhabens keineswegs im unklaren. Aber seine Zuneigung macht ihn hilflos. «Geh nun, wohin immer du magst, mögen böse Vorzeichen und ein finsteres Schicksal dich begleiten; mögen die Straßen, die du befährst, von Schlangen wimmeln und die Berge, die du überquerst, von Leoparden bevölkert sein», sagt er zu ihm. «Du hast dein Leben Vis geopfert, und auch sie stirbt vor Sehnsucht nach dir. Diese böse Art wird bei deinem Tod wieder von dir fallen, doch mit ihrer Hilfe nimmt die Hölle vor deinen Augen Gestalt an. Meine Worte sind ein wohlgemeinter Rat, herb wie der Wein, doch dir zum Guten… Nimm diese Worte nicht für müßiges Geschwätz; man treibt keine Kurzweil mit einem räuberischen Löwen! Zeigt sich eine Wolke, so kämpfe nicht gegen den Regen, sondern verlasse so schnell du kannst das Bett der Flut.»[18] Ramin beteuert Moubad, er habe nicht im Sinn, Vis zu sehen, und spricht ihm gegenüber alle gebotenen Empfindungen der Ehrerbietung aus. Nachdem er Moubad verlassen hat, begibt er sich unverzüglich zu seiner Geliebten in ihre Stadt, wo sie sieben Monate miteinander verbringen.

Von nun an geht es in dieser Erzählung um die Täuschungen an König Moubad, und es sind Täuschungen, deren sich der König nur allzu schmerzhaft bewußt ist. Trotzdem bleibt Moubad gelähmt durch seine Liebe, unfähig, den Zwiespalt seiner Gefühle von Zuneigung und Wut gegenüber den leidenschaftlich Liebenden aufzulösen und zu handeln. Er droht, bietet Bestechungsgeschenke an, fordert von ihnen heilige Eide, daß sie ihn nicht hintergehen, sperrt Vis ein, wenn er sich auf einen sei-

ner Feldzüge begibt, und doch ist alles fruchtlos. Die Liebenden schwören ihm Treue, können jedoch ihrem gebieterischen
Verlangen nicht widerstehen. Vis entkommt aus verschlossenen
Räumen, um mit dem Geliebten zusammen zu sein, und schickt
einmal – wir denken an eine ähnliche Episode in *Tristan und
Isolde* – statt ihrer die Amme in das königliche Bett, während
sie die Nacht mit Ramin verbringt. Ramin seinerseits ersteigt
die steilsten Felsen, um in eine bewachte Burg einzudringen,
oder täuscht eine Krankheit vor, wenn er den König auf der
Jagd oder bei einem Kriegszug begleitet, nur um insgeheim zu
seiner Geliebten zurückzukehren. Moubad macht sich über seinen Zustand keinerlei Illusionen, ist jedoch machtlos, etwas
daran zu ändern. Es ist ein Zustand, so könnten wir sagen, der
verschämten Vernarrtheit eines alten Mannes und der Schuldgefühle eines Vaters, der von der Schönheit einer Tochter erregt wurde. Eigentlich geht es gar nicht um die Geschichte von
Vis und Ramin, sondern um die Tragödie Moubads.

«O weh über mein Geschick! Meine Krieger, meine Schätze,
all mein Hab und Gut habe ich ohne Zahl vergeudet um meines Herzens willen; und nun bin ich meiner Hoheit und meines Herzens beraubt. Mein Herz ist dahin und mit ihm meine Geliebte; wäre es nicht besser zu sterben, da es so weit mit
mir gekommen ist! Wenn ich auch nur einen Schritt tue, um
sie zu suchen, dann ist es, als ob ein Glied von mir abfiele.
Mein Kummer ist um ein Vielfaches angewachsen, seit sogar
meine Seele mich verlassen hat ... Mag die Liebe auch nicht
mehr zum Alter passen – doch warum muß sich zu ihr noch
all diese Pein gesellen, die aus einem trübseligen alten Mann
ein Kind gemacht hat? Seht, wie weit es mit einem alten
Mann kommen kann! Einen Engel des Paradieses wählte ich
mir aus dieser Welt, und nun zieht es mich in die Hölle hinab, wenn ich von ihr getrennt bin. Je mehr ich in meinem
Herzen an ihre Grausamkeit und Tyrannei denke, desto
stärker wird meine Liebe und Hingabe für sie. Je mehr ich ihre Vergehen aufzähle, desto schlechter werde ich selbst; man
könnte meinen, daß ich sogar ihre Sünden liebe. Bevor ich

der Liebe verfiel, war ich mächtig, scharfsinnig und voll Erkenntnis. Nun, da ich liebe, bin ich schwach wie das Wasser
und unfähig, das zu erkennen, was ich mit eigenen Auge sehe! Ach, dahin ist der Ruf meiner Klugheit! Ach, in welche
Drangsale hat mich die Liebe geführt! Ein plötzlicher Wind-
stoß hat all meine Anstrengungen hinweggefegt, ein Feuer
hat meine Seele ergriffen. Geblendet ward mir das Herz
durch die Liebe, daß es keiner der Begierden dieser Welt teil-
haftig wird.»[19]

Wenn Moubad, an dem weit mehr gesündigt wird, als daß er
selbst sündigt, immer wieder zum Gegenstand der Verachtung
der Liebenden, des Autors und von sich selbst gemacht wird, so
ist das zweifellos auf die in zahlreichen Kulturen tief verankerte
Überzeugung zurückzuführen, daß erotische Liebe allein das
Vorrecht der Jugend sei und daß die Feuer der Leidenschaft in
winterkalten Körpern und müden alten Herzen keinen Platz
haben. So forderten beispielsweise noch bis in die neueste Zeit
indische und europäische literarische Konventionen, daß die
Liebe eines älteren Mannes zu einer jungen Frau, «die seine
Tochter sein könnte», Anlaß zu gutmütigem Spott oder gar offenem Hohn geben müsse. Im Lauf der Jahrhunderte ist der
Abscheu Moubads vor sich selbst als Motiv von vielen anderen
wieder aufgegriffen worden, die auch nicht in der Lage waren,
das Wiederaufflackern erotischer Erregung zu unterdrücken,
die eine späte Verliebtheit in ihrem Leben ihnen noch einmal
beschert hatte. So hat etwa im 7. Jahrhundert n. Chr. der indische Dichter Mayura in seinen Versen an eine junge Frau diese
Mischung aus leidenschaftlicher Bewegtheit und nagendem
Abscheu vor sich selbst sehr lebendig gestaltet:

«Der Pfau reckt die grüne Flamme seiner Schleppe empor
und drückt die Henne unter sich in den Staub der königlichen Schritte. Er bedeckt sie, und wir können sie kaum erkennen. Sie schreit, und er schreit; und die Kupfermonde im
grünen Freudenfeuer seiner Schleppe erlöschen; und ich bin
ein alter Mann.
Und ich als alter Schmied kunstvoller Verse bin zugleich

wie des Fischhändlers Esel, der dich aufgeregt wittert. Mag
auch der König mit seinem Gefolge vorüberziehen, es läßt
ihn gleichgültig und kümmert ihn nicht. Er steigt, und das allein kann ihn zufriedenstellen. Und er schreit laut.

Einst sagte ich meinem König, die Nacht sei hereinge-
brochen, und er meinte: ‹Es ist noch Mittag.›
Doch ich beharrte und erklärte: ‹Die langen Schatten der
Nacht sind gefallen, diese Frau hat die schweren Flechten ih-
rer Haare gelöst.›
Und er gab zur Antwort: ‹Du bist ein alter Mann, Mayura.›

Jetzt breche ich Zweige und bahne meinen Pfad, denn ich
sehe die Röte deiner Fußsohlen.
Der Regenduft der Bäume, die sich umfangen,
dringt wieder in den Kreis der Dichter,
und dein Haar ist dunkle Dämmerung, und ich bin
ein alter Mann.»[20]

Auch im Westen haben Dichter und Bühnenschriftsteller von
Chaucer bis Molière, Shaw und O'Neill das Wiederaufleben
erotischer Begierden bei älteren Männern in ähnlich tragikomi-
scher Weise gestaltet.

Vis und Ramin sehen immer wieder deutlich die Blindheit ihrer Leidenschaft, die für sie etwas Dämonisches hat, und die
Gefahren, die ihnen dadurch drohen. Dennoch sind auch sie
unfähig, ihrem und dem Schicksal aller Liebenden zu entrinnen, das sie jeder Entscheidungsmöglichkeit beraubt – außer
der einen, die von der Leidenschaft vorgegeben wird. So ist sich
beispielsweise Vis durchaus ihrer Ambivalenz gegenüber Ramin bewußt, fühlt sich jedoch gedrängt, so zu handeln, als wäre ihre Liebe zu ihm tatsächlich blind. Der Amme gegenüber
drückt sie ihre Empfindungen so aus:

«Auch wenn Ramin aller Schönheit und Anmut entbehrte,
du weißt selbst wie unwiderstehlich er als Verführer ist. Ihm
steht nichts zu Gebote als seine süßen Reden; er sucht keine
Rechtschaffenheit in der Liebe. Seine Zunge ist lieblich wie
Honig, aber sein Wesen ist bitter wie der Kürbis, wenn die
Zeit der Prüfungen kommt. In hundert Unternehmungen bin

ich mit ihm verbunden, aber keine hat Bestand; ist die Zeit
der Liebe gekommen, umgeben mich hundert Liebhaber und
habe doch selbst keinen Geliebten. Ich habe einen Geliebten,
einen Gatten und einen Bruder, in den Händen dieser drei
brenne ich in einem Feuer. Als eine, die sich mehrere Männer
zur Ehe nimmt, bin ich berühmt geworden. Leiden war der
Preis für mein Streben nach Liebe. Mein Gemahl ist nicht
wie der Gemahl anderer Frauen, mein Geliebter ist nicht wie
die Geliebten der Schönen. Warum muß ich einen Geliebten
und einen Mann haben, die meine Seele in Kummer und
Leid stürzen? Wäre das Schicksal mir gewogen, so wäre kein
anderer als Viru mein Liebster. Weder Moubad noch Ramin
wäre mein Gefährte geworden, noch wären Freunde mit
dem Gebaren von Feinden mein Teil gewesen. Der eine in
Fehde gegen mein Leben, dem Kummer gleich, der andere
wie Glas und Stein; die Zunge des einen spricht nicht aus,
was sein Herz fühlt, die Zunge des anderen ist ebenso grausam wie sein Herz.»[21]

Ramin ist trotz seiner Leidenschaft für Vis und trotz der blumi-
gen Reden, die seine unsterbliche Hingabe bekunden sollen,
weder unempfänglich für die Reize anderer Frauen noch blind
für die Gefahren seiner Liebe zu Vis. Vor die innere Wahl gestellt, ein heroisch Liebender zu bleiben oder zum romantischen Liebenden zu werden, regrediert Ramin zur heroischen
Form, als er den Rat des weisen Bihgu sucht und befolgt, der
ihm die pragmatische Version des heroischen Liebenden in der
islamischen Kultur vor Augen führt:

«Du hast die Erfüllung deines innersten Verlangens mit Vis
genossen; du hast die Frucht vom Baum der Liebe gepflückt.
Selbst wenn du sie noch hundert Jahre vor dir siehst, sie wird
dieselbe bleiben; sie ist weder eine Huri des Paradieses, noch
ist sie der Mond am Firmament. Mach dich auf die Suche,
und du findest Aberhunderte, die sie an Schönheit und Reinheit übertreffen. Wie kannst du deine Jugend und dein Leben
so nutzlos mit einer einzigen Frau vergeuden? Wenn du dir
erst eine andere Geliebte genommen hast, wirst du diese Bin-

dung in deinem Herzen für nichts erachten. Du hast außer
ihr noch keine Liebste auf Erden gekannt, nur deshalb hast
du sie vor anderen Schönheiten erwählt. Dein Auge hängt an
einem Stern, weil es den Mond noch nicht erblickt hat! Tilge
ein Verlangen aus deinem Herzen, das seine Bahn verloren
hat, suche deinen eigenen Weg. Zusammen mit deinem Bruder liegt dir die weite Welt zu Füßen, von Indien und Chi-
na bis Byzanz und zu den Barbaren. Glaubst du denn, es
gäbe kein anderes Land als die Provinz Khursasan, keine
andere Herzensschöne als die Prinzessin Vis? Suche deinen
Aufenthalt woanders, wähle aus jeder Stadt eine silber-
strahlende Schönheit. Sieh dir all diese Schönheiten an, bis du
eine Liebste findest, prächtiger als der Mond; eine Frau
von solchem Liebreiz, daß vor ihr das schöne Antlitz von
Vis deinem Gedächtnis entschwindet. Genieße dein Glück
und dein Leben und stille jedes deiner Verlangen in dieser
Welt!»²²

Keine christliche Keuschheit, sondern die phallische Ungebun-
denheit eines Mannes bietet sich an als Heilmittel für das Gift
der Leidenschaft: das konsequente Spiel der Eroberung als
Rettung vor der ungestillten Sehnsucht nach einer einzigarti-
gen und unersetzlichen Frau.

Ramin befolgt den Ratschlag des Weisen und begibt sich in
die Stadt Gurab, wo er das Mädchen Gul kennenlernt, sich in
sie verliebt und sie heiratet. Vis ist untröstlich und schreibt zehn
Briefe an Ramin, in denen sie den Schmerz der Trennung beklagt und ihrer Sehnsucht Worte verleiht, wieder mit ihm vereint zu sein. Ramin ist Guls bald überdrüssig und kehrt zu Vis
zurück.

Nach anfänglichen gegenseitigen Vorwürfen finden die Liebenden wieder zusammen und planen mit Unterstützung der
Amme, Moubad vom Thron zu stürzen. Als Moubad sich auf
der Jagd befindet, bemächtigt Ramin sich des Thronschatzes,
nachdem er dessen Wächter, seinen älteren Bruder, getötet hat.
Ehe Moubad etwas gegen diesen neuerlichen Anschlag unter-
nehmen kann, wird er von einem wilden Eber getötet, mögli-

cherweise ein aus zahlreichen anderen Mythen und Erzählungen vertrautes Symbol für das drohende Verhängnis der triebhaften Gier von Liebenden. Ramin besteigt den Thron mit Vis als Königin, und beide herrschen 80 Jahre lang über den Iran. Sinnliche Leidenschaft, Eroberungswillen und das Überleben der Tüchtigsten regieren mit ihnen – und nicht die gut gemeinte Rechtschaffenheit oder die Gerechtigkeit für unsere Taten.

Macht und Liebe in Indien

Auch in der indischen Literatur steht die Rivalität zwischen Vater und Sohn oder, allgemeiner ausgedrückt, der inzestuöse Versuch des Vaters, sich über die Schranken zwischen den Generationen hinwegzusetzen, im Mittelpunkt. Es ist nicht der Wunsch des Sohnes nach der Mutter, der irritiert. Die in den indischen Mythen verborgene Vorstellungskraft wirft ein Licht auf Strömungen, die in den mythischen Überlieferungen Europas und des Vorderen Orients verschüttet sind und erst mit den Mitteln der Psychoanalyse wieder zutage gefördert werden können. Aus diesen Gründen und weil uns kein einzelnes Epos zur Verfügung steht, werfen wir einen Blick auf die deutlicher ausgeprägten Spielarten des Vater-Tochter-Motivs anhand der indischen Literatur.

In Mythen und Volksmärchen waren unverhüllt geschlechtliche Beziehungen zwischen Vater und Tochter schon immer ein Thema von großem Interesse und wurden weit häufiger geschildert als andere inzestuöse Verbindungen. Die frühesten Schöpfungsmythen handeln beispielsweise in der Hauptsache vom Inzest zwischen Vater und Tochter. Ihnen sowie späteren Mythen und Volkssagen sind bestimmte Merkmale gemeinsam. Bezeichnenderweise wird die «unnatürliche» Begierde allein dem Vater zugeschrieben. Nur in den seltensten Fällen erwidert eine Tochter die sexuellen Annäherungsversuche des Vaters oder läßt sich bereitwillig darauf ein. Im allgemeinen versucht sie vielmehr, den Vater von seinem Vorhaben abzubringen, indem sie an sein sittliches Empfinden appelliert und auf die Unvereinbarkeit seines Wunsches mit dem *dharma*, der «Ordnung der Dinge», hinweist. Charakteristisch für die flehenden Einwände der Tochter sind etwa die Worte der Schlangengöttin Manasa, die sie im *Manasamangal* zum lüsternen Gott Schiwa spricht: «Ich heiße Padma, und du bist mein Vater, den die Menschen überall auf der Welt anbeten. Es widerspricht aller Sitte, daß ein Vater seine Tochter nimmt. O Gott der Götter, willst du wirklich diese böse Tat begehen? Wenn du deine Tochter entehrst, Hara, wird große Schande über dich kommen.»[23]

In den mündlich überlieferten Volkssagen, die vermutlich viel nachdrücklicher den Standpunkt der Frau vertreten als die eher «männlichen» literarischen Mythen einer partriarchalischen Kultur, muß die Tochter aktiv handeln, um ihre Keuschheit durch Flucht oder List zu bewahren. In einer Tamilengeschichte möchte etwa ein König seine vier schönen jungen Töchter ehelichen und befiehlt seinen Ministern, die nötigen Vorbereitungen zu treffen: «Die Minister glauben, daß er verrückt geworden ist, erheben jedoch keine Einwände, sondern versichern ihm, daß sie sich um alles kümmern werden. Danach begeben sie sich eilends zu den Töchtern, um ihnen die schlechte Nachricht zu überbringen. Die findigen Töchter beten zur Göttin Parwati, daß sie sie in einen verschlossenen Lackpalast mitten in den Urwald entführt – in einen siebenstöckigen Palast mit Wohnzimmern im ersten Stock und Nahrung und Kleidung aller Art für mehrere Jahre in den übrigen Stockwerken. Der Palast hat weder Türen noch Fenster: ein durchaus treffendes Symbol der Jungfräulichkeit. Einige Jahre sind vergangen, da streift ein Prinz durch den Urwald und vernimmt eine eigenartige Musik, die ihn zu dem Palast lockt, der sich auf wunderbare Weise öffnet und ihn einläßt. Er verliebt sich in alle vier Bewohnerinnen und heiratet sie. Die Jungfräulichkeit der Töchter konnte nur dem rechtschaffenen jungen Mann dargeboten werden, nachdem sie dem inzestuösen Vater verweigert worden war.»[24]

In den Volkssagen ist die Mutter (oder ihre Ersatzgestalt – die Göttin oder die weise alte Frau) eine heimliche, wenn auch passive Gehilfin, die dem Mädchen beisteht, seine Unschuld zu bewahren, ohne sich offen der Gewalt des Vaters entgegenzustellen oder seinen Zorn zu erregen. In den patriarchalischen Mythen fehlt sie hingegen völlig. In diesen wird der Widerstand gegen die väterlichen Wünsche im allgemeinen von Söhnen geleistet, die als dritte Partei einer Dreieckskonstellation auftreten. Wie bei den Beratern des Königs beschränkt sich ihr Handeln jedoch auf ohnmächtige Vorhaltungen, wenn sie z. B. an das ziemlich unterentwickelte Gefühl für Sitte und Anstand ihres Herrn appellieren: «Was für ein abscheuliches Vorhaben, sein Verlangen an der eigenen Tochter zu stillen!»

Auffälligerweise ist der Vater in den Mythen wie in den Volkserzählungen nicht nur von der eigenen Begierde geblendet, sondern versucht zudem, die beabsichtigte Übertretung auf die eine oder andere Weise zu rechtfertigen. Dem zu erwartenden Vorwurf einer Verletzung der sittlichen Ordnung begegnet er, indem er sich auf sein *Eigentum* beruft. In den Mythen wird die Tochter gleich Athene ohne Mitwirkung einer Mutter aus dem Körper des Vaters geboren und ist somit sein einziges und unwiderrufliches Eigentum; der Vater schafft die Tochter buchstäblich aus seinem eigenen Stoff. In einer Version des Manasa-Mythos, die von dem Anthropologen Ralph Nicholas angeführt wird, schenkt Dharma zuerst der Hindu-Dreieinigkeit Brahma, Wischnu und Schiwa das Leben, die sich an drei verschiedenen Stellen des Meeressaums zur Meditation niederlassen. «Da er die Gesichter seiner drei Söhne nicht erblickte, wurde Dharma trübselig, und er stieß einen tiefen Seufzer aus. Mit seinem Ausatmen wurde Manasa geboren; in sitzender Haltung nahm sie an seiner linken Seite Gestalt an.»[25] Manasa ist bei der Geburt androgyn, und es ist der Vater, der ihr nicht nur den Lebensatem einhaucht, sondern auch ihr Geschlecht bestimmt, indem er mit seinem Fingernagel «den Pfad (einschneidet), wo Blut fließt». Als Dharma beschließt, seine Tochter zu heiraten, befragt er zunächst seine Söhne: «Ist etwas Schlechtes dabei, die Frucht der eigenen Anstrengungen zu genießen?» Die göttlichen Söhne stimmen widerwillig bei, daß darin nichts Böses zu finden sei.

In den Volkserzählungen sind die Besitzrechte des Vaters nicht die des Gottvaters, sondern der Vollmacht eines Königs vergleichbar, der über sein Reich herrscht. In der bereits angeführten Tamilengeschichte befragt der König, der seine Töchter ehelichen möchte, zuerst seine Familie und seine Ratgeber: «Wenn ich etwas Wertvolles besitze, ist es dann recht, wenn ich es selbst genieße, oder wäre es besser, es wegzugeben?» In einer kanaresischen Erzählung, die ebenfalls von Ramanujan berichtet wird, stellt ein König, der sich in seine jüngste Tochter verliebt hat, seinen Frauen und den königlichen Ratgebern die Frage: «Wenn ein liebliches Wesen in meinem Königreich geboren wird, wem gehört es dann zu eigen?» Und die Antwort lautet: «Natürlich gehören die besten Pferde, Elefanten, Perlen, wertvollsten Edelsteine und die liebreizendsten Frauen in einem Königreich dem König.»[26]

In diesen Erzählungen, wie auch in einem gewissen Grad in denen von Tristan und Isolde und Vis und Ramin, werden die Töchter und alle Frauen gleichzeitig entwertet und idealisiert. Für den Analytiker verweisen solche Paradoxien auf den Narzißmus eines besitzgierigen Oberherrn, dem eher daran gelegen ist, sein Selbst noch besser zur Geltung zu bringen als es zu erweitern.

Im Mythos von der Schöpfung und besitzenden Verfügung über die Töchter verbirgt sich die Sehnsucht nach einer Frau, die in allem die Ergänzung des Mannes darstellt und weder ein unabhängiges Dasein führt noch eigene Wünsche hegt. Die Tochter ist gleichzeitig Gesinnungsgenossin, idealisierte Kind-Braut (und Kind-Hure), Gefährtin und die gute, versorgende Mutter. Sie ist die Mädchen-Frau, die in ganz besonderer Weise auf die fleischlichen und geistigen Bedürfnisse des Vaters eingeht und obendrein seine kindlichen Sehnsüchte und erwachsenen Begierden stillt, ohne selbst irgendwelche bedrohlichen Forderungen an ihn zu richten. Sie ist das weibliche, in den Augen der Männer das passive und kindliche Selbst des Vaters.

Diese Phantasie wird recht anschaulich in der bereits erwähnten Tamilenerzählung: «Eines Tages stehen die vier Töch-

ter auf dem Balkon des Palastes und beobachten, wie ein unge-
schickter, unmusikalischer Masseur den Körper des Königs mit
Öl einreibt und ohne jedes Rhythmusgefühl durchknetet. Die
Töchter können dieses Schauspiel, das ihr ganzes ästhetisches
Empfinden verletzt, nicht länger mit ansehen; sie kommen vom
Balkon herunter, schicken den Dilettanten fort und salben nun
den entzückten Vater selbst mit Öl, wobei sie seine Gliedmaßen
in so wohltuenden Rhythmen bearbeiten, als hätten sie wie ein
kleines Orchester Partituren vor sich.»[27] Nach dieser Salbung
des Königs durch seine Töchter entsteht sein Verlangen nach
ihnen.

Um die brennende Begierde nach der Tochter zu stillen, die
ihn verehrt wie ein kleines Mädchen und immer für ihn da ist
wie eine Mutter, ist der Vater in den Mythen auch bereit, als
Preis dafür seiner schöpferischen väterlichen Macht und seines
erhabenen Rangs verlustig zu gehen. So heißt es z. B. in einem
Mythos aus dem Matsya Purana über einen (nicht vollzogenen) Inzest:

«Als Brahma sein Schöpfungswerk begann, erschien ihm die
Göttin Gayatri in der Gestalt eines Mädchens aus einer
Hälfte des Körpers von Brahma, der sie für seine Tochter
hielt. Beim Anblick ihrer außergewöhnlichen Schönheit ent-
brannte er in Liebe... Die Söhne Brahmas, die Gayatri für
ihre Schwester hielten, äußerten darüber Unwillen und ihre
Verachtung. Gayatri begann, ihn mit Verehrung zu umgeben... Er wagte nicht, den Kopf nach ihr zu drehen, wenn
seine Söhne in der Nähe waren. Deshalb schuf er sich vier
Köpfe, die in alle vier Himmelsrichtungen blickten, so daß er
sie ohne Verlegenheit betrachten konnte. Als Gayatri Brahma in diesem Zustand erblickte, fuhr sie zum Himmel auf,
während Brahma den vieren noch ein fünftes Haupt hinzu-
fügte... Danach hatte Brahma alle Kräfte wieder verloren,
die er in seiner Askese erworben hatte.»[28]

Abgesehen davon, daß das Bild einer Tochter als alleiniges
Schöpfungswerk und Besitztum des Vaters in den unbewußten
Wünschen und Sehnsüchten der individuellen Phantasie ver-

wurzelt ist, spiegelt sich in ihm auch die Wirklichkeit der traditionellen Sozialstruktur Indiens. Wie in anderen patriarchalischen Gesellschaften hat die allgemeine Vorstellung von Frauen als dem Eigentum des Mannes das System der gesellschaftlichen Beziehungen zwischen den Geschlechtern geformt und durchdrungen. Die informellen Aspekte der Situation mögen in unterschiedlichen Regionen und historischen Epochen variiert haben. Formell ist jedoch die Herrschaft der Männer über die Frauen durchgehend als jenes Eigentumsrecht an Tochter und Frau festgeschrieben worden, das diesen eine eigene Persönlichkeit bestreitet, wenn auch gelegentlich unter Hinzufügung der für den Hindu typischen ängstlichen Besorgnis um Sauberkeit und Samenerguß. «Eine Frau und ein Kochtopf müssen stets sorgfältig verwahrt werden, denn sie werden geweiht durch die Berührung ihres Eigentümers und entweiht durch die Berührung von anderen.»[29]

Wie bei den biblischen Verboten im Buch Levitikus steht außer Frage, darauf hat Judith Herman hingewiesen, daß Verletzungen des Inzestverbots nicht etwa Verstöße gegen irgendwelche Rechte der Frau sind, sondern gegen die allein beim Mann liegenden Rechte auf Eigentum, Gebrauch und Tausch.[30] Und zum Inzest zwischen Vater und Tochter bemerkt Herman: «Damit ist es jedem Mann ausdrücklich verboten, die Töchter seiner Verwandten zu nehmen, es ist ihm jedoch nicht expressis verbis untersagt, mit der *eigenen* Tochter zu verkehren. Der patriarchalische Gott hält es für angebracht, den Inzest zwischen Vater und Tochter mit Schweigen zu übergehen.»[31] Dasselbe Schweigen findet sich auch in den uns bekannten Aufzählungen aus Indien, in denen alle verbotenen sexuellen Beziehungen angeführt sind. In einem der ausführlichsten dieser Verzeichnisse heißt es z.B.: «Hat ein Mann Geschlechtsverkehr mit einer dieser Frauen: Schwester, Mutter, Mutterschwester, Schwiegermutter, Ehefrau eines Onkels väterlicherseits oder eines Freundes oder eines Schülers, Freundin der Schwester, Schwiegertochter, Schwägerin, Frau seines wedischen Lehrers, Frau derselben *gotra*, eine schutzsuchende

Frau, eine Königin, eine asketische Frau, die eigene Amme, eine Frau beim *vrata* (religiöses Ritual) und eine Brahmanin, so macht er sich der Sünde schuldig, das Bett des Guru verletzt zu haben (Inzest). Für dieses Verbrechen ist keine andere Strafe vorgesehen als das Abschneiden des Penis.»[32]

Indische Inzestverbote unterscheiden sich von westlichen insofern, als sie über Verbote des Geschlechtsverkehrs mit Verwandten hinausgehen. Im Mittelpunkt des indischen Inzestbegriffs steht das sexuelle Vergehen gegen einen «gewichtigen» (guru) älteren Mann. Inzest ist definiert als *gurutalpabhigamana*, «die Verletzung des Bettes des Guru». Das Schwergewicht liegt weniger auf der verbotenen Sexualität des Sohnes in der Familie als auf dem Konflikt zwischen Männern verschiedener Generationen um sexuelle Rechte auf jüngere Frauen. In der hinduistischen Version vom Kampf der «Urhorde» Darwins und Freuds endet der Generationenkonflikt um die Frauen nicht mit Vatermord, sondern mit der Tötung des Sohnes. In den meisten indischen Mythen steht der Vater ursprünglich nicht einem einzelnen Sohn gegenüber, sondern einer Schar von Söhnen. Vatermord – als die Antwort des Sohnes auf den väterlichen Eingriff in seine Vorrechte – taucht äußerst selten als Konfliktlösung auf, und die folgende Erzählung stellt eher die Ausnahme als die Regel dar:

> «Prajapati, der Göttervater und Schöpfer, warf ein Auge auf seine eigene Tochter und wünschte sich mit ihr zu paaren. Indem er diesem Verlangen Worte gab, hatte er Geschlechtsverkehr mit ihr. In den Augen der übrigen Götter war dies ein Verbrechen, und so sprachen sie: ‹Wer so an seiner eigenen Tochter, unserer Schwester, handelt, der ist schuldig: durchbohrt ihn!› Rudra zielte auf ihn und durchbohrte ihn. Die Hälfte seines Samens fiel auf den Boden.»[33]

Ein Sohn kann seinem Vater Vorhaltungen machen oder sich einfach dessen Wünschen fügen. Die von der Gesellschaft bei weitem bevorzugte Verhaltensweise besteht jedoch darin, daß der Sohn von sich aus auf die Erfüllung seiner sexuellen Wün-

sche verzichtet. Das kommt einer Selbstkastration gleich, mit
der dem Vater das Recht des Sohnes auf eine eigene sexuelle
Aktivität und die Begründung einer der eigenen Generation
zukommenden Machtstellung geopfert wird.[34]

Zwei der beliebtesten Beispiele für dieses Motiv sind die Mythen von Bhishma und Yayati aus dem Epos *Mahabharata*. Obgleich diese Mythen aus einer komplizierten Abfolge von Ereignissen zusammengesetzt und von zahlreichen Themen
durchwoben sind, ist ihre zentrale Episode, die von der Kultur
in ihren literarischen und künstlerischen Schöpfungen wieder
und wieder «erinnert» wird, die Aufopferung der eigenen Sexualität durch den Sohn.

König Santanu, der Vater Bhishmas, verliebt sich in die
Tochter eines Fischers. Er geht zu ihrem Vater und bittet um ihre Hand. Dieser stimmt unter der Bedingung zu, daß der seiner
Tochter geborene Sohn das Königreich erben wird. Diese Bedingung ist für Santanu unerfüllbar. Er kehrt in seinen Palast
zurück und fällt in eine tiefe Schwermut, weil die Leidenschaft
eines alten Mannes für ein junges Mädchen unerfüllt bleibt. Als
Bhishma den Grund für den Kummer seines Vaters erfährt, begibt er sich zu dem Fischer. Er verspricht, sowohl auf den
Thron als auch auf jede Geschlechtlichkeit zu verzichten, aus
der ein Nachkomme entstehen könnte, der die Rechte der Söhne der Fischertochter bedrohen würde. Dann sagt er im Namen
seines Vaters zu der von ihm ausgezeichneten jungen Frau:
«Steigt in mein Gefährt, Mutter. Wir fahren zu unserem Haus.»
Bhishma bringt das Mädchen in die königliche Hauptstadt und
führt sie zu Santanu, der ihm zum Dank dafür verspricht, daß
sein Leben erst dann enden wird, wenn Bhishma selbst es will.[35]

König Yayati, der von einem weisen Alten verflucht wurde,
auf immer ein alter Mann zu bleiben, will ein von Sinnenlust erfülltes Leben führen und bittet nacheinander seine fünf Söhne,
ihm für tausend Jahre ihre Jugend abzutreten. Die älteren Söhne weigern sich und werden dafür vom Vater verflucht. Nur der
jüngste Sohn, Puru, willigt ein:

«Mein Herr und Gebieter, ich will tun, um was Ihr gebeten habt. Ich werde Eure Schuld und Euer Alter auf mich nehmen, o König. Nehmt meine Jugend von mir und genießt die Vergnügen, die Ihr sucht. Unter der Last Eurer Jahre und in der Gestalt Eures alten Körpers werde ich mein Leben führen, wie Ihr es wollt, und Euch meine Jugend geben.»[36]

Puru wird daraufhin von seinem Vater gesegnet und erbt später das Königreich.

Während die Macht des Freudschen Ödipuskomplexes auf den Schuldgefühlen des Sohnes wegen eines phantasierten und schließlich im Unbewußten vollzogenen Vatermords beruht, ist der «Bhishmakomplex» mit der Angst vor dem Sohnesmord verbunden. Mit der Betonung des väterlichen Neides – und damit der Verfolgungsangst des Sohnes – als einer primären Determinante des Vater-Sohn-Verhältnisses verkehrt die indische Kultur die von der Psychoanalyse unterstellte Kausalitätsbeziehung zwischen der Phantasie des Vater- und der des Sohnesmordes. Die von Bhishma gewählte Lösung der symbolischen Selbstentmannung verhindert den Neid des Vaters und befreit den Sohn vor der Urangst der Vernichtung, während sie gleichzeitig eine Möglichkeit bietet, das Band der Zuneigung zwischen Vater und Sohn unversehrt fortbestehen zu lassen. Eine anhaltende Hemmung jeder genitalen Betätigung und der Verzicht auf alle rivalisierenden Gefühle gegenüber dem Vater sind offenbar die für Indien typische Lösung des im «Bhishmakomplex» beschlossenen Konflikts.

Rückkehr zu König Ödipus

Die Geschichte von Vis und Ramin aus Persien und vergleichbare Mythen und Volkserzählungen aus Indien handeln ebensosehr von Vätern wie von Söhnen, d. h. in ihnen geht es nicht weniger um Rivalität und Gewalt als um Sexualität. Doch dasselbe läßt sich auch über den Mythos von Ödipus sagen, der Erich Fromm zufolge weniger mit Inzestwünschen oder Erotik an sich zu tun hatte als mit einem patriarchalischen Machtkampf und der Gewalt von Eltern gegenüber den eigenen Kindern.

Laios und sein Sohn Ödipus waren direkte Nachfahren von Kadmos, dem Gründer des späteren Theben. Gleich dem Atridengeschlecht war auch das Haus Kadmos verflucht, so daß seine Nachkömmlinge immer wieder Verbrechen gegen die Natur begingen. Vor diesem Hintergrund spielt sich die furchtbare Tragödie ab, die den Vater und seinen später legendären Sohn vernichten sollte. Von den Erbsünden waren zunächst nicht die Väter, sondern die Mütter und Söhne betroffen. Soweit diese Sünden die damals bestehenden Beziehungen zwischen den Generationen deutlicher machen, können sie zu einer Erklärung der sohnesmörderischen Neigung des Vaters beitragen.

Der Berg Kithairon in der Nähe der Stadt Theben, wo Ödipus kurz nach seiner Geburt zur Tötung ausgesetzt wurde, war der Ort, an dem sich bereits vor der Geburt des Ödipus ein Vergehen gegen das Gebot der elterlichen Liebe, ein Verbrechen gegen die Natur zugetragen hatte. Kadmos hatte mehrere Töchter, unter ihnen Semele und Agave. Semele wurde von Zeus begehrt und gebar ihm den Dionysos, den zwiegeschlechtigen Sybariten aus dem griechischen Götterhimmel. In einer Version der Geschichte bezweifelten die Thebaner Semeles Behauptung, ihren Sohn von einem Gott empfangen zu haben, und als Zeus ihr auf ihren Wunsch in seiner wahren Gestalt als Blitz und Donner erschien, wurde sie getötet, und Dionysos wurde sein Geburtsrecht, der Status eines Gottes, bestritten. Verwaist und gezwungen, Griechenland zu durchwandern wie nach ihm Laios und Ödipus, kehrte Dionysos schließlich nach Theben zurück, um dort Rache zu nehmen. Sein Hedonismus und seine dämonische Ausstrahlung rissen die Frauen der Stadt fort, die zu seinen bacchantischen Anhängerinnen, den Mänaden wurden.

Unter den Frauen Thebens befand sich auch Semeles Schwester Agave, die einen Sohn hatte, den damaligen thebanischen König Pentheus. In dem Bemühen, seine ganze kriegerische Männlichkeit unter Beweis zu stellen, verfolgte er die rasenden Anhängerinnen des Dionysos, um ihre Bisexualität, Wollust und Hemmungslosigkeit zu unterdrücken. Doch seinem vergeblichen Kampf gegen die Triebhaftigkeit wurde ein grausig ironisches Ende bereitet. Nach der Schilderung, die Euripides in seiner Tragödie *Die Bakchen* gibt, hat sich Pentheus, wider Willen von den dionysischen Mysterien fasziniert, in Frauenkleidern unter die Mänaden begeben. Agave und die anderen Frauen halten in ihrer wahnhaften Verblendung seine falschen blonden Haare für eine Löwenmähne und ihn selbst für ein Löwenjunges (eine aufschlußreiche Entstellung), reißen seinen Körper in Stücke und spießen sein Haupt auf einen Thyrsosstab. So geschah in Theben der erste Sohnesmord von Mutterhand. Diese im dionysischen Rausch begangene Tat, die erste einer langen Reihe von Freveln, die von Nachkommen des Kadmos verübt werden, vermag uns als symbolisches Geschehen möglicherweise etwas über die damals herrschenden Beziehungen zwischen Müttern und Söhnen mitzuteilen.

Wo Ödipus in der Lage war, das Rätsel der Sphinx, das Geheimnis des Lebens zu lösen, ging Pentheus zugrunde, weil er offenbar die eigene Triebgebundenheit, insbesondere seine Bisexualität nicht anerkennen wollte. Indem er seine eigenen Begierden leugnet, fällt er dem zum Opfer, was die Psychoanalyse sehr viel später als die kastrierende, mörderische Macht der «präödipalen» und «phallischen» Mutter bezeichnet hat. Unter ihrer Gewalt wurde dieser erste Sohn zum Weib gemacht, kastriert und vernichtet.

Doch Ödipus entkam der mütterlichen Macht nur, um einer indifferenten (wenn überhaupt «ödipalen») Mutter und vor allem einem unwissenden, schwachen, autoritären und allem Anschein nach homosexuellen Vater zum Opfer zu fallen. Es war ein Vater, der viel mit seinem Ahnherrn Pentheus gemeinsam hatte.

Als Kind war Laios selbst ausgesetzt und verfolgt worden. Sein Vater Labdakos, der thebanische König, starb, als Laios gerade ein Jahr alt war und hinterließ ihn der Obhut der Mutter. Als sein Onkel sich des Throns bemächtigte, wurde Laios vertrieben und mußte lange Zeit Griechenland durchwandern, bevor er nach Theben zurückkehren und seine Thronrechte geltend machen konnte.

Das Zusammenleben des kleinen Laios mit seiner Mutter ist ein ungeschriebenes Kapitel der Sage. Was sich jedoch später zutrug, nachdem Laios ein Mann geworden war, ist allgemein bekannt, wurde von Dichtern und Dramatikern gestaltet und läßt vermuten, daß er eine damals verbreitete Praxis ins Maßlose übertrieb. Während eines Aufenthalts in Pisa als Gast des Königs Pelops entführte er dessen unehelichen, schönen Sohn Chrysippos als seinen Geliebten. Das Erotische der Handlung, die Pädophilie an sich, war bei den alten Griechen kein Verbrechen, wohl aber der Mißbrauch der Gastfreundschaft, die Anmaßung und die Gewalttat.

Der Vater Pelops geriet darüber in großen Zorn. Er verfluchte Laios, und die Götter verurteilten ihn, lange Jahre kinderlos zu bleiben, dann jedoch von einem spätgeborenen Sohn den Tod zu erleiden, der überdies seinen Platz im Bett seiner Frau einnehmen sollte. (Der Mythos existiert in unterschiedlichen, mehr oder weniger abgewandelten Versionen.) Demnach war also das berühmte Orakel, welches das Schicksal von Vater und Sohn besiegelte, kein Produkt des reines Zufalls. In ihm kündigte sich eine Rache an – die Vergeltung für die Gewalttaten eines Mannes, der so sehr im eigenen Selbst und dessen sadomasochistischen Bestätigungen befangen war, daß er darüber die Bedürfnisse eines Knaben aus den Augen verlor. Ödipus ist vom Schicksal ausersehen, Chrysippos, sein alter ego zu *rächen*. Laios muß sterben, das ist das Schicksal seiner Generation.

Nicht alle Väter hassen und verstümmeln ihre Söhne. Nicht alle Söhne empören sich gegen ihren Herrscher-Vater, um ihn zu erniedrigen oder zu töten. Solche Taten gehören lediglich zu den lebensgeschichtlich bedingten Phantasien von Knaben. Wie wir gesehen haben, kämpft selbst der mächtige Moubad heftig mit seinen ambivalenten Gefühlen.

Der Vater und seine Söhne sind einander auch in Liebe zugetan. Diese liebevollen Gefühle machen dem Sohn seine vorbestimmte Herausforderung der väterlichen Autorität äußerst schwer und verkehren sein Verlangen, das so natürlich ist, so-

bald seine erste Liebe erwacht, in Seelenpein oder zum wenigsten in «tragische Glückseligkeit». Im folgenden Kapitel wenden wir uns der Gefühlsambivalenz in der Beziehung zwischen
Vater und Sohn zu, dem Wesen der Trauer und der Pein des
Gewissens, unter der die Betroffen wegen ihrer immer weniger erkannten Verbrechen des Herzens zu leiden haben.

6. Das Gewissen des Königs

Jeder Interpret von Liebesgeschichten sieht sich genötigt, Erzählungen, die ein Eigenleben führen und sich von daher jeder
Reduktion auf ein einziges Thema widersetzen, trotzdem in einer verengten, subjektiven Betrachtungsweise zu sehen. Geht
es in dem *Roman von Tristan und Isolde* um junge Liebe, Ehebruch oder um das – theologisch eingefärbte – Wechselspiel
von Liebe und Tod? Oder verdankt sich sein bis heute ungebro-
chener Reiz möglicherweise allen dreien und noch anderen,
weniger offensichtlichen Elementen?

Wie bei Romeo und Julia ist auch die Geschichte von Tristan
und Isolde immer wieder neu erzählt worden. Zu unterschiedlichen historischen Epochen haben die einzelnen Dichter die
Liebesverbindung natürlich nur so weit darstellen können, wie
ihre Zeit und ihre Gesellschaft die Darstellung von Liebe und
Eros duldeten. Im Verlauf sind allerdings – ästhetische wie phi-
losophische – Neuinterpretationen immer wieder auf die verborgenen und verdrängten Strömungen der herrschenden
Ideologie der Liebe gestoßen. So hat beispielsweise der Dichter
Béroul vor dem Hintergrund der höfischen Minne des 12. Jahrhunderts, die das Erotische und die spirituellen Belohnungen
einer reinen Liebe überbetonte, das *tragische* Glück der Liebenden herausgestellt – den erhabenen Verlust, den Schmerz und
die Bitterkeit einer von den Zwängen einer sanktionierten Ehe
befreiten Leidenschaft. Anders hat die Romantik zu Beginn des
19. Jahrhunderts trotz ihres äußeren Ideals der empfindsamen
Monogamie und der Dauerhaftigkeit der Liebe, des anlehnen-
den Wesens und der natürlichen Keuschheit der Frau in der un-

leugbaren Sinnlichkeit, dem Ehebruch und in der Vergänglichkeit der Leidenschaft von Tristan und Isolde zugleich auch die
Nachtseite ihrer eigenen Ideologie des Eros enthüllt.

Die moderne Vorstellung von der Liebe steht unter dem besonderen Einfluß der Psychoanalyse, die im Grunde schon immer dem sexuellen Verlangen nachgespürt hat. Von einem
Freudianer wird erwartet, daß er die tiefsten Wahrheiten über
die Liebe und den Liebenden nicht in den höheren Gefilden der
menschlichen Geistigkeit aufsucht, sondern in der Unterwelt,
im Reich der Begierden, letztlich im Unbewußten. Die kulturelle Geltung der Psychoanalyse wurzelt tatsächlich in der Vorstellung, daß die «Wahrheit» überhaupt, wie Foucault gesagt
hat, in den Tiefen der Sexualität begründet ist.[1] Für die Psychoanalyse kennzeichnend ist ihre Aussage, daß das sexuelle Verlangen bereits im Säuglingsalter vorhanden ist und in der Familie verborgen gedeiht, um sich die zärtlichen Hüter des kleinen
Kindes als Objekte zu wählen. Ihr zufolge ist die fortschreitende Lösung der Sexualität aus ihren inzestuösen oder «ödipalen»
Ursprüngen eine fundamentale Aufgabe des menschlichen Lebens. In der Tat hat der Ablauf dieser Entbindung aus der Vergangenheit weitreichende Auswirkungen darauf, wie der einzelne nicht nur mit späteren Verzweigungen auf dem Weg
seiner Begierden, sondern wie er mit dem Leben ganz allgemein fertig wird.

Ganz im Geist unseres psychoanalytischen Unternehmens
sehen wir – was dem Uneingeweihten zunächst abwegig erscheinen mag – im *Roman von Tristan und Isolde* und in der
Tragödie *Hamlet, Prinz von Dänemark* wie zuvor in der Legende von Vis und Ramin Abwandlungen des Inzestmotivs. Diese
Lesart ist keineswegs neu. In der ersten der nun folgenden Geschichten interessiert uns genau wie bei Vis und Ramin die Tatsache, daß Marke, König und Ersatzvater, gleich seinem persischen Gegenstück Moubad Anspruch auf eine «Tochter»
erhebt, eine junge Frau im selben Alter wie Tristan.

Sowohl im *Roman von Tristan und Isolde* als auch im *Hamlet*
– die in der weltlichen und religiösen Tradition des Christen-
tums der Feudalgesellschaft verwurzelt sind – wird jedoch

noch ein anderes der vielfältigen Elemente der Liebe eigens hervorgehoben: die Liebe des Vaters. Auf diesen Punkt sind wir schon früher gestoßen, etwa in der zärtlichen Beziehung zwischen Madschnun und seinem Vater oder in Moubads väterlicher Liebe zu den beiden Liebenden, eine Liebe, die in seinem Innern gegen einen kaum unterdrückbaren Vernichtungswunsch kämpft. Diesmal jedoch steht das zärtliche Band zwischen Vater und Sohn ganz im Vordergrund. So verehrt Marke den Jüngling, der eine besondere Leere in seinem Herzen ausfüllt, während Tristan ihm überreiche Dienste leistet und in tiefste Seelenqual gestürzt wird, als der Zauber der Frau, die er mutig für seinen Herrn erkämpft hat, seine Vasallentreue zunichte macht.

In der Hamlettragödie, in der es um das lebensgeschichtlich spätere Schicksal des Ödipuskomplexes geht, werden Personen durch psychische Stellvertreter, durch die Wirkkräfte der Seele, ersetzt. So kämpft Hamlet mit Inzestwünschen, die ihm verborgen bleiben, und mit moralischen Verboten, die ihn durch eine Reihe erfinderischer und unbewußter Manöver von seiner Sohnespflicht abhalten. Doch zunächst zu unserer ersten Geschichte.

Tristan und Isolde

Tristan ist das in Traurigkeit geborene Kind der Schwester von Marke, dem König von Cornwall, und dessen ergebenem Verbündeten Riwalîn. Seine Mutter ist vor Gram über den Tod des Vaters kurz nach der Geburt von Tristan ebenfalls gestorben. Er wird von Rûalt, einem Dienstmann seines Vaters aufgezogen, ohne daß dieser ihm seine wahre Herkunft verrät. Als junger Mann nimmt Tristan unter fremdem Namen Ritterdienst bei seinem Onkel, König Marke, der ihn freundlich aufnimmt, und stellt seine Tapferkeit ebenso unter Beweis wie seine Künste als Sänger und Harfenspieler. Schließlich gelangt Rûalt an den Hof, enthüllt Tristans wahre Abstammung und bestätigt damit die gefühlsmäßige Liebe, die Marke Tristan eigentlich wie ein Vater entgegengebracht hatte: «Während dreier Jahre (nach Tristans Ankunft) wuchs eine gegenseitige Zärtlichkeit in ihren Herzen auf. Am Tage folgte Tristan Marke zu den Gerichten oder zur Jagd; und zur Nacht, da er in dem königlichen Gemach unter den Vertrauten und Getreuen schlief, spielte er, wenn der König traurig war, die Harfe, um ihn zu erheitern.»[2] Anklingend an das jahrhundertealte Thema von Leila und Madschnun, das des Lieblingssohnes, dessen Vater «nicht mehr glücklich leben (kann) ohne ihn», wird Tristan bald zum Ziel des brudermörderischen Neides und der Feindschaft der anderen Ritter.

Nachdem Tristan in die Dienste König Markes getreten ist, erschlägt er den gewaltigen Ritter Morolt von Irland, den Onkel von Isolde mit dem goldenen Haar. Diese entdeckt im Schädel der Leiche einen Splitter vom Schwert des jugendlichen Siegers, den sie noch nicht kennt, und schwört ihm haßerfüllte Rache. Morolts Waffe war vergiftet, und Tristan hat aus dem Zweikampf eine unheilbare Wunde davongetragen. Da keine Hoffnung auf Rettung besteht, läßt er sich mit seiner Harfe in einem Boot aussetzen, um auf dem Meer zu sterben. Das Schicksal verschlägt ihn nach Weisefort, wo er unerkannt von Isolde gesund gepflegt wird und flieht, bevor sein Geheimnis offenbar werden kann.

König Marke wird von seinen Rittern gedrängt, eine Frau zu nehmen, die ihm einen Erben schenken soll. Marke möchte jedoch das Königreich dem geliebten Neffen vererben und auf das eigene eheliche und sexuelle Glück zugunsten Tristans verzichten. Als guter Sohn, der auf das Wohlergehen des Vaters bedacht ist, schließt sich Tristan dem Drängen der Lehensmänner an und droht, falls der König sich keine Frau suche, werde er übers Meer fahren und seine Dienste einem anderen großen König anbieten. Von allen Seiten bedrängt, verfällt Marke auf eine List. Er erklärt sich zur Heirat bereit, aber seine Erwählte sei die geheimnisvolle Besitzerin eines langen, goldenen Haares, das zwei Schwalben im Königssaal fallen ließen. Tristan erkennt jedoch darin das Haar Isoldes und bricht mit einer Schar von Getreuen nach Irland auf, um sie für den geliebten Onkel als Königin zu gewinnen.

Nachdem er zum zweiten Mal in Weisefort gelandet ist, kämpft Tristan mit einem Drachen und erschlägt ihn, bleibt jedoch, von dessen giftiger Zunge berührt, todkrank liegen. Wiederum wird er von Isolde der Blonden geheilt, deren Hand er mit seiner Heldentat erstritten hat. Sie badet und salbt ihn und ergeht sich in der Betrachtung seiner Schönheit. Während der Ritter jedoch nackt und entspannt im Badezuber liegt, entdeckt sie an seinem Schwert jene Stelle, die beim Kampf mit Morolt in dessen Schädel steckengeblieben war. Nachdem sie diesen Schwertsplitter, der sich in ihrem Besitz befindet, mühelos in das Schwert Tristans eingepaßt hat, steht außer Zweifel, daß er der Bezwinger ihres Onkels und, wie wir hinzufügen, des Herzens seiner Nichte ist. Sie schwingt das Schwert, um den Onkel zu rächen, wird jedoch von den leidenschaftlichen und edlen Worten Tristans entwaffnet und küßt schließlich den bloßen Helden statt ihn zu töten.

Auf der nun folgenden Versammlung der irischen Ritter wird Tristans Identität offenbar. Da er jedoch den Drachen erschlagen hat, überwindet er die Rachegelüste der irischen Ritter und wirbt um Isolde, allerdings nicht für sich, sondern für König Marke. Auf diese Eröffnung hin reagiert die Königstochter mehr temperamentvoll als pflichtergeben; sie ist außer sich und «zittert vor Schande und Schmerz. So verschmähte sie also Tristan, der sie gewonnen; die schöne Erzählung von dem goldenen Haar war nichts als Lüge, und einem andern lieferte er sie aus... So brachte Tristan in Liebe zu König Marke durch List und durch Tapferkeit die Königin mit den goldenen Haaren heim.»[3]

Tristan gewinnt seine Dame und verzichtet zugunsten seines Herrn – Treue in der Täuschung. Mit dieser Handlung sind noch vor dem gemeinsamen Genuß des Liebestranks alle schrecklichen Widersprüche und Verkettungen der Liebesgeschichte in Gang gesetzt. Wahrheit und Lüge, Treue und Verrat, Verdienst und Niederträchtigkeit lassen sich nicht mehr voneinander trennen. Von jetzt an treten sie immer gemeinsam auf; Tristans Treue zu Marke bedeutet Treulosigkeit gegenüber Isolde, seine Beständigkeit gegenüber der Geliebten ist ein Ver-

rat an seiner Sohnesliebe und der ritterlichen Pflicht, die er dem
Onkel und Herrn gegenüber schuldet und fühlt. Die (möglicherweise «homosexuelle») Liebe zum Vater und die heterosexuelle Leidenschaft liegen im Wettstreit miteinander.

Als sie sich auf dem hohen Meer befinden, beweint Isolde –
wie so viele Frauen vor und nach ihr – ein Schicksal, in dem ein
Ehebund gewaltsam die Bindungen eines Mädchens an die
Heimat und die Menschen zerschneidet, die sie geliebt hat und
von denen sie ihrerseits geliebt wurde. «Unter dem Zelt, wo sie
mit Brangäne, ihrer Dienerin, allein gelassen war, weinte sie in
Gedanken an ihr Land. Wohin verbrachten sie diese Fremden?
Zu wem? Zu welchem Geschick? Als Tristan sich ihr näherte
und ihr mit sanften Worten zusprechen wollte, fuhr sie empor,
stieß ihn zurück, und Haß schwoll in ihrem Herzen. Er war gekommen, der Entführer, der Mörder des Morolt; durch seine
Listen hatte er sie ihrer Mutter und ihrem Lande entrissen; er
hatte sie nicht gewürdigt, sie für sich selbst zu wahren, und nun
führte er sie heim wie seine Beute, übers Meer ins feindliche
Land!... ‹Verflucht sei das Meer, das mich trägt! Lieber würde
ich sterben in dem Lande, wo ich geboren bin, als leben dort
drüben!»⁴ Aber haßt sie Tristan nicht gerade deshalb, *weil* sie
ihn so liebt? So sehr, daß sie wie er auf alle anderen Formen der
Treue samt dem Schutz, den sie gewähren, verzichtet?

Isoldes Mutter hat ihrer Dienerin Brangäne einen Liebestrank mitgegeben, der für König Marke und seine Braut in der
Hochzeitsnacht bestimmt ist. Durch einen unglücklichen Zufall laben sich jedoch Isolde und Tristan an dem Trank, den sie
für einfachen Wein halten. «Ach, es war kein Wein; es war die
Leidenschaft, es war die bittere Freude und Not ohn Ende, es
war der Tod.»⁵ Dem beobachtenden Blick erscheint die vom
Schicksal gefügte Äußerlichkeit des Zaubertranks als Entschuldigung und Metapher für eine Invasion von innen, als Flut der
erotischen Leidenschaft, die den Damm hinwegspült, den ein
wachsames Bewußtsein oder «Über-Ich» errichtet hat. Nachdem sie den Kräuterwein getrunken haben, werden den Liebenden auf einmal die Augen für den blinden Trieb geöffnet,
den sie bereits an sich verspürt haben, der sie zueinander drängt

und den sie jetzt, in der Klarheit ihrer Trunkenheit, als unwiderruflich erkennen. Der Kunstgriff («berauschender Trank») ist notwendig in der christlichen und ritterlichen Tradition, in der Pflichtbewußtsein und Güte, d. h. das Gewissen, normalerweise über Leidenschaft und Begierde die Oberhand behalten müssen. Im Gegensatz zum Islam erlaubt das westliche Ethos nur der religiösen Leidenschaft ein legitimes Eigenleben. Und es ist eine Wahrheit: die meisten von uns unterwerfen sich eher dem Vater und den von ihm verkörperten Werten als unserem ungehemmten, allen Pflichten spottenden Verlangen.

Doch selbst als Isolde unwillkürlich jene Metaphern von Herr und Dienerin gebrauchte, die den Herzen und Zungen von Liebenden so teuer sind («du weißt es, daß du mein Herr bist... und daß ich deine Sklavin bin»[6]), ist sie sich ihres Hasses und der Qual bewußt, niemals mehr Freude ohne Schmerzen empfinden zu können. Während «eine Zärtlichkeit in ihrem Herzen (brennt), schmerzhafter als der Haß»,[7] quält sich Isolde: «‹Ach! Warum habe ich damals nicht die Wunden des siechen Spielmanns um sich greifen lassen? Warum habe ich nicht den Überwinder des Drachens in dem Schilf des Moors umkommen lassen? Warum habe ich nicht den Streich des schon gezückten Schwertes auf ihn niederfallen lassen, als er im Bade lag? Weh mir! Ich wußte damals nicht, was ich heute weiß!› ‹Isolde, was wißt Ihr heute? Was ist's, was Euch quält?› ‹Ah, alles, was ich weiß, quält mich, und alles, was ich sehe. Der Himmel quält mich und dieses Meer, und mein Leib, und mein Leben!›»[8] Stärker als bei Romeo und Julia ist die Leidenschaft der beiden Liebenden von Ambivalenz, von Liebe und Haß geprägt und entstellt.

Um den Fehltritt ihrer Herrin nicht offenbar werden zu lassen, verkleidet sich Brangäne als Isolde und opfert König Marke in der Hochzeitsnacht ihre Jungfräulichkeit, nachdem sie die letzten Tropfen des Elixiers getrunken hat. Doch auch hier steht der Trank als Symbol für die innere Leidenschaft. Mehr als alle Tränke und magischen Beschwörungen ist es die vornehme Gesinnung seines Herzens, was die zärtlichen und liebevollen Gefühle des Königs gegenüber Isolde und Tristan in

allen nun folgenden Prüfungen so beständig macht. Seine
Nachsicht läßt die schuldbeladene Qual der Liebenden um so
unerträglicher werden.

In einer Art Verfolgungswahn will Isolde ihre ergebene Dienerin Brangäne als Mitwisserin des Geheimnisses der Liebenden töten lassen, doch die zu diesem Zweck gedungenen Mörder haben Mitleid mit dem Opfer. Nachdem Treue und Moral
einmal mißachtet wurden, verlieren sie ihre Bedeutung für die
Liebenden, und damit sind auch alle ihre anderen Bindungen
und die ihnen entgegengebrachten nichterotischen Liebesgefühle gefährdet, die ihnen bislang Sicherheit gegeben haben.
Trotz des grausamen Verrats ihrer Herrin, die ihn bitter bereut
und Brangäne zurückholen läßt, versöhnen sich beide wieder.
Was, so könnten wir uns fragen, macht ihre Liebe so strahlend,
so charismatisch, daß ihnen immer wieder von denen vergeben
wird, die von ihrer blinden Leidenschaft beinahe zerstört werden? Dieselben Kräfte, von denen beide sich unwiderstehlich
gegenseitig angezogen fühlen – das Liebenswerte an ihnen –,
üben einen faszinierenden Einfluß auf alle anderen aus, von denen sie ebenfalls geliebt werden: Brangäne, Marke und später
Kaherdin.

Verräterisch gegen seinen Willen, betrügt Tristan fortwährend König Marke und leidet zugleich unter diesem Treuebruch. Im Gegensatz zu den Formen reinerer Liebe, über die
wir bereits gesprochen haben, hat seine Leidenschaft Erniedrigung statt Erhöhung zur Folge. Das liegt an den ungewollten
Qualen, die mit ihr verknüpft sind, und an den Schuldgefühlen
und Selbstvorwürfen, die sie auslöst. Tristan fühlt sich von beiden bewogen, sich zu öffnen und auszuliefern – aber er kann es
nicht bei beiden. Er spricht sich sein Urteil selbst, da Marke es
unterläßt, ihn konsequent zu bestrafen und ihn damit von seinen Gewissensbissen zu erlösen, die an die Stelle seiner Verehrung getreten sind. Nachdem der Zaubertrank den beiden Liebenden die Augen geöffnet hat, klagt Tristan:

«‹Ach! Viel schlechter bin ich, und es ist nicht sein (König
Markes) Land, nach dem ich begehre! Teurer Oheim, der Ihr

mich Waisen liebtet, bevor Ihr noch das Blut Eurer Schwester Blancheflûr in ihm erkanntet; der Ihr mich zärtlich beweintet, als Eure Arme mich auf die Barke ohne Ruder und Segel trugen, teurer Oheim, warum habt Ihr nicht vom ersten Tage an das verirrte Kind von Euch gejagt, das gekommen ist, Euch zu verraten? Ach, wohin denk ich? Isolde ist Euer Weib, und ich bin Euer Vasall. Isolde ist Euer Weib, und ich bin Euer Sohn. Isolde ist Euer Weib und darf mich nicht lieben.›»[9]

Jetzt, wo ihn «in der Glut seines Fiebers die Sehnsucht wie ein Roß, das keinem Zügel gehorcht, zu den wohlverwahrten Türmen hin (zog), welche die Königin umschlossen hielten»,[10] kann jedoch die sexuelle Rivalität zwischen Vater und Sohn nicht länger geleugnet werden. Der Gedanke, vor dem er anfangs zurückschreckte, ist längst in die Tat umgesetzt worden. Tristans Selbstanklage verrät einiges vom Leiden des schuldbeladenen «ödipalen Knaben». Der Konflikt verdirbt ihn. «Gewiß, edler Oheim», seufzt er insgeheim, «strömt mein Körper jetzt den Geruch eines weit abstoßenden Giftes aus, und Eure Liebe vermag nicht mehr Euren Abscheu zu übersteigen.»[11] Aber auch Isolde liegt in Fieberträumen, «es ist ihr, als ob sie sich erhebe und zur Tür laufe; aber auf der dunklen Schwelle haben die Verräter große Sicheln aufgestellt; die geschliffenen neidischen Schneiden hemmen ihre zarten Knie. Es ist ihr, als ob sie falle und als ob aus ihren durchschnittenen Knien zwei rote Springbrunnen sich ergössen.»[12] Wenn auch nicht weniger masochistisch, so sind dies dennoch andere Empfindungen als die verletzende Selbstauslöschung, wie sie von unseren präödipalen Liebenden verherrlicht wird, die von ihrem Geliebten verschlungen und absorbiert werden möchten. Im psychoanalytischen Sprachgebrauch ist dies ein «moralischer Masochismus», die Ergebung in den Willen des geliebten Vaters und in das Über-Ich als dessen seelischen Prägestempel.

Und wie steht es mit Marke, der sich in einer ungewollten erotischen Rivalität mit seinem angenommenen Sohn Tristan befindet? Er ignoriert alle Anzeichen der heimlichen Liebe, die er sieht oder auf die er von Tristans verräterischen Widersachern aufmerksam gemacht wird, und hält an seiner Naivität und damit an seinem Vertrauen zu beiden fest. Immer wieder säen die «Schurken in Haß gegen Schönheit und Frohmut» (auch wenn sie die Wahrheit sprechen) die Saat des Zweifels und der Eifersucht in das Herz des Königs, während es den ehebrecherischen Liebenden immer aufs Neue gelingt, das Vertrauen des Königs zurückzugewinnen. Offenbar erfordert Güte die willentliche Selbsttäuschung des väterlichen Königs, das Augenzwinkern des Einverständnisses gegenüber denen, deren Fürsorge ihm obliegt.

Marke verdient es, geliebt zu werden – er ist der gute, leichtgläubige, nichtsahnende Vater, der sich mit der Verleugnung der verräterischsten Anzeichen des Herzens seines Kindes selbst beruhigt. Er bringt es einfach nicht über sich, den an ihm begangenen Verrat sich einzugestehen, selbst dann nicht, als er schließlich nach dem beharrlichen und lautstarken Protest seiner Gefolgsleute, die ihn an die Pflichten seiner «Ehre» erinnern, als Herrscher zum Handeln gezwungen ist, sich der aufsässigen Liebenden zu entledigen.

Nachdem Tristan seinen Häschern durch einen kühnen Sprung von einer hoch überm Meer gelegenen Kapelle entkommen ist und die vor dem Flammentod verschonte, aber in die Gemeinschaft der Aussätzigen verbannte Isolde gerettet hat, alles ebenso erotische wie masochistische Metaphern, hausen die Liebenden schließlich in den Wäldern, wo sie sich immer kümmerlicher ernähren und bald nur noch wie die Tiere leben. Ogrin, ein asketischer Eremit, fordert wie ein Guru Tristan zur Buße auf und setzt hinzu: «Den Verräter an seinem Herrn, man soll ihn von zwei Pferden zerreißen lassen, ihn auf dem Scheiterhaufen verbrennen; wo seine Asche niederfällt, da wächst kein Kraut mehr, und die Arbeit des Landmanns ist eitel; Baum und Gras verderben davon.»[13]

Die Drohung eines immerwährenden Opfers und der ewigen Verdammnis ist schrecklicher als die Bestrafung mit dem Tod oder jegliche sogenannte «Kastrationsdrohung». Tristan wendet ein, Isolde gehöre dem König nicht mehr, weil dieser sie den Aussätzigen anheimgegeben habe, aber irgendwo in seinem Innern anerkennt er dennoch zutiefst Markes Vorrecht als König und als Älterer, das noch durch das Hochzeitsgelübde legitimiert wird. Als der König sie nach dem Verrat eines Wildstellers in ihrer Hütte schlafend überrascht, angekleidet und ein blankes Schwert zwischen ihren Körpern, nimmt Marke sich innerlich ihrer an und deutet die Waffe zwischen den Schlafenden als Beweis ihrer Keuschheit. Einmal mehr hat es den Anschein, als könnte die Wirklichkeit der Ehre einfach nichts anhaben, und nach wie vor bleibt es für Marke unvorstellbar, daß ein geliebter Sohn erfolgreich eine Frau begehrt, die seinem Vater gehört. Alle bisherigen eindeutigen Beweise für seine Hahnreischaft – die Blutspuren Tristans zwischen seinem und Isoldes Bett, nackte Körper, die einander umschlungen halten – verflüchtigen sich, als verlören sie jede Substanz vor Markes Wunsch, zu vertrauen und freizusprechen. Überdies scheinen die Keuschheit und die erneute Achtung ehelicher und verwandtschaftlicher Tabus in geheimnisvoller Weise die Jugendfrische und Lebenskraft der Liebenden wiederzubeleben, und sie vor der Entfremdung eines Daseins ohne die Gnade und Verzeihung des Vaters Marke zu bewahren. In diesem Epos und seinen verschiedenen Versionen beruht das Erotische wesentlich auf der spannungsvollen Unerreichbarkeit und dem impliziten Inzesttabu, wobei der von außen hinzukommende Liebestrank die Funktion hat, den Helden und seine Geliebte von jeder niederdrückenden, betäubenden Schuld zu entlasten und zugleich die Gewissensbisse in ihrem Inneren immer nagender und unbarmherziger zu machen.

Das grandiose «ödipale» Drama erreicht einen Höhepunkt, als der König der schlafenden Isolde Tristans Ring vom Finger zieht und Tristans Schwert an sich nimmt und statt dessen sein eigenes Insignium und Werkzeug der Macht zurückläßt – eine zutiefst symbolische Handlung. Er tritt zur «Urszene» der jungen Liebenden hinzu und bekundet mit seinem Schwert zwischen ihren Körpern seine Gegenwart, so daß jede sexuelle Handlung – das Eindringen wie das Empfangen – notwendig seine Ansprüche deutlich machen wird. Als der König sich entfernt, hat Isolde im Schlaf einen Traum, der von Markes Anrecht an ihrer Person Zeugnis ablegt: «Sie lag unter einem kostbaren Zelt inmitten eines großen Waldes. Zwei Löwen stürzten sich auf sie und kämpften um ihren Besitz... Sie schrie auf und erwachte... Auf den Schrei sprang Tristan auf die Füße, wollte sein Schwert ergreifen – und erkannte an dem goldenen Knauf das des Königs.»[14]

Der Traum hat sich in vielen Einzelheiten als wirklich erwiesen. Danach und nach des Königs Beweis für seine zärtliche Nachsicht hegt Tristan den Wunsch, wieder in Markes Gefolge einzutreten und ihm als seinem «Herrn und Vater» zu dienen, und nur der Gedanke daran, daß er ihm dann auch Isolde überlassen muß, läßt ihn noch zaudern. Er wird von Trauer und Schuldgefühlen übermannt, als er sich mit der Geliebten Betrachtungen über das Mitgefühl des Königs hingibt und sich um so mehr nach dessen umfangender und erhöhender Liebe sehnt. Die Qual der Liebenden, die Markes Obhut entbehren, ist nicht geringer als die seine im Angesicht ihres verwerflichen Tuns; sowohl er als auch die Liebenden möchten einen Zustand wiederherstellen, in dem alle drei gegenwärtig und guten Willens sind. Ehre, sexuelles Verlangen und vielleicht die stärkere homosexuelle Begier, in der sie verankert sind, üben einen Druck aus, der der offensichtlicheren erotischen Flut Einhalt zu gebieten vermag, von der die Liebenden mitgerissen werden. Schließlich muß Tristan in die Verbannung gehen, während Isolde an Marke zurückgegeben und im Haus ihres Gatten und Herrn willkommengeheißen wird.

Abermals beginnen die heimlichen Begegnungen der Liebenden und die dafür nötigen Listen, und sie schmieden ein Komplott, um ihre Unschuld unter Beweis zu stellen. Tristan erscheint in immer neuer Verkleidung, und immer wieder gibt sich Marke leichtgläubig. Als man die beiden endgültig trennt, flieht Tristan nach Wales und sendet Isolde als Boten einen kleinen Hund, der ein Wunderglöckchen trägt, das an die Harfenklänge erinnert, die ihn einst zu ihr geführt haben; ein Andenken, das im kleinen sein geringeres, hilfloseres, elendes Selbst verkörpert und auf seine endgültige Ergebung verweist. Aller Bindungen ledig, nunmehr fast ein Nomadenleben führend, hat er mehrfach den Bannkreis der Schuld betreten und wieder verlassen und ist in ein psychologisch gesehen ursprünglicheres Reich zurückgekehrt. Jetzt erst erinnert Tristan an unsere anderen liebenden Männer – an Romeo oder Madschnun.

In der Bretagne lebt er gequält und einsam, heiratet dann aber, nachdem er wiederum einen Kampf siegreich bestanden hat, eine andere Isolde – Isolde die Weißhändige. Dennoch bleibt er an die erste Isolde – die wirkliche, die erste Liebe – gebunden. Die zweite Isolde ist trotz all ihrer Schönheit nur ein schwacher Ersatz, und Tristan kann die Ehe nicht vollziehen. Er hat Isolde die Blonde des «Verrats» beschuldigt, weil sie sich dem König hingegeben hat, beklagt jedoch nunmehr den eigenen Verrat an ihr. Dieser Nichtvollzug seines Ehegelübdes, der die eifersüchtige Wut einer verschmähten Frau anstacheln wird, besiegelt das Schicksal der Liebenden. Wieder ist es das eheliche Band, diesmal jedoch sein eigenes und nicht das von König Marke, das sich der tieferen Verbindung der Liebenden in den Weg stellt, und wiederum gehen Verletzungen des Herzens mit solchen der gesellschaftlichen Ordnung einher und lassen jede Entscheidung darüber zweideutig werden, wer und was eigentlich verletzt wird. Das Hauptthema des *Romans von Tristan und Isolde* – wem gehört Isolde wirklich? – erfährt eine geringfügige Modifikation: welcher Isolde schuldet Tristan nun die Treue? Welche der beiden Frauen besitzt ihn? Bezeichnenderweise hat er seinen Körper für Isolde die Blonde bewahrt, der seine Seele gehört.

Er bekennt seine tiefe Treue, die er durch sein Verhalten für kurze Zeit Lügen gestraft hatte, und bricht damit Isolde der Weißhändigen das Herz. In Begleitung seines Schwagers Kaherdin, der – trotz seiner Verpflichtung gegenüber der Schwester – der Wahrheit unerlaubter und deshalb reiner Liebe und dem Edelmut seines Schwagers den Vorrang einräumt, macht sich Tristan auf die Reise nach Cornwall zu Isolde. Zunächst im Gewand eines Aussätzigen, später in einer ebenso niedrigen Verkleidung als Narr trifft Tristan Isolde, trennt sich wieder

und trifft sie erneut. Erniedrigt und verspottet kriecht Tristan
des Nachts aus seinem schmutzigen Verschlag in das Zimmer
der Geliebten, da Schuld, Seelenpein und ein nicht bezwingba-
rer Trieb seine Ritterlichkeit mehr und mehr zunichte machen.
Aus dem «heroischen» ist endgültig der «romantische» Liebende geworden. Auch Isolde will jetzt den Liebestod. Gleich dem
Geliebten fleht sie darum, aller anderen Bindungen entledigt zu
werden, um in ewiger, blinder Vereinigung dahinzutreiben –
ein verlorenes und wiedergewonnenes Paradies. «Mein
Freund», sagt sie zu Tristan, «schließe deine Arme und umfan-
ge mich so eng, daß in deiner Umarmung unser beider Herzen
brechen und unsere Seelen entweichen! Führe mich in das
glückselige Land, von dem du einst sprachst: in das Land, aus
dem niemand wiederkehrt, wo himmlische Musikanten Lieder
singen, ohn Ende. Führe mich dorthin!»[15]

Nachdem er aus seiner Heimat vertrieben ist, steht ihm der
Tod bevor, den Brangäne ihm und Isolde nach dem Genuß des
Liebestranks geweissagt hatte; Tristan wird aus einem Hinter-
halt mit einer vergifteten Lanze verwundet und fühlt sein Ende
nahen. Er bittet Kaherdin flehentlich, Isolde aufzusuchen und
ihr, wie es scheint, nicht die ganze Wahrheit zu sagen, um sie
zu bewegen, mit ihm zu kommen: «Nehmt diesen Ring: er ist
ein Erkennungszeichen zwischen ihr und mir. Und wenn Ihr an
ihrem Lande ankommt, geht als ein Handelsmann an ihren
Hof. Bietet ihr seidene Stoffe an und laßt sie dabei diesen Ring
sehen: alsbald wird sie einen Vorwand finden, Euch insgeheim
zu sprechen. Dann sagt ihr, daß ich sie von Herzen grüße; daß
sie allein mir Labung bringen kann; sagt ihr, daß, wenn sie
nicht kommt, ich sterbe; sagt ihr, daß sie unsrer vergangener
Freuden gedenken solle, und der großen Kümmernisse und der
großen Traurigkeiten, und der Wonnen und Süße unserer tap-
fern und zarten Liebe; daß sie sich des Trankes erinnern solle,
den wir gemeinsam tranken auf dem Meer; ach! es war unser
Tod, den wir getrunken haben! Daß sie des Schwures gedenken
solle, den ich ihr geleistet habe, nie eine andre zu lieben als sie:
ich habe mein Versprechen gehalten!»[16] Hat er das wirklich?

«Weiberzorn ist ein fürchterlich Ding». Isolde die Weißhän-

dige pflegt ihren Gatten aufopferungsvoll und plant dabei insgeheim ihre Rache. Tristan läßt sich hoch auf die Felsenklippen
tragen, wo er das Meer überblicken kann, und harrt dort aus
wie einst Ägeus, der auf das weiße Segel des von Kreta heim-
kehrenden Sohnes Theseus gewartet hat. Währenddessen befindet sich Isolde die Blonde auf einem Schiff auf dem stürmischen Meer und träumt von einem blutigen Eberkopf, der ihren
Rock besudelt – möglicherweise ein Menstruationssymbol und
darüber hinaus eine Weissagung fehlgeleiteter Leidenschaft
und äußerster Trostlosigkeit. Der Kopf des Ebers ist zugleich
das Haupt Tristans, der Traum eine Vorahnung seines Todes,
und Isolde weiß, daß sie den Geliebten nicht mehr lebend an-
treffen wird. Tatsächlich wird dieser von seiner Frau getäuscht,
die ihm wahrheitswidrig gleich Medea von einem schwarzen
statt von einem weißen Segel berichtet, das sie angeblich ge-
sichtet hat. Auf diese Nachricht bringt Tristan nur noch ein
viermaliges «Isolde, meine Freundin» hervor und stirbt. Während Isolde die Weißhändige ihre aus der Eifersucht geborene
Missetat bejammert, tritt Isolde die Blonde zu dem Leichnam
Tristans, küßt die Augen des toten Geliebten und stirbt ebenfalls.

Im Leben voneinander getrennt, werden die Liebenden jetzt
in ihrem Liebestod vereint, obwohl der kummervolle Marke
versucht, ihre Gräber voneinander zu trennen, abermals ein Beleg für die Unwiderstehlichkeit ihrer drangvollen Leidenschaft.
Schließlich verzichtet Marke auf seine Rechte und zollt dem
ewigen Leben der im Tod vereinten Liebenden seinen Tribut.

«Als König Marke den Tod der Liebenden erfuhr, kreuzte er
das Meer und ließ, in der Bretagne angelangt, zwei Sarko-
phage kunstvoll fertigen, den einen aus Chalzedon für Isolde, den andern aus Beryll für Tristan. Er brachte ihre geliebten Überreste auf seinem Schiff nach Tintajôl. Bei einer
Kapelle, zur Linken und zur Rechten der Apsis, senkte er sie
in zwei Gräber. Aber während der Nacht wuchs aus Tristans
Grab ein grünender, blattreicher Brombeerstrauch, mit starken Ranken, mit würzigen Blüten, der, über die Kapelle hin-

überwachsend, sich in das Grab Isoldes einsenkte. Die Land-
leute schnitten den Strauch weg: am folgenden Tag war er
von neuem gewachsen, gleich grün, gleich blühend, gleich
üppig, und überwucherte von neuem die Ruhstatt Isoldes der
Blonden. Dreimal versuchte man ihn zu zerstören; vergebens. Endlich hinterbrachte man Marke das Wunder: der
König verbot, den Brombeerstrauch fortan zu beschnei-
den.»[17]

Hamlet, Prinz von Dänemark

Hamlet ist vermutlich weit «ödipaler» in seinem Inhalt als selbst
König Ödipus, wie Freuds Schüler Ernest Jones zutreffend bemerkt hat.[18] Wir alle kennen dieses düster brütende Stück mit
seinem schwarzgekleideten Prinzen, dessen Selbstquälerei auf
eine höhere metaphysische Komplexität verweist, die ihn in
Verbindung mit einer besessenen Maßlosigkeit «von des Ge-
dankens Blässe angekränkelt» macht. Er ist ein Mann auf der
Suche nach Wahrheit, aber in seinem Handeln vom Konflikt
gelähmt. Nachdenklich und scharfsinnig, aber betäubt, weist er
kaum Ähnlichkeit mit Tristan auf – er ist komplizierter und
langsamer in seinem Handeln. Dennoch, so meinen wir, ist der
Zwiespalt der Gefühle des melancholischen Dänen eng verwandt mit dem des in Traurigkeit geborenen Tristan. Da ihr eine sichtbare romantische Liebe fehlt, ist die Geschichte Hamlets die subtilste von allen, eine, in der Liebende nur für das
geistige Auge und obendrein nur im Unbewußten des Helden
existieren. Es ist die Geschichte von Inzestwünschen und geheimnisvoller Schuld.

Vor dem Hintergrund eines dramatischen Geschehens läuft
gleichzeitig ein inneres Drama ab, das gelegentlich den Anfor-
derungen des wirklichen Lebens zuwiderläuft. Hamlet leidet an
einer «Neurose», einer Geschichte heimlicher Liebe, die sich
erst in der psychoanalytischen Deutung offenbart. Derartige
Geschichten, so wissen wir seit Freud, von dem auch die Be-
zeichnung «infantile Neurose» stammt, sind universell, stehen
am Ende unserer ödipalen Auseinandersetzungen und ver-

schaffen uns allen eine Phase der Latenz, bevor der Trieban-
sturm der Pubertät uns unsere Sinnlichkeit zurückruft.

Shakespeares Geschichte beginnt wie viele andere mit einem
Fest, zugleich hochzeitlich und triumphal. Der alte König
Hamlet von Dänemark ist eines scheinbar natürlichen Todes
gestorben, in Wirklichkeit jedoch, wie sich bald zeigt, ermordet
von der Hand seines Bruders, des jungen Hamlets Onkel Claudius, der sowohl den Thron als auch die Schwägerin Gertrude
begehrt hat. Während die Hochzeit gefeiert wird, bleibt Hamlet, Sohn, Neffe und Stiefsohn, in dumpfem Brüten versunken
abseits.

Ihn beschäftigt weniger, daß Claudius als der neue König
gefeiert wird, während eigentlich er der rechtmäßige Throner-
be gewesen wäre. Vielmehr kreisen seine Gedanken um den
Treubruch seiner Mutter und ihre Sexualität. Er verzehrt sich in
Beschreibungen ihrer Lüsternheit und ihres Verrats.

«Bevor das Salz höchst frevelhafter Tränen
Der wunden Augen Röte noch verließ,
War sie vermählt! – O schnöde Hast, so rasch
In ein blutschänderisches Bett zu stürzen!
Es ist nicht und es wird auch nimmer gut.
Doch brich, mein Herz! Denn schweigen muß
mein Mund.»[19]

Der Tod seines Vaters, der Verlust des Königreichs, Staatsan-
gelegenheiten, das alles liegt jenseits seines verdüsterten Ge-
sichtskreises, während er immer wieder auf den ehelichen
Treubruch der Mutter und ihre fehlende Trauer zu sprechen
kommt.

«... Hing sie doch an ihm,
Als stieg' das Wachstum ihrer Lust mit dem,
Was ihre Kost war. Und doch, in einem Mond –
Laßt mich's nicht denken! – Schwachheit, dein Nam' ist
Weib!»[20]

«Schwachheit, dein Nam' ist Weib!», dieses Zitat klingt auch
bei Freud wieder an, wenn er behauptet, daß sich unter dem

Einfluß eines geschickten Verführers die Werte und das Selbstgefühl einer Frau verändern; von Shakespeare jedoch ist es eher ironisch gemeint. Hamlet ist selbst so «schwach». Allerdings hat seine Schwäche einen anderen Ursprung und rührt aus einem Übermaß statt aus einem Mangel an Selbstkritik, aber sie stellt auch seine Männlichkeit in Frage. Sexualität wird für ihn zu etwas Widerwärtigem oder, in Hamlets Worten, zu «verworfnem Unkraut». Der Zuschauer kann sich indessen des Eindrucks nicht erwehren, daß Hamlets hartnäckige Herabsetzung der mütterlichen Sexualität ein tiefes inneres Interesse verrät – an ihr und an seinem Vater. Und gegen dieses Interesse hat er sich gewappnet, nicht gegen den Usurpator.

Hamlets Glorifizierung des toten Vaters entspricht seiner Liebe zu ihm. Er verherrlicht ihn, als ob Hamlet in das Bild des toten Königs verliebt wäre. Als der neu gekrönte König und die Königin – in den Augen Hamlets sind sie bereits Heuchler, obwohl er von ihrer Tat noch gar nichts weiß – die Szene verlassen, vergleicht Hamlet den Eindringling mit seinem Vater als «Satyr gegen Apoll», der im Angesicht der Schönheit des anderen nicht nur häßlich, sondern auch besonders und unverhohlen sinnlich wirkt.

Es gibt noch einen weiteren Aspekt in der Idealisierung des Vaters durch Hamlet, in dem sich die Wirkungsweise seines eigenen grausamen Gewissens offenbart. In der zweiten Szene des ersten Akts wünscht Hamlet eine Art Selbsterniedrigung oder Selbstaufhebung auf sich herab, eine Erlösung aus der Anspannung, an der er leidet:

> «O schmölze doch dies allzu feste Fleisch,
> Zerging' und löst' in einen Tau sich auf!
> Oder hätte nicht der Ew'ge sein Gebot
> Gerichtet gegen Selbstmord!»[21]

Als Psychoanalytiker haben wir gelernt, daß eine Selbstaufgabe dieser Art, die an die Selbstkastration in unseren indischen Mythen erinnert, sich als eine weniger blutrünstige Lösung für die inneren Konflikte anbietet, die sich aus den Schuldgefühlen ergeben. In diesem Fall bedeutet Verweiblichung einen Kompromiß im Ringen der «Instanzen» des seelischen Apparats – dunkle Begierden und ein unnachgiebiges Gewissen – und nicht die grundsätzliche Hingabe an die Macht einer Frau. Hamlet phantasiert sich nicht darum in die Rolle einer Frau, weil er ihre fleischlichen Vorzüge bewunderte, sondern weil er ihren Platz in der Zuneigung des Vaters einnehmen möchte. Er wäre Hamlet dem Älteren wahrscheinlich eine treuere Gattin gewesen als seine Mutter.

Wie eine Vorahnung, ein flüchtiger Bote aus dem kollektiven Unbewußten, ist Hamlets Freunden zweimal ein Geist erschienen, von dem sie ihm Bericht erstatten. Dieser Geist ist keineswegs eine unsichtbare Gestalt, wie ein moderner, uneingeweihter Zuschauer vielleicht annehmen würde. Im Dänemark Hamlets bestanden das Ethos der Fehde und der Blutrache, das an das antike Griechenland erinnert, und das der christlichen Barmherzigkeit – oder zumindest der gerechten Strafe für eine Todsünde – rivalisierend nebeneinander. Auch wenn dieser Geist eher ein christliches Gewissen anspricht, so ist er doch ein Bote und eine Erscheinung der Vergangenheit, in der dem Vater oder dem König und nicht dem Heiligen Geist Bündnistreue geschuldet wurde. Er spricht als Versucher Hamlets und fordert ihn auf, den mörderischen Eingriff in seine Geschlechterfolge zu rächen und damit möglicherweise Gefahr zu laufen, aus dem Schoß einer gerade emporsteigenden christlichen Gottheit verbannt zu werden. Mit dieser Aufforderung zur Rache wird zugleich die grüblerische Neigung des jungen Prinzen und Philosophen in Frage gestellt.

Während er auf die dritte Erscheinung des Geistes wartet, nimmt Hamlet in seinen Gedanken bereits vorweg, was er von ihm erfahren wird. Er reflektiert über die unentrinnbare Sünde aller Menschen, die Erbsünde, unter der wir alle ungeachtet unserer Taten leiden. Freud hat einige Jahrhunderte später diesen Gedanken in *Das Unbehagen in der Kultur* wieder aufgegriffen, wo er die merkwürdige Äquivalenz von Wunsch und Tat erörtert und über ihre gemeinsamen vorzeitlichen Ursprünge in den Schuldgefühlen wegen der Tötung des Urvaters und in der gemeinsamen rituellen Sühne spricht.[22] Hamlet spürt,

daß er genau wie der Missetäter Claudius aus irgendeinem
dunklen Grund durch den Verrat, an dem er keinen Anteil hat,
schuldig ist.

Die Szene mit dem Geist mutet besonders traurig an, weil sie
nicht nur den Mord und den ehelichen Treubruch an Hamlets
Vater zur Sprache bringt, sondern auch dessen Ausschluß von
der Gnade. Für kurze Zeit hat er seine ruhelose nächtliche
Wanderung unterbrochen, die ihn von seinen Sünden läutern
soll, um dem Sohn seine Drangsal mitzuteilen.

> «... Ich bin deines Vaters Geist:
> Verdammt auf eine Zeitlang, nachts zu wandern,
> Und tags gebannt, zu fasten in der Glut,
> Bis die Verbrechen meiner Zeitlichkeit
> Hinweggeläutert sind. Wär' mir's nicht untersagt,
> Das Innre meines Kerkers zu enthüllen,
> So höb' ich eine Kunde an, von der
> Das kleinste Wort die Seele dir zermalmte.
> Dein junges Blut erstarrte, deine Augen
> Wie Stern' aus ihren Kreisen schießen machte,
> Dir die verworrnen krausen Locken trennte
> Und sträubte jedes einzle Haar empor
> Wie Nadeln an dem zorn'gen Stacheltier:
> Doch diese ew'ge Offenbarung faßt
> Kein Ohr von Fleisch und Blut ...»[23]

Mit anderen Worten, Hamlets Vater wurde umgebracht, bevor
er seine Sünden bereuen und Buße tun konnte, und ist deshalb
dazu verdammt, die Vorhölle der Unterwelt rastlos zu durchstreifen. Diese ihm auf ewig angetane Grausamkeit ist das Verbrechen, das Hamlet zusammen mit dem Königsmord und dem
Ehebruch rächen soll.

Nachdem der Geist die Geschichte seiner Ermordung im
Garten erzählt hat, wo Claudius ihm während des Schlafs das
tödliche Gift ins Ohr träufelte, stachelt er Hamlet zur Rache an
und ermahnt ihn: «Gedenke mein!» Doch Hamlet steht wie gelähmt durch die Erniedrigung des Vaters im Tod und durch die
Enthüllungen jenes großen Mannes, mit dem er sich so sehr

identifiziert. Wenn ein Mann wie er den Stand der Gnade verlieren kann, was wird dann, so fragt sich der Prinz, seine eigene
gerechte Strafe sein – vor allem angesichts der Ahnungen, die
er von seinen eigenen unheiligen Wünschen und Begierden hat.
Sein «Sehnen» beschwört er, nicht zu «altern»: «Tragt fest mich
aufrecht!» In aufrechter Haltung will er seine Blutgier stillen.
Paradoxerweise ist jedoch gerade das Gebot, Rache zu nehmen, die Ursache seiner Lähmung. Mit der Erektion im Dienste der Aggression und der Ehre schwellen zugleich seine sexuellen und inzestuösen Wünsche an. Da sie sich immer
deutlicher bemerkbar machen und Schuldgefühle auslösen,
wird Hamlet impotent.

Der Geist hat Hamlet gewarnt, «Laß Dänmarks königliches
Bett kein Lager für Blutschand' und verruchte Wollust sein.»[24]
Nun aber gibt er die Empfindungen seines eigenen Sohnes wieder, wenn er voller Mitgefühl und bewegt von der noch immer
empfundenen Zuneigung zu seiner Frau die Worte spricht:

«Doch, wie du immer diese Tat betreibst,
Befleck dein Herz nicht; dein Gemüt ersinne
Nichts gegen deine Mutter; überlaß sie
Dem Himmel und den Dornen, die im Busen
Ihr stechend wohnen...»[25]

Dem Geist ist es um Rache zu tun, während Hamlet mit seinem
unerlaubten Verlangen kämpft. Er wird mit Hilfe verschiedener
Schliche feststellen, ob die Worte des Geistes der Wahrheit entsprechen – er kann ja auch der böse Versucher sein –, und
Claudius' Schuld beweisen. Doch diese Listen und sein Grü-
beln über die Entdeckung der Treulosigkeit treiben ihn nur
noch tiefer in die eigenen Konflikte. Gerade die «Umwege»,
die er beschreitet, führen ihn zur Wahrheit über sich selbst.
Gleich Ödipus schaudert er am Ende vor der Erkenntnis, daß
das Böse draußen in der Welt in unserem eigenen Innern haust.
Er wird den Versuch machen, seiner Schuld zu entgehen, indem er seine Mutter und letztlich alle Frauen wegen der Begierde und der Rivalität anklagt, die sie in den Herzen der
Männer anstacheln.

Nach der Begegnung mit dem Geist begibt sich Hamlet weder in sein Zimmer, um seine Rache zu planen, noch in das Schlafgemach von Gertrude und Claudius, um sie sogleich auszuführen. Statt dessen geht er zu seiner geliebten Braut Ophelia, der Tochter des königlichen Oberkämmerers und Schwester des Laertes. Seine Verwirrung und sein Mißtrauen bekümmern sie zutiefst, und sie erzählt ihrem Vater von seinem Zustand:

> «Als ich in meinem Zimmer näht’, auf einmal
> Prinz Hamlet – mit ganz aufgerißnem Wams,
> Kein Hut auf seinem Kopf, die Strümpfe schmutzig
> Und losgebunden auf den Knöcheln hängend;
> Bleich wie sein Hemde; schlotternd mit den Knien;
> Mit einem Blick, von Jammer so erfüllt,
> Als wär’ er aus der Hölle losgelassen,
> Um Greuel kundzutun – so tritt er vor mich…
> Er griff mich bei der Hand und hielt mich fest,
> Dann lehnt’ er sich zurück, so lang sein Arm;
> Und mit der andern Hand so überm Auge,
> Betrachtet’ er so prüfend mein Gesicht,
> Als wollt’ er’s zeichnen. Lange stand er so;
> Zuletzt ein wenig schüttelnd meine Hand
> Und dreimal hin und her den Kopf so wägend,
> Holt’ er solch einen bangen tiefen Seufzer,
> Als sollt’ er seinen ganzen Bau zertrümmern
> Und endigen sein Dasein. Dies getan,
> Läßt er mich gehn…»[26]

Hamlet täuscht, wie wir wissen, Wahnsinn vor. Aber darüber hinaus sucht er nach Spuren des Verrats, nicht nur bei seiner Mutter, sondern bei allen Frauen. Polonius trifft trotz seiner Einfältigkeit den Nagel auf den Kopf, als er das Geheimnis von Hamlets scheinbarer Verrücktheit benennt:

> «Dies ist die wahre Schwärmerei der Liebe,
> Die, ungestüm von Art, sich selbst zerstört
> Und leitet zu verzweifelten Entschlüssen

So oft als irgendeine Leidenschaft,
Die unterm Mond uns quält. Es tut mir leid...»[27]

Da Polonius nicht weiß, was sich vorher abgespielt hat, muß ihm auch verborgen bleiben, daß diese scheinbare «Schwärmerei» für Ophelia in Wirklichkeit eine Verschiebung der Liebe Hamlets zu seiner Mutter darstellt. Die Liebe wird um so heftiger, wie sie von der moralischen Verurteilung durchsetzt und vermischt wird. Trotzdem ist Hamlet nicht dem Wahnsinn zum Opfer gefallen, sondern einem neurotischen und erotischen Konflikt. Mit anderen Worten, er ist seit der Begegnung mit dem Geist seines Vaters von einer inzestuösen Leidenschaft und einem mörderischen Drang ergriffen, hin und her gerissen zwischen seiner verhängnisvollen Besessenheit und der bangen Qual des Gewissens. Zum Teil, um sich selbst zu entrinnen, wird er zunächst die Sexualität Ophelias und aller anderen Frauen als die Wurzel allen Übels beklagen und nichts anderes als Treulosigkeit von ihnen erwarten.

Der König und die Königin sind nach dem Verbrechen, dessen Last sie gemeinsam tragen, nur allzusehr auf der Hut. Ob Gertrud an dem Mord selbst beteiligt war, bleibt offen – die Anzeichen sprechen eigentlich dagegen. Jetzt aber handelt sie ganz im Interesse ihres neuen Herrn. Sie schicken Rosenkranz und Güldenstern aus, zunächst, um Hamlet zu suchen, später jedoch mit dem Auftrag, seinem Leben und damit seinen hartnäckigen Nachforschungen ein Ende zu machen. Die Gefühle der Königin bleiben ebenso wie ihr Handeln zweideutig. Was empfindet sie wirklich für ihren eigenen Sohn, dessen Wohlergehen – wie sie beteuert – ihr so sehr am Herzen liegt, während die Sorge um ihn vor der Leidenschaft zu ihrem Geliebten und dem Wunsch nach seinem Überleben verblaßt? Daß sie ihren Mann nach seinem Tod zum Hahnrei macht, ist gleichbedeutend mit der emotionalen wie politischen Enterbung ihres Sohnes. Sie hat mit dem Vater zugleich auch den Sohn verraten und verlassen.

Aber auch die Aufrichtigkeit von Hamlets Liebe zu Ophelia bleibt trotz seiner Beteuerungen – «Zweifle... nur an meiner

Liebe nicht» – für uns unklar. Romantische Liebe setzt ganz
wie Eltern- oder Kindesliebe Vertrauen, Hoffnung und ein
Ethos der «Idealität» voraus. Nach der Enttäuschung durch
seine Mutter schwindet auch das Vertrauen zu seiner Verlobten. Er macht sie zur Zielscheibe seines nicht mehr zu unter-
drückenden Sadismus und Grolls. Tatsächlich beginnen die
Bande der Familie, Freundschaft und Verlobung überall zu reißen, da Hamlet den Vater, die Mutter, die Geliebte und seine
früheren Gefährten Rosenkranz und Güldenstern verliert. Seine «Objektwelt», die Bilder seiner Lieben, entleert sich oder
trägt alle Anzeichen eines fortschreitenden Verfalls. Den Tiefen der inneren Finsternis ausgesetzt, jeglichen Trostes durch
menschliche Güte beraubt, wird Hamlet zum Zyniker, und sein
Zynismus nährt wiederum das Brüten über sich selbst. Psychoanalytisch gesprochen werden seine erwachsene Sexualität und
seine Bereitschaft zur leidenschaftlichen Versenkung in den anderen auf eine frühere Stufe zurückgeworfen, wodurch deren
«orale und analsadistische» Vorläufer freigelegt werden, Bilder
einer «Gottheit, die Aas küßt». Das Mißtrauen gilt nicht nur allen anderen Menschen, sondern auch den eigenen Impulsen.
Das Gefühl der Verlassenheit schürt seine Wut noch weiter und
macht ihn grausam und abweisend.

Durch Gewissensnot gelähmt, hilflos herumirrend wie ein
verstoßenes Kind, sich in wirklichem oder phantasiertem Abfall
suhlend, verliert Hamlet zusehends allen Tatendrang. Er ist ein
«Schurk' und niedrer Sklav'», träge und lustlos, unfähig, Trauer und Wut zu spüren. Er wird zum Gefangenen seines Gewissens. Statt zu handeln, steht er wie gebannt zwischen den
furchtbaren Kräften und Gegenkräften, die ihn und seine Absichten beherrschen.

Er fragt sich selbst, «Bin ich 'ne Memme?» und empfindet die
Gleichgültigkeit, mit der er die ganze Zeit den Verletzungen
seiner Ehre begegnet ist. Genauer gesagt, so läßt sich seinen
Worten entnehmen, fürchtet sich Hamlet und verkriecht sich
vor seinen inneren Anklägern. Er spricht auf blaß geahnte
Mächte an, wenn er fortfährt:

«Ich hege Taubenmut, mir fehlt's an Galle,
Die bitter macht den Druck, sonst hätt' ich längst
Des Himmels Gei'r gemästet mit dem Aas
Des Sklaven. Blut'ger, kupplerischer Bube!
Fühlloser, falscher, geiler, schnöder Bube!»[28]

Gewalttätigkeit und Lüsternheit fallen in dieser Schmähung des Claudius zusammen. Würde Hamlet jedoch, so können wir folgern, zur Tat schreiten und Zerstörung mit Zerstörung beantworten, dann müßte er zugleich auch seine eigene heimliche Sexualität und – wie wir meinen – seine Begierde nach der Mutter einbekennen.

In seinem Selbstbild stattet er sich nicht nur mit abscheulichen, sondern auch mit «weiblichen» Zügen aus und vergleicht sich mit einer billigen Metze:

«Ha, welch ein Esel bin ich! Trefflich brav
Daß ich, der Sohn von einem teuren Vater,
Der mir ermordet ward, von Höll' und Himmel
Zur Rache angespornt, mit Worten nur,
Wie eine Hure, muß mein Herz entladen
Und mich aufs Fluchen legen wie ein Weibsbild,
Wie eine Küchenmagd!»[29]

Die verweiblichenden Folgen der romantischen Liebe haben in Hamlets Fall weniger mit einem bestimmten Wunsch nach Vereinigung zu tun als mit der Unbarmherzigkeit des bestrafenden «Über-Ich». Wie wir von Freud wissen, ist unser Gewissen in seinem wesentlichen Aspekt Abkömmling der Kastrationsdrohung, die in der kindlichen Phantasie vom Vater ausgeht; deshalb kann es uns, wenn es sich bemerkbar macht, in unserer Männlichkeit bedrohen.

In seinem berühmten Monolog stellt Hamlet Betrachtungen über das Leben und den Selbstmord an und beweist beachtliche Fähigkeiten der Selbstdiagnose. Er versucht sich die Qualen vorzustellen, die ihn in der Unterwelt ebenso wie seinen toten Vater überkommen werden. Mit dem Schlaf schließlich kommt auch der Traum, eine Wunscherfüllung im Sinne der Freudschen Vorstellung vom Seelenleben, der «Königsweg zum Un-

bewußten» und zu seinen gefürchteten Inhalten. Deshalb wird
die von der Selbstzerstörung verheißene Vollendung, obgleich
als «Ziel aufs Innigste zu wünschen», durch den inneren Konflikt unterbrochen:

> «Was in dem Schlaf für Träume kommen mögen,
> Wenn wir den Drang des Ird'schen abgeschüttelt,
> Das zwingt uns stillzustehn…
>
> … Wer trüge Lasten
> Und stöhnt' und schwitzte unter Lebensmüh'?
> Nur daß die Furcht vor etwas nach dem Tod –
> Das unentdeckte Land, von des Bezirk
> Kein Wandrer wiederkehrt – den Willen irrt,
> Daß wir die Übel, die wir haben, lieber
> Ertragen als zu unbekannten fliehn.
> So macht Bewußtsein Feige aus uns allen;
> Der angebornen Farbe der Entschließung
> Wird des Gedankens Blässe angekränkelt;
> und Wagestücke hohen Flugs und Werts,
> Durch diese Rücksicht aus der Bahn gelenkt,
> Verlieren so der Handlung Namen…»[30]

In diesem Zustand, ganz ähnlich dem, der sich nach der Begegnung mit dem Geist an ihm zeigt, trifft Hamlet erneut auf
Ophelia. Er mißtraut ihrer Schönheit als etwas in sich Verloge-
nem, als einem Zeichen der verräterischen Natur der Frauen,
die ihn an den Treubruch der Mutter gegenüber dem Vater und
ihm selbst erinnert. Er beneidet das, was ihm als die Leidenschaftlichkeit einer Frau erscheint – er sucht noch immer und
überall seine Mutter. Die Arglosigkeit Ophelias, ähnlich der
Unbefangenheit seiner Mutter in ihrer Schwäche gegenüber
körperlichem Verlangen, steht in krassem Gegensatz zur Maßlosigkeit seiner Selbstbezichtigungen, und das treibt ihn noch
tiefer in die Verzweiflung.

Hamlet bereitet die Aufführung eines Theaterstücks («was
wie die Ermordung meines Vaters») für Gertrud und Claudius
vor, um auf diese Weise die schuldigen Akteure seines eigenen
Schicksals überführen zu können: «Das Schauspiel sei die

Schlinge, in die den König sein Gewissen bringe!»[31] Als die Königin (im Schauspiel) ihrem Mann ewige Treue gelobt, sagt Gertrud auf Befragen Hamlets: «Die Dame, wie mich dünkt, gelobt zuviel.»[32] Nicht lange, und die Liebe des ehelichen Paares endet im Stück wie in Gertruds Leben mit Untreue und Mord. Claudius kann der für ihn qualvollen Szene auf der Bühne nicht standhalten. *Sein* Gewissen läßt ihm den Ruf nach Licht entfahren, eine Anspielung auf eine spätere Enthüllung, die ihn schließlich von der Last seines bedrückenden Geheimnisses befreien und zugleich der gerechten Bestrafung ausliefern wird.

Selbst in diesem Augenblick hält sich Hamlet, statt Claudius zu verfolgen, an seine ehebrecherische Mutter. Trotz der verzweifelten Mahnungen des Geistes drängt es ihn danach, *ihr* Gewissen zu erforschen, und so begibt er sich in ihr Zimmer.

> «... Still! Jetzt zu meiner Mutter!
> O Herz, vergiß nicht die Natur! Nie dränge
> Sich Neros Seel' in diesen festen Busen!
> Grausam, nicht unnatürlich laß mich sein;
> Nur reden will ich Dolche, keine brauchen.
> Hierin seid Heuchler, Zung', und du, Gemüt:
> Wie hart mit ihr auch meine Rede schmäle,
> Nie will'ge drein, sie zu versiegeln, Seele!»[33]

In Erwartung Hamlets hat sich Polonius im Gemach der Königin hinter einem Vorhang verborgen, um Zeuge der Begegnung mit Gertrud zu sein. Hamlet stürzt ins Zimmer. Ohne daß ihr die Doppeldeutigkeit und Anmaßung in den eigenen Worten auffiele, wirft Gertrud ihm vor: «Dein Vater ist von dir beleidigt.»[34] Darauf entgegnet Hamlet durchaus zutreffend: «Mutter, mein Vater ist von Euch beleidigt.» Sie beschuldigt ihn einer «losen» und er sie einer «bösen» Zunge, und als sie klagt: «Habt Ihr mich ganz vergessen?», antwortet er ebenso rätselhaft wie vieldeutig: «Nein, bei der *Rute*, das nicht!»[35]

Im Vordergrund seines Denkens stehen Familienbeziehungen: «Ihr seid die Königin, Weib Eures Mannes Bruders, und – wär' es doch nicht so! – seid meine Mutter.»[36] Hamlet möchte ihr einen Spiegel vorhalten, um ihr Innerstes zu entdecken, während Gertrud aus Angst, er könnte sie umbringen, um Hilfe ruft. Jetzt macht sich auch Polonius bemerkbar, und Hamlet ersticht ihn durch den Vorhang hindurch, nur um zu entdekken, daß es der unglückliche, ahnungslose Oberkämmerer und nicht Claudius war, den er getötet hat.

Das ist der Höhe- und zugleich Wendepunkt im Drama Hamlets. Von unbewußter inzestuöser Leidenschaft hingerissen, hat er zum ersten Mal aus Motiven, die ihm noch unzugänglich oder nur schemenhaft bewußt sind, blind und übereilt gehandelt. Die Tat – das Töten des Lauschers Polonius – ist, wie wir glauben, die verschobene Inszenierung eines Vatermords und einer Rache, die er schon so lange vergessen hat. Es ist ein existentieller Augenblick, in dem Hamlet die Fesseln seines Gewissens sprengt und die Möglichkeit zum Handeln erkennt. Paradoxerweise kann er erst durch diese Tötung die sittliche Verantwortung für die Tat und die mit ihr verbundene Absicht auf sich nehmen.

Nachdem er für sich selbst gehandelt hat, versucht er eindringlich, an das Gewissen seiner Mutter zu rühren. Als sie sich seinen Vorwürfen gegenüber unwissend stellt, beschuldigt Hamlet sie der Heuchelei und gibt ihrer Niedertracht, die ihr selbst das Urteil spricht und beide Eltern in den Augen des Sohnes ihres Glanzes beraubt hat, die Schuld an seiner Gemütsverfassung. Noch einmal zeigt er ihr das Bild seines herrlichen Vaters:

«Seht, welche Anmut wohnt auf diesen Brau'n!
Apollos Locken, Jovis hohe Stirn,
Ein Aug' wie Mars, zum Droh'n und zum Gebieten,
Des Götterherolds Stellung, wann er eben
Sich niederschwingt auf himmelnahe Höh'n;
In Wahrheit, ein Verein und eine Bildung,
Auf die sein Siegel jeder Gott gedrückt,
Der Welt Gewähr für einen Mann zu leisten.»[37]

Die Verehrung der körperlichen Vorzüge seines Vaters mutet in diesem Zusammenhang seltsam an und läßt an den «negativen

Ödipuskomplex» eines Knaben denken, der eine «homosexuelle» Liebe zum Vater als Abwehr seiner eigenen Inzestwünsche
gegenüber der Mutter/Frau entwickelt, die ihn fasziniert und
anzieht. Doch wie wir bereits bemerkt haben, ist diese Liebe
Hamlets zu seinem Vater zugleich auch aufrichtig. Gegenüber
seinem Vater erscheint ihm Claudius wie eine «brand'ge Ähre»,
und die reine Triebhaftigkeit seiner Mutter bringt ihn zur Verzweiflung:

> «Die Weide dieses schönen Bergs verlaßt Ihr
> Und mästet Euch im Sumpf? Ha, habt Ihr Augen?
> Nennt es nicht Liebe! Denn in Eurem Alter
> Ist der Tumult im Blute zahm; es schleicht
> Und wartet auf das Urteil: und welch Urteil
> Ging' wohl von dem zu dem?»[38]

Er beschuldigt sie der Schamlosigkeit und vergleicht dabei ihre
alternde Sinnlichkeit mit der seinigen, was eine Ahnung davon
vermittelt, wie stark die Zurückweisung, die er von ihr erfahren
hat, noch in ihm nachwirkt.

> «... Wilde Hölle,
> Empörst du dich in der Matrone Gliedern,
> So sei die Keuschheit der entflammten Jugend
> Wie Wachs und schmelz' in ihrem Feuer hin;
> Ruf keine Schande aus, wenn heißes Blut
> Zum Angriff stürmet; da der Frost ja selbst
> Nicht minder kräftig brennt und die Vernunft
> Den Willen kuppelt.»[39]

Seine Worte haben Gertrud tief getroffen, und sie erwidert:

> «O Hamlet, sprich nicht mehr!
> Du kehrst die Augen recht ins Innre mir,
> Da seh' ich Flecke, tief und schwarz gefärbt,
> Die nicht von Farbe lassen.»[40]

Hamlet kann sich jedoch nicht mehr zügeln, so sehr ist er von
der Vorstellung ihrer Sexualität überwältigt.

(Hamlet)	«Nein, zu leben
	Im Schweiß und Brodem eines eklen Betts,
	Gebrüht in Fäulnis; buhlend und sich paarend
	Über dem garst'gen Nest –
(Königin)	O sprich nicht mehr!
	Mir dringen diese Wort' ins Ohr wie Dolche.
	Nicht weiter, lieber Hamlet!
(Hamlet)	Ein Mörder und ein Schalk; ein Knecht, nicht wert
	Das Zehntel eines Zwanzigteils von ihm,
	Der Eu'r Gemahl war; ein Hanswurst von König,
	Ein Beutelschneider von Gewalt und Reich,
	Der weg vom Sims die reiche Krone stahl
	Und in die Tasche steckte.
(Königin)	Halt inne!»[41]

Als wollte er eine bevorstehende Vergewaltigung oder einen Mord verhindern, erscheint der Geist, die Stimme des Gewissens und der nachsichtigen Vergebung, und gebietet Hamlets sadomasochistischem Angriff auf die Tugend der Mutter Einhalt. Er erinnert Hamlet an seinen «abgestumpften Vorsatz» und bittet ihn, zwischen seine Mutter und «ihre Seel' im Kampf» zu treten, um ihr die furchtbaren Qualen zu ersparen, die für sie in ihrer Schwäche noch viel unerträglicher sind.

Als die Königin gewahrt, wie Hamlets Aufmerksamkeit ganz durch die für sie unsichtbare Erscheinung gefesselt ist, hält sie ihn einfach für wahnsinnig. Ihre Naivität und ihre Grobheit der Empfindungen erscheinen fast als Beleg für Freuds frühe Meinung von Frauen, die ihm die Feindschaft von Feministinnen eintrug, daß nämlich Gewissen und Rationalität der Frauen im allgemeinen weniger ausgebildet, weniger «unpersönlich» und erhaben seien als die der Männer – der «geschickten Verführer» –, denen sie ihre wankelmütige Treue schulden und die auch für eine von ihnen unabhängige Moral einstehen.[42]

Gleichzeitig ist Gertrud gleich der Königin Phädra, auf die wir im folgenden Kapitel zu sprechen kommen werden, viel irdischer als ihre männlichen Gegenspieler. Sie ist sich des Reichs

der Triebe und der Sinnlichkeit weit stärker bewußt als ihr
Sohn und interpretiert deshalb Hamlets Kummer auch anders:
«Dies ist bloß Eures Hirns Ausgeburt; In dieser wesenlosen
Schöpfung ist Verzückung sehr geübt.» Das Wort «Verzükkung», ein Anklang an die «Schwärmerei», von der Polonius
gesprochen hatte, erschließt nicht nur ihr, sondern nunmehr
auch Hamlet eine neue Einsicht in die Natur *seiner* Begierden:
«... Verzückung? Mein Puls hält ordentlich wie Eurer Takt,
spielt ebenso gesunde Melodien.»[43]

Sie sind fast in einen Zustand der körperlichen Vereinigung
eingetreten, und die Gegenwart des Geistes dient als willkom-
mene Zügelung der verheerendsten aller Leidenschaften und
seelisch-geistigen Anspannungen. Auf eine Weise berührt, die
sein Verstand allein nicht fassen kann, fleht Hamlet seine zur
Buße nicht bereite Mutter an, damit sie nicht der ewigen Verdammnis anheimfalle:

«... Mutter, um Eu'r Heil!
Legt nicht die Schmeichelsalb' auf Eure Seele,
Daß nur mein Wahnwitz spricht, nicht Eu'r Vergehn;
Sie wird den bösen Fleck nur leicht verharschen,
Indes Verderbnis, heimlich untergrabend,
Von innen angreift. Beichtet vor dem Himmel,
Bereuet, was geschehn, und meidet Künft'ges...»[44]

Als würde er mit einem Mal einer tieferen Strömung unter seinem maßlosen Moralismus gewahr, der angestrebten Rettung
seiner Mutter, der in Sünde gefallenen Frau, bittet er sie:

«Vergebt mir diese meine Tugend; denn
In dieser feisten, engebrüst'gen Zeit
Muß Tugend selbst Verzeihung flehn vom Laster,
Ja kriechen, daß sie nur ihm wohltun dürfe.»[45]

Die Königin, an ihre Sündhaftigkeit erinnert, die sie selbst
möglicherweise vergessen hat, fühlt ihr Herz von Hamlet entzweigespalten, der ihr rät, den schlechteren Teil davon wegzu-
werfen.

Nun wendet er sich dem Leichnam des Polonius zu und be-

dauert seine Tat, ohne sie jedoch zu bereuen, und sieht sie als
etwas Schicksalhaftes an.

> «... der Himmel hat gewollt,
> Um mich durch dies und dies durch mich zu strafen,
> Daß ich ihm Diener muß und Geißel sein.
> Ich will ihn schon besorgen und den Tod,
> Den ich ihm gab, vertreten.»[46]

Hamlet fühlt auch jenseits aller Überlegung, daß es seine Bestimmung oder zumindest seine Situation so will, daß er an den
Sünden der Welt und des Herzens leidet, denen er sonst entrinnen würde. Keiner kann ein Leben ohne Schuld führen: wer es
dennoch versucht, wie Hamlet bisher, muß auf jegliches Handeln verzichten.

Hamlet schleppt den Leichnam des Polonius fort. Seine
überstürzte Tat hat ihn befreit, so daß er von jetzt an mit mehr
Bedacht handeln kann. Er nimmt seine Schuld auf sich und
kann sie ertragen. Indem er sich zu ihr bekennt, wird Hamlet
zu einem Mann von dieser Welt, zu einem würdigen Nachfolger eines großen Königs.

> «... Wahrhaft groß sein heißt
> Nicht ohne großen Gegenstand sich regen;
> Doch einen Strohhalm selber groß verfechten
> Wenn Ehre auf dem Spiel.»[47]

In einer gewissen «realpolitischen» Haltung ergibt sich Hamlet
von nun an dem Schicksal. Vielleicht bedeutet die Verbannung
zu diesem Zeitpunkt eine Erleichterung für ihn, der sich so unerbittlich zu Gertrud hingezogen fühlt. Gleich Jokaste, der
Mutter des Ödipus, die sich der Eifersucht ihres Gatten unter-
warf, willigt Gertrud in den Anschlag des Claudius auf das Leben ihres einzigen Kindes ein und verrät im Interesse ihres
Selbstschutzes ihre Mutterpflichten.

Nachdem Hamlet seinen Bewachern auf abenteuerliche
Weise entkommen ist, hat er eine grundlegende Wandlung er-
fahren: er ist nicht mehr befangen in seinen Impulsen und
Hemmungen und blickt den drängenden Aufgaben des Lebens

wieder ins Auge. In einem Brief, der dem König durch einen Boten überbracht wird, redet ein ruhigerer, zielbewußterer Hamlet den Thronräuber ironisch und rätselhaft an: «Wisset, daß ich nackt an Euer Reich ausgesetzt bin.» Auch stutzen wir bei dem Wort «nackt». Wir wissen jedoch, daß Hamlet inzwischen den düsteren Habitus des grüblerischen Moralisten abgelegt hat und sich nun weit mehr zum Handeln gedrängt fühlt. Rosenkranz und Güldenstern erfahren diese Entschlossenheit. Hamlet fälscht den von ihnen mitgeführten Brief dergestalt, daß nicht er, sondern sie das Opfer des Anschlags werden.

In der Zwischenzeit ist die schöne Ophelia, überwältigt von dem Mord ihres Verlobten an ihrem Vater, einem wirklichen Wahnsinn von der Art verfallen, wie Hamlet ihn nur vorgetäuscht hat. Sie ist, in den Worten des Königs, «Getrennt von sich und ihrem edlen Urteil, ohn' welches wir nur Bilder sind, nur Tiere.»[48]

In dieser Atmosphäre des – realen und phantasierten – Inzests und Vatermords kann keine wahre Liebe blühen. In dem Versuch, sich ihrer Unschuld und Liebe zu vergewissern, ertrinkt Ophelia, die sich mit Kränzen aus vielerlei Blumen geschmückt hat, darunter auch «tote Mannesfinger». Es sind Fangarme, die aus dem Grab – ihres Vaters und des ermordeten Königs – nach ihr greifen. Sie stürzt ins Wasser und stirbt. In diesem Teil der Tragödie spielen Metaphern des Wassers überhaupt eine besondere Rolle.

Auf dem Meer erfuhr Hamlet einen Wandel seiner Persönlichkeit. Dort, wo er sich auch des Petschafts seines Vaters bedient, ist er schließlich imstande, sich mit ihm zu identifizieren und die eigene und die Sexualität des Älteren zu akzeptieren, nachdem er dies bereits der Mutter gegenüber gelernt hat, und damit auch die Bürde der Erbsünde auf sich zu nehmen. Die Verführbarkeit und Unmoral einer Frau ist für ihn nichts Erstaunliches und Abstoßendes mehr. Dasselbe gilt im Hinblick auf ihn selbst, denn Hamlet hat seine eigene Triebgebundenheit entdeckt. So sagt er zu Horatio:

«... mich dünkt', ich läge
Noch schlimmer als im Stock die Meuter. Rasch –
Und Dank dem raschen Mute! – Laßt uns einsehn,
Daß Unbesonnenheit uns manchmal dient,
Wenn tiefe Pläne scheitern; und das lehr' uns,
 Daß eine Gottheit unsre Zwecke formt,
Wie wir sie auch entwerfen...»[49]

Anschließend schildert er ihm seinen Verrat an Rosenkranz und Güldenstern. Sie rühren sein Gewissen nicht, wie er sagt, «ihr Fall entspringt aus ihrer eignen Einmischung.» Hamlet lähmt sich nicht länger, indem er unter den Missetaten anderer leidet. Erst so wird er frei für die Erfüllung seiner Sohnespflichten. Nachdem er sich mit seinem königlichen und doch irdischen und somit sündhaften Vater identifiziert hat, einem aggressiven und triebhaften Mann, gibt Hamlet seinen furchtsamen Moralismus auf zugunsten eines Ethos der Wahl, des Handelns und der persönlichen Verantwortung.

«... ist's nicht vollkommen billig,
Mit diesem Arme dem den Lohn zu geben?
Und ist es nicht Verdammnis, diesen Krebs
An unserm Fleisch noch länger nagen lassen?»[50]

Hamlet stellt diese Frage rhetorisch, für sich hat er sie längst beantwortet. Er akzeptiert den Preis, den er entrichten muß, und läßt nicht zu, daß die moralische Entrüstung des Laertes die seine in den Schatten stellt. Es folgt ein verhängnisvolles Duell zwischen Hamlet und Laertes, in dessen Verlauf die Königin, der König, Laertes und Hamlet selbst sterben – sein Tod ist die einzig mögliche Lösung seines quälenden Konflikts. Nachdem seine inzestuösen Bande zusammen mit den Fesseln eines unerwachsenen Gewissens gesprengt sind, kann Fortinbras von ihm sagen, daß Hamlet, wenn er noch lebte, sich «höchst königlich bewährt» hätte.

Als eine primäre Gefahr der Liebe haben Schuldgefühle in der Entwicklung der Psychoanalyse einen besonders herausragenden Platz eingenommen. Es waren die Schuldgefühle seiner

Patienten und seine eigenen, wobei sich die letzteren in bestimmten hysterischen und hypochondrischen Besorgnissen nach dem Tod seines Vaters äußerten, die Freud bewogen, das Geheimnis der Träume zu ergründen und das Unbewußte in ihm selbst aufzuspüren. Und während er den Gedankengängen seiner Patienten auf der Couch lauschte, gewann er zunehmend den Eindruck, daß diese von Schuldgefühlen geprägt waren – entweder manifest als Gewissensbisse wegen tatsächlich begangener Taten oder versteckt als Folge von eingestandenen und uneingestandenen Wünschen, sogenannten «Sünden in Gedanken».

Wie Freud herausfand, ließen sich diese Schuldgefühle auf einen undeutlichen oder vergessenen inzestuösen Impuls zurückführen. Töchter liebten ihre Väter, wurden durch deren angebliche Taktlosigkeiten belästigt und litten unter den bald mehr, bald weniger unverhüllten Annäherungsversuchen der Väter oder deren Ersatzfiguren (vgl. Freuds Patientin Dora, ihren luëtischen Vater und den notorischen Herrn K., seiner ersten voll ausgearbeiteten Fallgeschichte «Bruchstücke einer Hysterie-Analyse», GW V, S. 161-286). Andererseits werden Söhne, und mögen sie auch noch so tugendhaft oder stolz sein – und bei dem selbsternannten, untadeligen Mann gehen Stolz und moralische Reinheit Hand in Hand –, solche Söhne werden, wie wir gesehen haben, nolens volens zu Opfern ihrer ungewollten Wünsche.

Es sind «die Moral beleidigende Wünsche, welche die Natur uns aufgenötigt hat», schrieb Freud in seiner *Traumdeutung*, als er die allgemeinmenschliche Bedeutung der Ödipussage erörterte.[51] Die Sehnsucht des Mannes und des Knaben nach einer nicht nur geheiligten «Mutterliebe», so vermutete er, brachte jenen paradigmatischen Konflikt im Innersten der Zivilisation hervor. Die Schuld selbst war schicksalhaft, eine Funktion des Triebs und möglicherweise finsterer Taten aus vorgeschichtlicher Zeit. In der Entwicklung des Individuums ist sie, wie wir gesagt haben, ein Niederschlag der Angst und der Liebe gegenüber dem Vater.

Ungeachtet der Tatsache, daß Freud selbst ausführlich die

von angeblich untadeligen Eltern begangenen Vertrauensbrüche und Verletzungen der kindlichen Unschuld geschildert hat, sieht es doch ganz danach aus, als sei die Mutter oder der Vater das Opfer der unfreiwilligen Wünsche des abhängigen Kindes. So einfach liegen die Dinge jedoch nie, wie wir am Beispiel einiger Väter gesehen haben und an den Müttern in unseren letzten Liebesgeschichten noch sehen werden.

Daß in diesem Kapitel keine islamischen oder indischen Geschichten enthalten sind, ist auf den Umstand zurückzuführen, daß Schuldgefühle als eine wesentliche Gefahr für die Liebe in den Erzählungen dieser Kulturen im allgemeinen nicht vorkommen. Ein Grund hierfür mag darin liegen, daß die jüdisch-christlichen Voraussetzungen – die dualistische Aufspaltung der menschlichen Natur in das Reich des Natürlichen und das des Moralischen, Schuld als ein wesentliches Symptom dieser Zweiteilung, überhaupt als *der* Fluch der niedrigeren, sexuellen Natur des Menschen –, daß diese Voraussetzungen Bestandteil des westlichen kulturellen und literarischen Erbes sind, der der islamischen wie indischen Kultur fehlt. In diesen beiden Kulturen bezieht sich Schuld weniger auf das Sündhafte der geschlechtlichen Liebe als einfach auf das Gefühl des Menschen für Unvollkommenheit und Angst. Der zentrale psychoreligiöse Punkt in der hinduistischen Auffassung ist beispielsweise die *Unwissenheit* des Menschen im Hinblick auf sein eigentliches Wesen und nicht so sehr die Frage der Schuld. Die meisten Bemühungen der hinduistischen Religion sind darauf gerichtet, diese Unwissenheit – den Schleier der *maya* – zu beseitigen, statt eine Schuld zu sühnen.

Demnach ist also die klassische Psychoanalyse ebenfalls ein Kind des westlichen Erbes, wenn sie in ihrer Theorie der Entwicklung des Menschen ein besonderes Schwergewicht auf die Schuld legt. Wenn sie die Ursprünge der Schuld in der ödipalen Situation oder in der «Erbsünde» eines vorzeitlichen Vatermordes aufsucht, verwirft die Psychoanalyse nicht etwa die jüdisch-christliche «Mythologie», sondern erweitert und vertieft ihre Bedeutungen und Symbole. Da die Schuldfrage bei islamischen oder indischen Dichtern nur eine untergeordnete

Rolle spielt, ist durchaus verständlich, daß ihre literarische Phantasie diesem Thema keine besondere Aufmerksamkeit schenkte.

7. Mutterliebe: Wenn Begierden sich erfüllen

Mai Zetterlings mädchenhafter, nackter Körper hat vor Jahren das Publikum eines der ersten Filme von Ingmar Bergmann bezaubert und noch von der Leinwand herab in Versuchung geführt, als ihr biegsamer Rücken und ihre aufreizenden Hinterbacken ebenso vor dem Auge der Kamera zurückwichen wie vor den Blicken ihres Geliebten: hinunter zum Schilf und zum Fluß, der quer durch die Landschaft eine silbrige Bahn zog. Etliche Jahre später versuchte sich die Schauspielerin selbst als Regisseurin. In einem ihrer Filme, *Night Games*, zeigten die Darsteller Perversionen verschiedenster Art, die in einer dekadenten Villa an der Tagesordnung waren. Unter den zahlreichen erotischen Szenen, die weit lebendiger wirkten als die Nackedeis 20 Jahre früher, fiel eine ganz besonders auf. Ein nackter kleiner Junge liegt auf dem großen Himmelbett seiner Mutter, die gerade Hof hält. Sie streichelt ihn geistesabwesend, während er seinen Penis bearbeitet. Plötzlich registriert sie die Masturbation, verwarnt ihren Sohn mit kurzen, barschen Worten und vertreibt ihn aus dieser Heimlichkeit.

Ein Analysand von etwa Mitte 30 erinnert sich zögernd an die Zeit seiner Pubertät, die er jahrelang erfolgreich aus seinem Gedächtnis verdrängt hat. Im Alter von 15 Jahren lag er an heißen Sommernachmittagen gern auf einer Matratze auf dem Fußboden, um vor sich hin zu dösen, und seine Mutter legte sich nach beendeter Hausarbeit dazu. Wie er sich heute erinnert, wurde sein Penis dabei häufig hart. Halb schläfrig und halb im Wachzustand, rieb er ihn gegen das Gesäß seiner Mutter und drehte sich nach der Ejakulation sofort zur Seite, nunmehr schlaff und schläfrig. Die Mutter schlief währenddessen fest, wie er glaubte, ohne seine Erektionen oder die Stöße gegen ihren Körper zu bemerken.

Eines Tages jedoch, als der Patient sich abermals seinem –

realen und zugleich phantasierten – Liebesobjekt widmete und
sich vermeintlich unbemerkt am Hinterteil seiner Mutter rieb,
kam plötzlich Leben in sie. Sie drehte sich zu ihm um und be-
klagte sich mit vor Erregung heiserer Stimme: «Du befriedigst
dich immer selbst, aber an mich denkst du dabei nie!» Nach
dieser Schilderung befällt den Analysanden eine Ohnmacht.
Als er die Szene 20 Jahre später auf der Couch wiedererinnert,
sieht sich sein erwachsenes Bewußtsein plötzlich dem ganzen
Ausmaß dessen gegenüber, was sich als gegenseitiger Aus-
tausch von Verbotenem erweist. Auf diese Stunde folgte bei
dem Patienten tatsächlich eine vorübergehende psychotische
Episode, bis es ihm abermals gelang, das furchtbare Wissen von
seiner Begierde und das Einbekenntnis derselben Gier durch
die Mutter aus dem Bewußtsein zu verbannen.

Wir wissen heute, daß Freud sich sehr lange mit seiner «Ver-
führungstheorie» auseinandergesetzt hat. Nachdem er ursprünglich die Rolle der Eltern in der Ätiologie kindlicher Neu-
rosen angeprangert hatte, sprach er sie am Ende von aller
Schuld frei und schrieb der Phantasie oder der «psychischen
Realität» eine ebenso wirksame Macht zu wie historischen Ereignissen. Doch wie verhält es sich mit Freuds eigenen «Deckerinnerungen»? Sein frivoles Kindermädchen neckte und ver-
führte ihn, indem sie ihn einmal ihren nackten weiblichen
Körper anschauen ließ und dann wieder in jene Kirche mit-
nahm, deren Stellvertreter sich als oberste Hüter der Moral geben und allen mit Höllenfeuer und Verdammnis drohen, die
verbotenen libidinösen Neigungen nachgehen sollten. Freuds
Mutter zeigte sich ihrem Sohn fast nackt. Er erinnert sich daran, daß er sie bei einer Eisenbahnfahrt einmal für einen Augenblick «ad nudam» sah, wie er es auf Lateinisch umschrieb.[1] Später erinnerte er sich, daß er nach Art primitiverer Säugetiere,
etwa gleich einem Wolfsjungen, einen territorialen Anspruch
auf das elterliche Schlafzimmer geltend machte, indem er dort
auf den Fußboden urinierte, um jedoch am Ende beschämt da-
zustehen, da sein Vater – in einer der berühmtesten Vignetten
der Erinnerung Freuds – zu ihm sagte, aus «dem Buben wird
nichts werden».[2]

Der kleine Sigmund war offenbar, wie es mit den meisten kleinen Söhnen geschieht, zu einer erhöhten, sinnlichen Empfindsamkeit verführt worden, die ihrerseits mit einem überwältigenden Verlangen und dem Wunsch verknüpft war, sich aller Rivalen zu entledigen, die sich ihm in den Weg stellten, und er mußte nun erleben, daß dieses Vorhaben vereitelt wurde.

Es ist auffällig, daß die Söhne die Schuld daran tragen, daß sie erregt wurden. Entweder bestrafen sie sich selbst, oder es wird von jenen eine Strafe über sie verhängt, die ihr Dasein bestimmen. Aber wie wir sehen werden, quälen sich auch Mütter im Angesicht eines potentiellen Einbruchs in die Sicherheit, die sie ihren Kindern bis in deren Erwachsenenalter schulden. Allerdings sind ihre Übertretungen und inneren Qualen weniger gut sichtbar – wie ja auch die männliche Erektion gegenüber den Sekretionen der Frau äußerlich viel sichtbarer ist.

In diesem Kapitel spüren wir dem Motiv der inzestuösen Liebe zwischen Mutter und Sohn in ihren versteckteren Äußerungen nach: im Mythos von Phädra und ihrem Stiefsohn Hippolytos (wie er zu zwei verschiedenen Zeitaltern auf die Bühne gebracht wurde, zuerst von Euripides im Griechenland der Antike und mehr als zwei Jahrtausende später von dem Jansenisten Racine) und in einer indischen Geschichte, die den Inzest zum Thema hat und im allgemeinen den Töchtern von ihren Müttern erzählt wird. Ist schon die prägenitale Verführung zwischen Eltern und Kindern lange, bevor der reale Vollzug möglich wäre, beklemmend, so sind die genitalen Spannungen der Adoleszenz noch weit gefährlicher.

Phädra

In Märchen werden die weniger positiven Eigenschaften der Mutter häufig der Stiefmutter zugeschrieben. Sie läßt die Kinder ihrer Vorgängerin aussetzen und versucht, sie zu töten. Im Mythos von der Leidenschaft der Königin Phädra zu ihrem schönen, aber hochmütigen Stiefsohn Hippolytos geht es hingegen nicht um stiefmütterlichen Haß, sondern um eine Liebe, die für den, dem sie gilt, nicht weniger bedrohlich ist.

Die Sage vom tragischen Geschick Phädras ist nur eine Episode in der Abfolge großartiger Abenteuer, die der legendäre Athenerkönig Theseus zu bestehen hat; sie spielt sich allerdings zum größten Teil in dessen Abwesenheit ab. Als Retter der alljährlich dem Minotaurus als Tribut entrichteten Jünglinge und Jungfrauen Athens und als Gründer der athenischen Demokratie hat sich Theseus gleich den meisten anderen Heldengestalten von Jason bis John F. Kennedy außerdem als eine Art Schwerenöter erwiesen. Nach etlichen Liebesabenteuern heiratete er schließlich Phädra, die Tochter des Kreterkönigs Minos, die ihm zwei Söhne gebar. Zuvor hatte er zwei anderen Frauen, deren weiteres Schicksal für uns im Dunkeln liegt, sein Heiratsversprechen gebrochen. Die Heirat mit Phädra hatte politische Gründe und vereinte zwei große Staatsgebilde. Die Söhne Phädras sollten Theseus auf den Thron in Athen folgen, den er im Kampf mit dem Rivalen Pallas und dessen Söhnen erobert hatte.

Noch vor dieser Hochzeit hatte Theseus auch einen Kampf gegen die Amazonen zu bestehen. In einer Version der Geschichte heißt es, die Amazonenkönigin Antiope oder auch Hippolyte sei in Leidenschaft zu dem schönen Athener entbrannt und habe sogar ihre Stadt verraten, um ihn für sich zu gewinnen. Auf der Fahrt zurück nach Athen wurde sie von Theseus schwanger und gebar Hippolytos, seinen unehelichen, aber von ihm geliebten Sohn. Die Amazonen, diese sprichwörtlichen «phallischen Frauen», denen die Männer ihre phallischen Speere zu entreißen trachteten, verfolgten Theseus, schlugen in der Nähe Athens ihr Heerlager auf und griffen die Stadt an; hierbei wurde der größte Teil ihrer Streitmacht von den Athenern getötet.

Einige Jahre später zog sich Theseus nach Troizen zurück, wohin er den Hippolytos vorausgesandt hatte. Ihm kamen dabei keine Bedenken, da er der Überzeugung war, Phädra werde keine Einwände gegen den unehelichen Sohn erheben, solange die Thronfolge ihrer eigenen Söhne gesichert war. Dies erwies sich indessen als ein verhängnisvoller Irrtum. Theseus hatte zu sehr an Phädras *mütterliche* Eifersucht gedacht und dabei sowohl ihre *weiblichen* Gefühle als auch die Grenzen der eigenen Anziehungskraft außer acht gelassen.

Die Königin hatte Hippolytos zum ersten Mal in Attika gesehen, wo sie in den eleusischen Kult eingeführt wurde, und war sogleich in heftige und heimliche Leidenschaft zu ihm entbrannt. Sie war eine Südländerin voller Sinnlichkeit, und Aphrodite war bereits ihre Göttin. Auf einem Vorsprung der Akropolis errichtete sie einen heiligen Schrein der Liebe, von dem aus man den ganzen Saronischen Golf bis nach Troizen überblicken konnte, wo ihr ebenso ersehnter wie unerreichbarer Geliebter sich aufhielt. Mit dieser Konstellation setzt die Handlung ihrer Tragödie ein.

Die dramatische Gestaltung dieses Stoffes im *Hippolytos* des Euripides, der 428 v. Chr. erstmals aufgeführt wurde, ist bereits die zweite Version des Stückes. Die erste, verlorengegangene Fassung, erregte bei den Zuschauern großen Anstoß, weil sie die Tradition entheiligte, während die Tragödie in ihrer zweiten Fassung beim Dichterwettbewerb einen ersten Preis davontrug. (Man beachte, daß der grandiose *König Ödipus* des Sophokles seinerzeit nur einen zweiten Preis erringen konnte.) In der traditionellen Sicht des Stückes ist Phädra eine sympathische Figur, die von ihrer Leidenschaft oder, nach griechischem Verständnis, von der Liebesgöttin Aphrodite heimgesucht wird. Die unglücklichen Sterblichen müssen den Streit zwischen Aphrodite und Artemis, den Göttinnen der Leidenschaft und der Tugend, zwischen «Es» und «Über-Ich» büßen. Die hellenische Gestaltung verleiht diesem Widerstreit ein deutlicher anthropomorphes Gepräge als der Freudsche Begriff eines «Strukturkonflikts», teilt jedoch mit diesem eine deterministische Unterwerfung unter die Macht und die Schicksalhaftigkeit der Liebe.

Das Stück beginnt mit einem Monolog der Aphrodite, der an die Rechtfertigungsrede und den Racheschwur des Dionysos erinnert, mit dem ein anderes berühmtes Drama des Euripides, *die Bakchen,* einsetzt. Die Götter fordern die Ehre, die ihnen gebührt, und sie dürfen nicht mißachtet werden, mögen auch moralische Bedenken oder die Selbstgefälligkeit der Menschen dieses göttliche Recht bestreiten. Aphrodite verweist auf ihre Macht und die ihr überall von den Menschen entgegengebrachte Verehrung, die ihr auch zukommt und von ihr beansprucht wird: «Von diesen ehr ich, die verehren meine Macht, und stürze, wer sich wider mich in Trotz erhebt.»[3]

In unserer modernen Sprache ausgedrückt, hat sie kein Verständnis für einen moralistischen Machismo, einen «phallisch-narzißtischen Stolz», wie er von Hippolytos, dem Sohn des Theseus und der Amazonenkönigin an den Tag gelegt wird. Als unerbittlicher Feind der eigenen Gefühle und Triebe verabscheut Hippolytos die Gesellschaft derer, die von ihren Empfindungen und Impulsen verzehrt werden. Statt der Aphrodite huldigt er der Göttin Artemis, der Tochter des Zeus, «und stets der Jungfrau zugesellt im grünen Wald, tilgt er mit raschen Hunden rings des Landes Wild, vertrautern Umgang pflegend, als es Menschen ziemt.»[4]

Artemis gemahnt in ihrer Art an den ungeschlechtlichen, kriegerischen Geist von Hippolytos' Mutter. Daß Hippolytos ihre Nähe sucht, mag menschliche Hybris sein, ist jedoch nicht das, was Aphrodite wirklich erzürnt, sondern die Tatsache, daß er ihr jeden Rang bestreitet und die Huldigung verweigert, und dafür fordert sie Genugtuung.

Wir erfahren von ihr, daß sie ihre Rache bereits zum Großteil ins Werk gesetzt hat. Phädra ist durch Aphrodites Macht in leidenschaftlicher Liebe zu Hippolytos entbrannt und hat der Göttin ein Heiligtum geweiht. Theseus ist nach dem Mord an seinen Vettern, den Söhnen des Pallas, mit seiner Gattin für ein Jahr in die freiwillige Verbannung nach Troizen gegangen, sucht aber bereits wieder neue Abenteuer in der Fremde. Phädra bleibt in Troizen zurück, «seit diesem Tage schmachtet sie, das Herz durchbohrt von Liebesqualen, und vergeht in stummem Harm: Der Hausgenossen keiner kennt der Armen Leid.»[5] Es ist auch diese Verborgenheit ihrer Liebe, unter der die schwermütige Königin leidet – sie muß die Qualen ihrer verbotenen Sehnsucht ganz allein für sich ertragen.

Aphrodite braucht also nicht ihren himmlischen Zauberstab zu schwingen wie Dionysos über die Bakchen, um in die Herzen der Menschen zu dringen. Aber sie wird dafür sorgen, daß das Geheimnis ihrer Anbeterin nicht länger verborgen bleibt. Mit der Enthüllung der blutschänderischen Begierden Phädras will sie Feindschaft säen zwischen dem einst liebenden Vater und seinem Sohn. In einer deutlichen Anspielung auf die sexuelle Macht der Frauen, allen Ansprüchen der Männer zum Trotz, schließt Aphrodite mit den Worten: «nicht ahnt er, daß des Todes Tor sich aufgeschlossen und die letzte Sonn' ihm scheint.»[6]

Bei Euripides betritt Hippolytos noch vor Phädra die Bühne. Mehrmals ruft er Artemis an – Artemis, die jungfräuliche Tochter des Zeus und der Leto, himmlische Tochter des edelsten Vaters, «die im großen Himmelsraum wohnt in den stolzen Hallen des Vaters.» Er unterstreicht ihre Reinheit im Gegensatz zu der von Aphrodite verkörperten niedrigeren Erotik:

«Nur wer der Lehre nichts verdankt, nur wem Natur
für alle Dinge weisen Sinn und Maß verlieh,
darf hier sich Kränze pflücken, doch der Böse nicht.»[7]

Hippolytos wirkt fast wie ein Urbild des christlichen Asketen, hochmütig und ungestüm in seiner bedingungslosen Verurteilung des Fleisches und der Lüsternheit. In seiner Selbstgerechtigkeit maßt er sich die Rolle eines Gottes an, und sein alter Diener, den die Unbesonnenheit des jungen Mannes tief bekümmert, versucht ihn mit vorsichtigen Worten zu mäßigen: «O Herr – der Göttername kommt Gebietern zu … was bringst du dann der Göttin keinen Gruß … Ihr die vor deinen Toren steht, der Kypris hier.»

Hippolytos grüßt das Standbild der Göttin flüchtig und «nur von fern», während der Diener in ihn dringt: «Doch gilt sie hehr und heilig allen Sterblichen.» Für ihn, dessen Haltung dem Christentum völlig fremd wäre, ist jedem Gott die ihm gebührende Ehre zu erweisen, und auch die Liebe, ob erotischer oder romantischer Natur, darf nicht ohne weiteres als ein niedriges Gefühl abgetan werden. Doch ohne die Einsicht zu gewinnen, die sein Diener ihm wünscht, beharrt Hippolytos darauf: «Kein Gott gefällt mir, welcher nachts gefeiert wird.»

Nachdem Hippolytos den Schauplatz verlassen hat, um sich von der anstrengenden Jagd zu erholen, legt der alte Diener bei Aphrodite für ihn Fürsprache ein und bittet sie, dessen törichten Worten kein Ohr zu leihen und seinen «allzu raschen Jugendmut» nicht zu beachten.

Wir wissen es besser. Die Götter sind ebenso leicht zu kränken wie die Menschen. Alle Griechen, angefangen mit Homer, kannten die Empfindlichkeit ihrer Gottheiten genau. Aber Überheblichkeit kann den Verstand ausschalten. Hippolytos' Tugendhaftigkeit ist langweilig und in ihrem Starrsinn gelegentlich nachgerade kindisch. Er schwankt weder in seinem Denken noch in seinem Tun – nicht einen einzigen Augenblick, er bleibt taub für die Stimme der Vernunft.

Der Chor führt uns in die erste Hauptszene ein. Er spricht von Phädras geheimnisvollem Leiden. Ihr Liebeskummer erinnert an das Fieber, das im Sanatorium des *Zauberbergs* von Thomas Mann die Patienten wie die Besucher gleichermaßen befällt. Das Einzugslied des Chors beginnt mit der folgenden Strophe:

«Flut vom Okeanos, heißt es, sprudelt ein Felsen hervor,
Der aus hangendem Gestein Quellwasser in Krüge ausströmt:
Hier wusch in Stromes Tau
Meiner Gespielinnen eine
Purpurgewande, die
Sie rings auf hellsonnigem, warmem Rücken
Des Felsens auslegte.»[8]

Hier wie im folgenden finden sich wiederholt Bilder des Wassers, von Quellen und Fluten im Gegensatz zum «trockenen Sand» und von der «wirbelnden Salzflut». Anscheinend begriffen die Griechen ähnlich wie später Freud Sexualität oder Sinnlichkeit als eine Art geheimnisvolle Lebensflüssigkeit – Libido – aus einer Quelle, die irgendwie zur animalischen Natur der Frau gehörte, an der die Männer sich laben oder die sie meiden konnten, die aber in jedem Fall jenseits ihres Verständnisses lag. Ein aus Frauen gebildeter Chor wägt Sinnenlust und Keuschheit gegeneinander ab, und die Sprecherinnen der Schlußstrophe bekennen sich in diesem Konflikt zur Artemis, «die den Bogen herrschend lenkt» – einer erdfernen, harten Göttin, eigentlich einer Knabengestalt, die ihren Aufenthalt hoch über dem Wasser nimmt.

An dieser Stelle tritt Phädra mit ihrer Amme auf. Diese Amme vertritt bei Euripides wie bei Racine die Herrschaft der Leidenschaft und spricht die Überzeugung aus, daß wir erst durch das Nachgeben gegenüber unseren Impulsen befreit werden, die uns zum Guten gereichen, statt uns zu verschlingen. In ihrer Ahnung der erotischen oder gar inzestuösen Impulse, die der Seelenqual Phädras zugrundeliegen, fährt sie fort:

> «Was mehr Wert hat denn das Leben im Licht,
> Das birgt in Gewölk die verhüllende Nacht.
> Wohl hängen wir nur so töricht an ihm,
> Weil's hier auf Erden uns glänzt, weil nie
> Von dem anderen Leben uns Kenntnis ward
> Noch Kunde von dem, was die Erde verbirgt:
> Denn nichtige Fabel betört uns.»[9]

Was für eine anschauliche Zusammenfassung der unbewußten Bilder, die unser Leben beherrschen, und der Mythen, die wir brauen, um sie dem menschlichen Verstand zugänglich zu machen!

Phädra seufzt und jammert und beklagt ihren Zustand, die Amme und die ganze Welt werden angefleht, sie aus ihrer Qual zu erlösen. Ihre Schwermut entspringt zum Teil ihrem Schuldgefühl.

> «O könnt ich ihn schöpfen, den lauteren Trank
> Der erfrischenden Flut aus lebendem Quell!
> O könnt ich, von Schwarzpappeln umschattet,
> Auf blumiger Wiese gelagert ruhn!»[10]

Das ist ihr sehnsüchtiger Wunsch; ein Selbstmord scheidet für sie aus. In die Berge möchte sie ziehen, wo das Wild gejagt wird, und wir kennen auch den Jäger, Hippolytos, der von ihrem Herzen Besitz ergriffen hat. Sie kann sich weder ganz der

Selbstbestrafung noch ihrem Verlangen hingeben, weil in diesem Augenblick noch keines das andere überwiegt. Darauf erwidert die Amme:

> «Wie schwatzest du wieder so sinnlos daher?
> Bald treibt dich die Sehnsucht auf das Gebirg,
> Zu erjagen das Wild, bald sehnst du dich hin,
> Zu besteigen das Roß auf trockenem Sand.
> Ein prophetischer Geist nur mag es erspähn,
> Kind, was für ein Gott dir die Sinne verrückt
> Und in wirrenden Taumel gerissen.»[11]

Phädra lehnt die Verantwortung für ihre Seelenpein ab:

> «Ich Elende, weh! Was hab' ich getan,
> Wohin mich verirrt von der Bahn der Vernunft?
> Ich raste, ich fiel durch göttlichen Fluch!
> Unselige, weh!»[12]

Sie möchte beschämt ihr Haupt verhüllen. Die Tränen fließen
über ihre Wangen, deren rosiger Glanz sich in Schamröte verkehrt hat. Zugleich wird Phädra, ähnlich wie die Frau des Poti-
phar in ihrer Leidenschaft für Joseph, sich schmerzhaft ihres
Körpers bewußt, des Gefäßes ihrer Liebe und der in ihm be-
wirkten Veränderungen durch das unerfüllte Verlangen.

Mit einer Mischung aus Stolz und Zweifel ruft sie in all ihrer
Schönheit aus:

> «Sanft hebt mir den Arm mit den Händen, o Fraun!
> Schwer lastet das Stirnband mir um das Haupt:
> Nimm es ab und breit auf die Schultern das Haar.»[13]

Sie kann ihrer Liebe zu Hippolytos nicht nachgeben, da sie sich
sonst über die eheliche Verbindung und – was bei Euripides im
Gegensatz zu Racine nicht ausgesprochen wird – das Inzesttabu hinwegsetzen würde. Ihr Gewissen schützt sie aber auch zugleich, denn sobald sie sich ihren unheiligen Wünschen und der
Sünde ergäbe, würde das Verhängnis seinen Lauf nehmen.
Trotzdem ist diese Standhaftigkeit gegenüber dem eigenen
Verlangen mit tiefsten Qualen und Spannungen verbunden und
in den meisten Fällen zum Scheitern verurteilt.

Die Amme beruft sich auf die Weisheit ihres Alters, als sie der
Königin zu raten sucht:

«Viel hat mich das lange Leben gelehrt.
Nur maßvolle Freundschaft schließe den Bund,
Wenn auf Erden ein Herz zum Herzen sich fand:
Nie dring' er ins innerste Mark des Gemüts.
Leicht lösbar sei, was die Seelen vereint,
Daß jetzt es erschlafft, jetzt fester sich knüpft!
Wenn ein Herz trauert um zwei –: die Last
Ist drückend fürwahr, wie nun auch ich
Mich ängste für sie.
Viel Sorg in der Welt, viel redliches Mühn
Trägt häufiger, sagt man, als es erfreut
Und bestürmt der Gesundheit blühende Kraft.
Drum lob ich den Spruch ‹Maß halten und Ziel!›:
Das Zuviel taugt nicht,
Und Gleiches behaupten die Weisen.»[14]

Die Amme ist eine Befürworterin der «freien Liebe». Für sie
sind sittliche Gebote, Bindungen und deren Verpflichtungen
nur heuchlerisch und Quellen des Leids. Sie hat jedoch keinen
Blick dafür, daß Eifersucht und Bosheit freigesetzt werden, sobald man dem erotischen Verlangen nach einem anderen Menschen nachgibt. Das ist der Irrtum der freien Liebe, der Sexualität, die das romantische Element leugnet.

Phädras großes Geheimnis ist noch immer nicht enthüllt. In
der «Mythologie» der Psychoanalyse repräsentiert die Amme
das «Lust-Ich», während wir in einem früheren Kapitel von
Bruder Lorenzo aus *Romeo und Julia* gesagt haben, er verkör-
pere die Rationalität des Ichs. Sowohl eine übertriebene Orien-
tierung an der Lust wie ein Übermaß an Verstandestätigkeit
sind gefährlich, da sie im Gegensatz zum Gewissen trotz all seiner unerwünschten Primitivität dazu verleiten, das Zerstörerische der Triebe zu unterschätzen. In unserem Handeln wird die
Gewalt unserer Instinkte und der sie zügelnden innersten Verbote nicht mehr sichtbar. In den Worten William Blakes: «Und
Priester rings waren in schwarzen Talaren die mit Dornen be-
zwangen mein Glück und Verlangen.»[15]

Die Amme dringt weiter in Phädra und ahnt zum Teil die Wahrheit, als sie die Worte ausspricht:

«Nein, bei der reisigen Amazonenkönigin,
Die deinen Kindern einen Herrn geboren hat
In einem Bastard edlen Sinns – du kennst ihn wohl,
Hippolytos – ...
Traf dir das ins Herz?»[16]

Phädra antwortet prophetisch:

«Du tötest mich, o Mutter: bei den Himmlischen!
Ich bitte, fortan schweige mir von diesem Mann!»[16]

Wie oft erlebt der Analytiker ähnliche Reaktionen von seinen Patienten, wenn er auf ihre Inzestwünsche stößt! In der Geborgenheit der analytischen Situation, wo diese Wünsche in der «Als-ob-Welt» der Übertragung ausagiert werden, erweisen sie sich zu unserer Überraschung als heilsam. Doch in der Wirklichkeit der Inzestschranken und Ehegelübde sind sie tödlich.

Phädra hat keine Untat begangen. «Rein sind die Hände», aber sie setzt hinzu: «Flecken hat die Seele nur.» Wünsche, die zutage treten und anderen und dem Selbst einbekannt werden, müssen an einem bestimmten Punkt zwangsläufig in Handeln umschlagen. Die Begierde nimmt ihren eigenen unerbittlichen Weg. Phädra macht für sich geltend: «O laß mich fehlen: fehl ich doch nicht gegen dich» – für den Analytiker der bekannte Versuch, eine alte, aber noch immer lebendige Liebe abzustreiten.

«Elende, weh dir, wenn du dieses Weh vernimmst!»[17] Dem hält die Amme entgegen, es gebe nichts Schlimmeres für sie, als von Phädra verlassen zu sein, und fleht sie erneut an, ihr das Geheimnis – «ist's ehrbar» – anzuvertrauen. Phädra entgegnet: «Aus böser Quelle schöpf ich erst das Edle mir.» Sie erinnert sich an ihre Familie, an ihre unglückliche Mutter und die Schwester Ariadne, die Braut des Dionysos, die von Phädras Gatten Theseus ausgesetzt oder ihm entrissen wurde, und hält auch sich selbst für verflucht. Das ist nicht neu – ihr Trotz gegenüber der gesellschaftlichen Ordnung und dem herrschenden Vater-König.

Es ist ein altes Thema, nicht nur in der griechischen Mythologie, sondern auch in der psychoanalytischen Theorie. Unsere Inzestwünsche und vatermörderischen Neigungen sind unser vorgeschichtliches Erbe. Entweder verfolgt uns die vergessene Erinnerung an eine in grauer Vorzeit begangene Tat, wie in Freuds phantasievoller Vorstellung von der Urhorde und der Tötung des Vaters durch die Söhne, die sich seiner Frauen bemächtigen wollen und den Getöteten in einem Akt des Kannibalismus gemeinsam verspeisen. Oder wir sind ganz einfach Geschöpfe unserer animalischen Natur, unseres kindlichen Gemüts und der brutalen Dressur, der abhängige Geschöpfe unterworfen werden. Zu dieser letzteren Erklärung für die Unvermeidlichkeit von Wünschen, welche die Familienordnung bedrohen und uns dazu bringen, unsere psychosozialen Abwehrgebäude zu errichten, war schließlich auch Freud gelangt.

Nach langer Rede und Gegenrede enthüllt sich Phädras Geheimnis:

(Phädra): «Wer ist er doch, der Amazonenfürstin Sohn?»
(Amme): «Hippolytos?»
(Phädra): «Von dir vernahmst du's, nicht von mir.»[18]

Nach dieser Preisgabe ist auch die Amme entsetzt, und sie erkennt das Werk Aphrodites, die als Urheberin der nun folgenden Verheerungen für sie «mehr als Gott» ist. Als Prinzip, das die Welt beherrscht und aus Ordnung Chaos macht, ist Aphrodite in der Tat «größer noch, als Götter sind, da sie vernichtet Phaidra, mich und dieses Haus!»[19]

Phädra bekennt, wie sie anfangs den (naiven) Versuch unternahm, gegen ihre Gefühle anzukämpfen: «Als Liebe mich verwundet, überlegte ich wohl wie ich's am Schönsten trüge.» Aber es klingt wie eine Bestätigung von Hamlets Worten über Frauen und ihre Sexualität, über ihre Begierde, die am Ende die Frau selbst samt dem geliebten Mann verschlingt, wenn sie fortfährt:

«Die Sache kannt ich, kannte meiner Liebe Schmach,
Und über diesem sah ich wohl: ich bin ein Weib,
Gehaßt von allen. Schand' und Tod verderbe sie,

Die, fremden Männern zugesellt, ihr Ehebett
Zuerst geschändet!»²⁰

Sie hätte auch «mit Söhnen» sagen können.

An dieser Stelle sind die vielfachen Treubrüche des Inzests
unmißverständlich: «Mich treibt, o Frauen, eben dies zum Tode ja: nie möcht ich meines Gatten Ehrenschänderin noch meiner Söhn' erscheinen.» Ihre Schuldgefühle richten sie zugrunde, und sie wiederholt das Sprichwort: «Dies eine, sagt man
kommt des Lebens Preis gleich, wenn gerechter, edler Sinn im
Herzen wohnt.» Scham mischt sich mit Selbstvorwürfen:

«Den Lasterhaften offenbart die Zeit dereinst
Und hält wie jungen Mädchen ihm den Spiegel vor:
O mög ich unter solchen nie gesehen sein!»²¹

Ganz wie ein erfahrener Therapeut bemerkt die Amme, Phädras Fall sei «nichts Unerhörtes». Er übersteigt weder das
menschliche Vorstellungsvermögen noch den Verstand. Die
Königin ist einfach der Leidenschaft zum Opfer gefallen; die
erzürnte Göttin hat sie damit geschlagen. Sie liebt. «Du liebst –
was Wunder? – wie so viele Sterbliche.» Dasselbe könnte der
Analytiker seinen Patienten immer wieder sagen. Und die Amme fährt fort:

«Und um die Liebe gäbest du dein Leben hin?
Nicht dürften ihr sich weihen, die vormals geliebt
Und künftig lieben, würde Tod ihr Lohn dafür.
Wer könnte Kypris trotzen, wenn sie mächtig stürmt?
Sie naht dem Herzen leise, das ihr willig folgt;
Doch wen sie widerspenstig und vermessen fand,
Den faßt sie strafend, zeichnet ihn mit Schmach und Hohn.
Kythere wallt im Äther, wohnt im Schoße selbst
Der Meeresfluten, alles sproß aus ihr hervor.
Sie ist es, welche Liebe sät, Verlangen weckt,
Von der wir Erdenkinder all' entsprossen sind.»²²

Sie fordert Phädra auf, die Augen vor der häßlichen Seite der
Lust zu verschließen. Auch hier begegnen wir wieder dem Bild
des Wassers, wenn die Amme das wilde Meer (der Leiden-

schaft) heraufbeschwört. Dies ist das «Liebeslos» der Frauen, das sie selbst und den Mann in Gefahr bringt:

> «...wie hofftest du
> Aus deinem tiefen Falle dich herauszuziehn?
> Nein, wenn du mehr des Guten als des Bösen hast,
> So bist für einen Menschen du sehr glücklich schon.»[23]

Was die Amme ausspricht und was Analytiker kennen, ist die Tatsache, daß die genitale Liebe in unserem eigenen Ursprung beschlossen ist, im Schoß unserer Mütter, aus dem wir stammen. Dorthin müssen wir zurückkehren, und dieser Zwang zur Wiederkehr beherrscht unser Leben, mögen wir auch noch so bestrebt sein, die wilden Wasser zu zähmen oder zu befahren. Alles andere ist in den Augen der Amme nichts als überheblicher Stolz, in dem der Wunsch zutage tritt, den Göttern überlegen zu sein, den Herren über unsere sterblichen Körper. Unsere Liebe müssen wir aushalten.

> «Ja, füge dich der Liebe, weil's ein Gott gewollt,
> Und was dich ängstet, wende klug zum Besseren.
> Noch gibt es Zaubersprüche, gibt's Beschwörungen:
> Ein Mittel wird sich finden wider dieses Weh.»[24]

Der Analytiker würde – insgeheim oder laut – zu seinem Patienten sagen: Sublimieren Sie oder finden Sie ein anderes «Objekt» für ihre Leidenschaft. Seien Sie nachsichtig mit sich, suchen Sie woanders weiter. Phädra, die an der Leidenschaft leidet, die die Amme nicht mehr spürt, erwidert: «Das ist es, was der Menschen blühnde Wohnungen und Städte stürzt...», doch die Amme weist dies als abstraktes Moralisieren zurück:

> «Wozu die stolzen Worte? Nicht des Redeprunks –
> Des Manns bedarfst du! Schleunig ist zu handeln: wir
> Vertraun ihm frei und offen, was dein Herz bewegt!»[25]

Psychoanalytisch gesprochen fordert sie Phädra auf, von ihrem törichten Narzißmus abzulassen. Ihre Worte mögen anstößig klingen, aber sie sind wahrhaftiger als Phädras wohltönende moralische Gefühle. Es ist besser, das eigene Leben mit einer unmoralischen Tat zu retten, als im stolzen Bewußtsein einer unbefleckten Moral unterzugehen.

Dieses Thema des moralisierenden Stolzes kehrt in den beiden folgenden Jahrtausenden immer wieder, z. B. in Nathaniel Hawthornes Roman *Der scharlachrote Buchstabe*, in dem die Hauptfigur Hester dem gefühllosen Puritanismus ihrer Zeit trotzt. Unter psychoanalytischem Blickwinkel ist es das Erblühen der Adoleszenz vor den Augen einer wollüstigen älteren Generation, die den Seelenfrieden des Heranwachsenden stört. Mit der Schönheit seiner jungen Mannesjahre hat Hippolytos die Jugend seiner Stiefmutter wiedererweckt.

Phädra fürchtet, von den Worten der Amme verführt zu werden: «Sorge nur, du handelst allzu weise mir.» – «Du fürchtest dich vor allem. Was besorgst du denn?» Phädra erwidert ahnungsvoll: «Daß mein Geheimnis du an Theseus' Sohn mein Leiden nennst.» Die Amme beruhigt sie mit einer klugen Herablassung, die an die Arroganz von Hippolytos selbst erinnert: «Laß das, o Tochter: ich bestell es alles wohl.»[26]

Das Zwiegespräch wird beendet; es tritt wieder der Chor auf und schließlich betritt der eigentliche Held die Bühne, nachdem Phädra mitgehört hat, wie er die Amme eine Kupplerin nannte. Sie ist sich seiner Verachtung gegenüber weiblicher Schwachheit durchaus bewußt. Die Amme versucht, Hippolytos zu beschwichtigen und bittet ihn: «Vergib! Zu fehlen, Jüngling, ist der Menschen Art.» Hamlet vorwegnehmend, entgegnet ihr dieser:

«Was hast du doch der Menschen gleißend Ungemach,
Die Fraun, o Zeus, an dieses Sonnenlicht gebracht?»[27]

Für den Moralisten und Misogyn sind Frauen Huren:

«Daß Fraun ein großen Übel sind, beweist ja dies:
Ihr Vater, ihr Erzieher gibt noch reichen Schatz
Und läßt sie ziehen, um des Übels los zu sein.
Doch wer ein solches Fluchgewächs aufnimmt ins Haus,
Frohlockt, das unheilvolle Bild mit köstlichem
Geschmeid umhüllend, schmückt es reich mit Kleidern
aus...»[28]

Hippolytos ist ein Chauvinist wie er im Buche steht. Liegt es daran, daß seine Mutter eine stolze androgyne Königin war, die durch die überlegene Waffengewalt und mehr noch durch den männlichen Zauber seines Vaters Theseus gedemütigt wurde? Identifiziert er sich insgeheim, so könnte sich der Analytiker fragen, mit der einstmals phallischen Frau, die ihn zur Welt brachte und aufzog?

Wie dem auch sei, er flieht die Lockungen aller Frauen, mag er auch noch so sehr Artemis, das unsterbliche Ebenbild seiner Mutter verehren. Obwohl er so sehr auf seine Tugend pocht, ist Hippolytos ein phallischer Sadist. Er kann Frauen gar nicht sexuell verführen oder erobern, weil ihn die Sexualität von Müttern so entsetzt und überwältigt, daß ihm nur Angeberei, Askese oder eine mehr oder weniger verdeckte Homosexualität in Gesellschaft von Männern möglich sind. Er benutzt Frauen als Folie, vor der seine Überlegenheit noch größer wirken soll.

In der Tragödie des Euripides, die ebenso voller Ironie wie voller Leidenschaft ist, wird das Inzestmotiv nicht deutlich sichtbar. Vordergründig stellt der Dichter einen Zusammenstoß von Kräften dar, die von Sterblichen weder begriffen noch gezähmt werden können, eine Situation, die wir heute als einen tiefen inneren oder seelischen Konflikt verstehen. Die *Phädra* Racines behält noch einige heidnische Elemente des Euripides bei, rückt jedoch daneben den Konflikt zwischen inzestuöser Leidenschaft und Familienehre in den Vordergrund der dramatischen Handlung und verleiht ihm eine größere Klarheit.

Racine interpretiert die Fabel im Kontext des damals in Frankreich vorherrschenden Jansenismus neu, einer religiösen Strömung, zu der der Dramatiker nach langen Jahren ausschweifenden Lebens zurückkehrte, um in ihr nach der Schöpfung seiner größten Tragödie Zuflucht zu suchen.

Je mehr sich Racine mit dem Geheimnis Phädras beschäftigte, um so näher kam er den inzestuösen Impulsen, die – wie wir aus der Psychoanalyse wissen – alle geheimen Leidenschaften, insbesondere die ehebrecherischen, durchziehen. In Racines Version der Begegnung zwischen Phädra und Hippolytos ist die Königin eine ältere Matrone, deren Gatte Theseus totgesagt ist. Von der Amme ermutigt, nähert sich Phädra schließlich ihrem Stiefsohn. Sie will ihren Kummer über den Tod des Mannes teilen und ihm ihre «bangen Sorgen gestehen»:

«Mein Sohn hat keinen Vater mehr, und nah
Rückt schon der Tag, der ihm die Mutter raubt.
Von tausend Feinden seh ich ihn bedroht,
Herr, du allein kannst seine Kindheit schützen.
Doch ein geheimer Vorwurf quält mein Herz.
Ich fürchte, daß ich selbst dein Herz verhärtet,
Ich zittre, Herr, daß dein gerechter Zorn
An ihm die Schuld der Mutter möchte strafen.»[29]

Phädra schildert, wie sie versucht hat, sich von Hippolytos fernzuhalten und sich nicht in Versuchung zu bringen, und wie sie sogar verbot, in ihrer Gegenwart auch nur seinen Namen auszusprechen. Hippolytos versteht die Andeutungen nicht und glaubt, Phädra hasse ihn, weil er im Herzen seines Vaters Theseus einen besonderen Platz einnimmt, und erwidert: «Es eifert jede Mutter für ihr Kind; dem Sohn der Fremden kann sie schwer vergeben.»

Er glaubt, an ihr die «wunderbare Wirkung» (ihrer Liebe) zu Theseus zu beobachten, doch Phädra gesteht die Wahrheit:

«Ja, Herr, ich schmachte, brenne für den Theseus,
Ich liebe Theseus, aber jenen nicht,
Wie ihn der schwarze Acheron gesehn,
Den flatterhaften Buhler aller Weiber,
Den Frauenräuber, der hinunterstieg,
Des Schattenkönigs Bette zu entehren.
Ich seh ihn treu, ich seh ihn stolz, ja selbst
Ein wenig scheu – Ich seh ihn jung und schön
Und reizend alle Herzen sich gewinnen.
Wie man die Götter bildet, so wie ich
– Dich sehe...»[30]

Sie kann sich nicht mehr zügeln:

«Deinen ganzen Anstand hatt' er,
Dein Auge, deine Sprache selbst! So färbte
Die edle Röte seine Heldenwangen.»

Als Mutter und reife Frau liebt sie die Jugend im Mann, ehe diese durch seine Unbeständigkeit, seine kleinen Vergehen und die Eroberungen verdorben wird, die er mit der Zeit macht. Sie sehnt sich nach Unerfahrenheit und Neubelebung. Sie ist von einem paradoxen Streben erfüllt, dessen Verwirklichung ihr Ziel zerstört. Sie liebt Hippolytos' Reinheit und begehrt ihn zugleich mit der ozeanischen Fülle ihrer Leidenschaft, um ihn wiederzugebären. Von daher ihre Worte: «Den Minotaurus hättest *du* getötet, trotz allen Krümmen seines Labyrinths.»

Das Labyrinth, in dem der kretische Stier haust, ist beinahe eine Metapher für das Geheimnis des weiblichen Schoßes und das Trugbild eines schützenden phallischen Aufpassers, der das innerste Heiligtum vor jugendlichen Eindringlingen bewacht. Die Gefahr verleiht der Suche noch mehr Ungeduld, der Flirt mit dem Tod macht die Wellenbewegungen der sinnlichen Entdeckung erst wirklich erregend.

Phädra setzt ihr leidenschaftliches Werben um Hippolytos fort und wird immer drängender und eindeutiger im Eingeständnis ihrer Absichten:

«Mir hätt's zuerst die Liebe eingegeben,
Ich, Herr, und keine andre zeigte dir
Den Pfad des Labyrinths. Wie hätt' ich nicht
Für dieses liebe Haupt gewacht! Ein Faden
War der besorgten Liebe nicht genug;
Gefahr und Not hätt' ich mit dir geteilt,
Ich selbst, ich wäre vor dir hergezogen,
Ins Labyrinth stieg ich hinab mit dir,
Mit dir war ich gerettet oder verloren.»[31]

Sie spricht natürlich davon, den stolzen jungen Mann in die gefährlichen Geheimnisse der geschlechtlichen Vereinigung einzuführen und ihn damit den Platz des Vaters einnehmen zu lassen. Hippolytos kann das Gehörte nicht länger vor sich selbst verleugnen und stellt sie zur Rede: «Vergissest du, daß Theseus dein Gemahl, daß er mein Vater –», worauf sie entgegnet: «Wie kannst du sagen, daß ich das vergaß?» Hippolytos nimmt diese keineswegs eindeutige Erwiderung zum Anlaß, sie um Verzeihung zu bitten, als wären ihre Worte unschuldig, kann jedoch ihren Anblick nicht länger ertragen. Jetzt gibt Phädra auch die letzte Zurückhaltung auf:

> «Grausamer, du verstandst mich nur zu gut.
> Genug sagt' ich, die Augen dir zu öffnen.
> So sei es denn! So lerne Phädra kennen
> Und ihre ganze Raserei. Ich liebe.
> Und denke ja nicht, daß ich dies Gefühl
> Vor mir entschuld'ge und mir selbst vergebe,
> Daß ich mit feiger Schonung gegen mich
> Das Gift *genährt*, das mich wahnsinnig macht:
> Dem ganzen Zorn der Himmlischen ein Ziel,
> Haß ich mich selbst noch mehr als du mich hassest.»[32]

Sie schildert alle ihre Leiden und fordert Hippolytos auf, sie zu bestrafen. Die von ihr heraufbeschworenen Bilder erinnern an Berninis berühmte und einst berüchtigte Skulptur «Die Verzükkung der Hl. Theresa», der er einen alles andere als beseligten Gesichtsausdruck verliehen hatte.

> «Ach, räche dich und strafe diese Flamme,
> Die dir ein Greul ist; reinige, befreie,
> Des Helden wert, der dir das Leben gab,
> Von einem schwarzen Ungeheuer die Erde.
> Des Theseus Witwe glüht für Hippolyt!
> Nein, laß sie deiner Rache nicht entrinnen.
> Hier treffe deine Hand, hier ist mein Herz!»[33]

Die Bestrafung mit dem Tod wäre ein Opfer, das nicht nur der Sühne diente, sondern auch der Erfüllung der immer wütender und masochistischer werdenden Begierden dieser Frau.

Wenn wir uns jetzt wieder der Tragödie des Euripides zuwenden, finden wir Phädra zum Selbstmord entschlossen. Sie opfert sich der Liebe, bringt sich der Macht der Göttin dar:

> «Denn ich will Kypris, welche mein Verderben ward,
> Vom Leben scheidend noch erfreun an diesem Tag:
> So trägt der Liebe bittre Qual den Sieg davon!

Auch will ich einem andern noch durch meinen Tod
Unglück bereiten...»[34]

Rachegedanken erfüllen ihr Herz, wenn sie an die Vernichtung
des hochmütigen Hippolytos denkt:

> «... daß er nicht auf meinen Fall
> Stolz niederschaue, sondern diese Qual mit mir
> Gemeinsam teilend lerne still bescheiden sein.»[35]

Die Handlung wird vom Chor mit folgenden Versen kommen-
tiert:

> «Darum brach ihr das kranke Herz
> In unheiliger Liebe vom
> Grausen Sturm Aphrodites.
> Von der drückenden Last des Leidens
> Überwältigt, wird sie
> An die Decke des Brautgemaches
> Knüpfen das schwebende Seil und
> Um den weißen Nacken schlingen,
> Bebend vor der finstern Göttin,
> Ruhm und Ehre statt der Schande
> Sich erwählend, und vom bittern
> Liebesschmerz die kranke Seele lösend.»[36]

In ihrer Verzweiflung wird sie von den Fluten der eigenen Sexualität verschlungen, deren Objekt, ihr unnachsichtiger Stiefsohn, ihnen ebenfalls zum Opfer fällt. Sie wird Hippolytos in
ihrem Abschiedsbrief eines Vergehens bezichtigen, das den
Zorn des Theseus auf ihn herabziehen soll.

Theseus erblickt das Täfelchen mit der Abschiedsbotschaft
am Arm der toten Phädra, liest es und folgt einer impulsiven
Regung, den vermeintlichen Missetäter zu bestrafen. Wie in
Shakespeares *Hamlet* sind auch hier die ehelichen Bande zwi-
schen zwei Angehörigen derselben Generation stärker als die
Bindungen zwischen den Generationen. Theseus schenkt den
Beschuldigungen Phädras ohne zu zögern Glauben, obwohl
Hippolytos im Ruf der Tugendhaftigkeit steht, und ruft aus:

«Nicht in des Mundes Pforten halt ich es mehr
Zurück, dieses unentrinnbare Leid:
Vernimm es, o Stadt!
Mein Lager anzutasten hat Hippolytos
Gewagt und Zeus' erhabnes Auge nicht gescheut.»[37]

Wie anders als der zaghafte Marke oder Moubad ist dieser
Theseus, wenn er seinen innig geliebten unehelichen Sohn ohne weiteres verflucht und Poseidon anruft, ihn zu den Pforten
des Hades hinabzusenden. Hippolytos, so muß es ihm erscheinen, hat ihm den Anspruch auf eine Frau seiner Generation bestritten – die zudem bereits dem König gehörte –, statt eine
Braut unter den Töchtern des Landes zu suchen. Das Entsetzen
über diese Bedrohung der Autorität fegt alle Vernunft und
Überlegung in einer rasenden Wut beiseite. Theseus verbannt
Hippolytos, ohne zu ahnen, daß es dessen Keuschheit war und
nicht die Nachgiebigkeit gegenüber blutschänderischen Impulsen, die Phädra und die Familie vernichtet hat. Er verflucht den
Sohn und weist dessen Berufungen auf die eigene Askese und
Reinheit allesamt zurück. Vergebens beteuert Hippolytos noch
einmal seine Tugendhaftigkeit. Der Vater vertreibt ihn als Bett-
ler aus der Heimat. Gleich Ödipus muß Hippolytos für die
Schuld der elterlichen Generation die Hauptsühne leisten. Theseus hat recht, wenn er Hippolytos Selbstherrlichkeit vorwirft,
täuscht sich jedoch, was die eigentliche Übertretung angeht.
Sein Stolz habe ihn zu Fall gebracht, so meint er, weil er sich
selbst mehr bewundere als Tugenden zu pflegen – etwa Gerechtigkeit oder die Kindespflicht gegenüber dem Vater.

Unter Anrufung der Artemis, der ihm teuersten Göttin,
nimmt Hippolytos die Verbannung auf sich. Wir hören später,
wie der Stier aus dem Ozean, jene phallische Figur aus dem Innern des großen Schoßes, Hippolytos' Pferde scheuen läßt, so
daß sie ihn zu Tode schleifen und zerreißen. Der Stier ist zugleich das Symbol der Macht Kretas und der Herkunft Phädras. Er zeugt von ihrer Rache, mag Theseus auch noch so sehr
wähnen, es sei sein Gott, ein männlicher Gott, Poseidon, der
den Untergang des Hippolytos herbeigeführt hat.

Artemis erscheint und verkündet, sie und Theseus trügen den größten Schmerz über die Tragödie von Phädra und Hippolytos. Sie preist den «reinen Sinn» von Hippolytos' Seele, als die geschundenen Überreste seines Körpers auf einer Bahre herbeigetragen werden, ein Edelmut, der schließlich seinen Untergang bewirkte. Hippolytos soll nach seinem Tode in einem Kult verehrt werden, den Artemis in seinem Namen einführt. Doch während er stirbt, kann er die großen Pforten des Todes sehen, die ihm winken – den ewigen Schoß –, die Vulva der verlangenden Mutter, die den Sohn in ihre dunklen, inneren Bereiche zurücklockt, die ihm je nach seinen Verdiensten sinnliches Glück oder Zerstörung bereiten. Schließlich übertrifft nichts die Wut eines verschmähten Weibes, wie ein geflügeltes Wort William Congreves lautet.

Über den Inzest zwischen Mutter und Sohn zu sprechen, heißt immer auch von einer gemeinsamen *Schuld* zu reden, im Unterschied vielleicht zu anderen Formen einer leidenschaftlichen Liebe, die sich außerhalb der Familie oder der gesellschaftlichen Ordnung stellt. Tritt das Geheimnis einmal ans Tageslicht, werden die Konflikte offenbar und fallen die Schranken, werden diese Mütter samt den Söhnen von einer wahren Springflut inzestuöser Begierden hinweggerissen. Solche Zwänge sind tödlich und überdies Anzeichen für den Zusammenbruch der bestehenden Familie und sozialer Gebäude, deren Existenz davon abhängt, daß diesen dunklen Trieben Einhalt geboten wird. Das gilt zumindest für die westliche Mythologie in ihrer epischen und dramatischen Gestaltung.

Zwischenspiel in Indien

Ebensowenig wie der Inzest zwischen Vätern und Töchtern findet sich «Mutterliebe» in der großen epischen oder dramatischen Dichtung Indiens, dafür jedoch in den mündlich überlieferten Sagen und in den Volksmärchen. In der literarischen Tradition dieses Landes bleiben Liebe und Liebende grundsätzlich exogam – beschränkt auf ihre eigene Generation und daran gehindert, innerhalb der Familie eine Verbindung einzuge-

hen. Eine Ausnahme bilden hier lediglich die Sagen von
Kunala, dem Sohn des großen Königs Ashoka. Kunala wurde
von seiner Stiefmutter begehrt, wies jedoch wie Hippolytos die
ihm entgegengebrachte Liebe zurück. Gleich Phädra beschul-
digte ihn daraufhin die Königin, ihr unschickliche Anträge gemacht zu haben, und zur Strafe dafür wurde Kunala von seinem Vater seines Augenlichts beraubt.

Merkwürdigerweise fand sich für diesen Stoff in Indien kein
Euripides oder Racine. Ein Grund für diese auffällige literarische Auslassung mag darin zu suchen sein, daß der Geist des
Eros in der Mutter-Sohn-Beziehung in Indien viel zu mächtig
ist, als daß er sich ohne weiteres in der Dichtung und auf der
Bühne heraufbeschwören ließe. Die Beobachtung der Gegenwart zeigt uns (und es gibt keinen Grund für die Annahme, daß
es in der Vergangenheit anders gewesen wäre), daß ein Knabe
in Indien vom Augenblick seiner Geburt an mit unmittelbarem,
sinnlichem Körperkontakt verwöhnt und von rastloser körperlicher Fürsorge umhegt wird.[38] Beständig in die Arme der Mutter geschmiegt, erfährt der Sohn ihren Körper als berauschend.
Ist der Säugling alt genug, daß er auf dem Bauch liegen kann,
wird er häufig rittlings auf einer Hüfte der Mutter getragen,
seine Beine links und rechts an ihren Körper gedrückt,
während sie Nachbarn besucht, auf den Markt oder aufs Feld
geht oder sonstige Besorgungen erledigt. Zu anderen Zeiten (und andernorts) trägt die Mutter oder ihre Ersatzperson
den Säugling vielleicht vor den Bauch oder auf den Rücken gebunden.

Jahrelang schläft das Kind nachts im selben Bett wie die
Mutter und wird erst dann zu einem anderen Mitglied der Familie gelegt, wenn das mütterliche Bett zu klein geworden ist,
etwa nach der Ankunft eines neuen Geschwisters. Patienten,
die bis zum Einsetzen der Pubertät bei ihren Müttern geschla-
fen haben, sind für einen Analytiker in Indien nichts Seltenes.
Der Geruch und die Wärme ihres Körpers und die Beschaffen-
heit der Haut der Mutter in einem Klima, unter dessen Bedingungen das Kind nur wenig oder überhaupt nicht bekleidet ist,
prägen nachhaltig die frühe, im doppelten Sinne des Wortes

sinnliche Erfahrung der meisten indischen Männer. Sie unterscheidet sich beträchtlich vom ungebundeneren, weniger einhüllenden und die Sinne erregenden Schicksal der Knaben in westlichen Gesellschaften.

Die geschlechtliche Erregung durch die Mutter schlummert – auch wenn sie von den meisten Männern im Lauf ihrer Entwicklung gelungen verarbeitet werden kann – weiterhin als eine verführerische Unruhe unter der Oberfläche. Neben ihrer Umwandlung in extreme Formen einer mütterlichen Verehrung bleibt die Drohung einer unerwünschten und unkontrollierbaren Aufwallung sexueller Gefühle für die Mutter bestehen und kann akute Ängste auslösen. Diese erotische Regung geht dem Dichter und Schriftsteller persönlich zu nahe, als daß er sie in ästhetischer Gelassenheit wiedererinnern könnte.

Auf der anderen Seite sind Mythen und Volksmärchen kollektive und keine individuellen Hervorbringungen und unterliegen nicht den Beschränkungen, wie sie sich aus den lebensgeschichtlichen Verdrängungen eines Künstlers ergeben. Ein Beispiel für die unverhüllte Darstellung von «Mutterliebe» ist der Mythos von der Göttin Durga, deren geschlechtliche Vereinigung mit dem eigenen Sohn von Pfauen mitangesehen und lautstark unterbrochen wurde. In ihrem Zorn bestrafte Durga die Tiere mit Impotenz und einer häßlichen, heiseren Stimme. Später bereute sie diesen Fluch und gestattete den armen Vögeln, sich durch ihre Tränen zu vermehren. (Zufälligerweise stützen sowohl die Kunalasage als auch der Durgamythos die psychoanalytische Annahme von einer unbewußten, symbolischen Gleichsetzung von Blindheit und Kastration, Augen und Penis sowie Tränen und Samen beim Menschen.)

Im Mittelpunkt indischer Erzählungen von inzestuösen Beziehungen zwischen Mutter und Sohn stehen die Mutter und die Schicksalhaftigkeit ihrer Wünsche. In zahlreichen, von dem Volkskundler A. K. Ramanujan aufgezeichneten Varianten ist das Grundmuster dieser Erzählungen etwa das folgende:

«Ein Mädchen kommt mit dem Fluch zur Welt, sie werde einst den eigenen Sohn heiraten und ihm wiederum einen

Sohn schenken. Kaum erfährt sie von diesem Fluch, legt sie freiwillig ein Gelübde ab, alles zu tun, um ihm zu entgehen. Sie verbirgt sich in einem dichten Wald, lebt nur von Früchten und entsagt aller männlichen Gesellschaft. Als sie jedoch in die Pubertät eintritt, will es das Schicksal, daß sie eine Mangofrucht von einem Baum ißt, an dem ein König unterwegs sein Wasser abgeschlagen hat. Von der Mangofrucht wird sie schwanger; verwirrt schenkt sie einem Knaben das Leben, wickelt ihn in ein Stück Stoff ihres Saris und wirft ihn in einen Fluß in der Nähe. Der Knabe wird vom König des benachbarten Königreiches aus dem Wasser gezogen und wächst zu einem schönen, kühnen Prinzen heran. Auf der Jagd gelangt er in den besagten Wald, begegnet dem Mädchen, und sie verliebt sich in den Fremden, nachdem sie sich nicht mehr in Gefahr wähnt, da ihr Sohn ja nicht mehr am Leben ist. Sie heiratet ihn und schenkt ihm einen Knaben. Dem Brauch folgend, bringt man für den Sohn die aufbewahrten Windeln herbei, die bereits der Vater als Säugling getragen hatte. Die Frau erkennt darin sogleich das Stück von ihrem Sari wieder, in das sie ihr erstes Kind, ihren jetzigen Mann gewickelt hatte, und weiß, daß sich der schicksalhafte Fluch an ihr erfüllt hat. Sie wartet, bis alles schläft, und singt ihrem Neugeborenen ein Schlaflied:
Schlafe
O Sohn
O Enkel
O Bruder meines Gatten
Schlafe, o schlafe, schlaf süß!
Dann dreht sie ihren Sari zu einem Seil und erhängt sich an einem Sparren des Daches.»[39]

Was an dieser indischen Geschichte und ihren verschiedenen Versionen auffällt, ist das Fehlen des Vaters, der in der für das antike griechische oder das mitteleuropäische Drama so charakteristischen Dreieckskonstellation immer dabei ist. In der Tat handelt es sich ausschließlich um die Geschichte einer Frau, die in Indien zudem nur von Frauen für Frauen erzählt wird.

In sämtlichen Fassungen der Erzählung leugnet die Mutter ihre Inzestwünsche, indem die Verantwortung für ihr Handeln dem Walten des Schicksals, einem Fluch oder den Göttern zugeschoben wird. Ebenso gemeinsam ist allen der Versuch, das Ziel des Inzests und damit den Impuls selbst auf eine Ebene zu verlagern, wo die Naturgesetze, die Herrschaft der Triebe und der sozialen Ordnung außer Kraft gesetzt sind. Ein Sohn wird ohne geschlechtliche Vereinigung empfangen, so daß sowohl er als auch die Mutter anfangs unberührt von weiblicher Sexualität bleiben. Zudem sind es die Körperflüssigkeiten eines *Königs* – Schweiß, Tränen, Blut und Samen in den verschiedenen Varianten des Texts –, die zur Geburt des Sohnes führen, der immer so etwas wie ein Prinz ist, womit die Möglichkeit des Inzests annehmbarer gemacht wird – es ist ein «Inzest der Herrschenden». Doch trotz dieser Leugnung des Wunsches und trotz des Versuchs, ihn von dem Ruch der Erbsünde zu befreien, endet die Enthüllung des großen Geheimnisses in den meisten Versionen mit dem Selbstmord der Frau. Wie im Mythos von Phädra dient das Selbstopfer als Zeugnis für die Macht des Schuldbewußtseins in dem Verlangen der Mutter nach dem Sohn als Geliebten. Es ist ein Verlangen, das zum innersten Kern aller Leidenschaft drängt und doch zugleich den Lebensnerv der Familie und der umgebenden Gesellschaft bedroht.

Es gibt allerdings auch andere Fassungen der Erzählung, in denen die Mutter, nachdem sich ihr das Inzestgeheimnis enthüllt hat, dieses klugerweise für sich behält und ihr Leben als Geliebte und Ehefrau ihres Sohnes und Mannes fortsetzt. (Einigen Autoren zufolge war dies auch die Absicht von Jokaste, der Mutter-Frau des Ödipus, die den Inzest seit langem geahnt haben mochte, deren Hoffnungen jedoch an der Klippe der unbedingten Wahrheitssuche eines Mannes zerschellen.) Wir können nur vermuten, daß dieser weniger tragische Schluß der Erzählung ihre weitgehend weibliche Erlebnis- und Betrachtungsweise ganz anders zum Ausdruck bringt als die von den – männlichen – Dichtern Euripides und Racine ersonnenen Dramen, die in Mord und Totschlag enden. Vielleicht sind Frauen in den Dichtungen ihrer eigenen Phantasie pragmatischer und

eher bereit, die Paradoxien einer sinnlichen Hingabe und die
dem Geschlechtlichen innewohnenden Gefahren auf sich zu
nehmen. Als Mütter können sie die mit Inzestwünschen verbundenen Schuldgefühle anscheinend eher ertragen als ihre
Söhne, die – wenigstens in der Literatur – mehr dazu neigen,
die Mütter wegen solcher nur allzu natürlicher Übertretungen
zugrunde zu richten.

Im Verlauf der individuellen Lebensgeschichte entwickelt
sich der Ödipuskomplex aus Selbsttäuschung und unerwider-
tem Verlangen. Ein kleiner Junge wird von erotischen Sehnsüchten nach seiner Mutter gepeinigt, ohne sich wirklich eine
Vorstellung davon zu machen, welcher Art ihre Sehnsüchte für
ihn sein mögen. Diese sind allein weisen Erwachsenen bekannt,
die in die Herzensregungen einer keuschen Mutter eingeweiht
sind. Sollten sie allerdings für den Knaben sichtbar werden und
ihn in seiner ganzen Erbitterung und Verletzlichkeit treffen,
kann dies die Entwicklung seiner Sexualität sehr wohl nachtei-
lig beeinflussen. Eine unverblümt verführerische Mutter und
der grausam frühzeitige Triumph, der in ihren Verheißungen
eines Inzests winkt, lösen bei ihrem Bewunderer einen Rückzug aus. In vielen Fällen wird er dann die Heterosexualität ver-
dammen und im Innern begraben, sich entmannen oder sexuelle Tröstung bei anderen Männern suchen.

Wenn der heranwachsende kleine Liebhaber schließlich einer Frau begegnet, die nicht mehr das Geschöpf seines «fieber-
heißen Gehirns» ist, sondern selbst eine leidenschaftliche, be-
gehrende Person, vermag er tiefer in seine Vergangenheit und
seine Zukunft zu blicken. Das holzschnittartige Bild einer sowohl begehrten als auch unbedrohlichen Mutter weicht dem einer für ihn schmerzhaften Persönlichkeit. Allein der Firnis einer gemeinsamen Moral schützte beide vor jener «tragischen
Wonne», die für die Ordnung der Familie und der Gesellschaft
eine Katastrophe gewesen wäre.

Der Augenblick der bislang verbotenen Lust – einer von
Freuds Patienten, der von der Frucht des Begehrens gekostet
hatte, rief aus, er würde seinen Vater für diese Empfindung umbringen – ist sowohl ein Übergangsritus als auch ein Omen. Er

bezeichnet das Ende einer behüteten Kindheit, die Übernahme von Autorität als Angehöriger einer neuen Generation, den symbolischen Tod derer, die man so innig geliebt und dringend gebraucht hat, die tiefste Realität der Begierde des Fleisches. In den besten Werken der Weltliteratur wird dieser paradoxe Ansturm der Gefühle thematisiert und gestaltet. Im wirklichen Leben kann es vorkommen, daß der junge Liebende zurückweicht und seinen infantilen Ödipuskomplex als eine Abwehr gegen das Erwachsenendasein wiederaufrichtet.

Von jetzt an bedeuten alle Frauen, ob Mütter oder nicht, eine entscheidende Herausforderung für den Initiierten. Die lang ersehnte leibhaftige Verkörperung eines bislang nur in der Phantasie gehegten Bildes, das Zusammenspiel von Handlung und körperlicher Erregung – das alles kann bei manchen Männern dazu führen, daß sie vor dem Augenblick des Höhepunktes fliehen. Für die Mehrheit hingegen fügen sich in den zeitweiligen Umarmungen warmer Weiblichkeit Phantasie und Wirklichkeit in wunderbarer Weise zusammen, sobald der Heranwachsende sich bemüht, das ihm dargebotene Geschenk anzunehmen und den Mut zu erwerben, den die Liebenden und die Liebe selbst verlangen.

Dritter Teil: Über die Liebe – Geschichten und Theorien

Othello sagt uns ganz ungeschminkt, was ihn und Desdemona verbindet: «Sie liebte mich, weil ich Gefahr bestand; ich liebte sie um ihres Mitleids willen» – nicht mehr und nicht weniger. Damit beschreibt er zweifellos den reinen Augenblick, das reine Gefühl, und deutet zugleich an, daß Reflexionen und bildliche Verschönerungen, wie sie in «Liebesromanen» vorkommen, wenig zu einem Verständnis des Wesens der Liebe beitragen.

Nur in der liebenden Begegnung zweier Menschen, dem Aufeinandertreffen ihrer Körper und der gegenseitigen Prüfung ihrer Seelen nimmt die Liebe Gestalt an, wenn wir einmal von den Anrufungen und Beschwörungen in der Musik, der Dichtung usw. absehen. Die Psychoanalyse, die sich bemüht, das gesamte Seelenleben in seine Bestandteile zu zergliedern, statt diese zu einem einzigen Augenblick der Entäußerung zu verschmelzen oder zusammenzufügen, mag allein schon wegen dieser Methode zur Wahrheit ihres Gegenstandes in einem Gegensatz stehen. Warum sollte man angesichts dessen noch einen Schritt weitergehen und versuchen, eine «Zusammenfassung» über das Thema im allgemeinen, eine «Theorie der Liebe» zu formulieren? Ähnlich den technischen und entwicklungspsychologischen Begriffen, mit denen der Psychoanalytiker in der klinischen Praxis arbeitet, dienen auch die vorliegenden Ausführungen dem Ziel, uns selbst und dem Leser zu einer Vertiefung dieser erotischen und ästhetischen Augenblicke zu verhelfen, indem wir sie um eine Art antizipatorischer Erkenntnis, ja eigentlich um Selbsterkenntnis erweitern. Nachdem wir auf diese Weise neue Dimensionen der Wahrnehmung geschaffen haben, brauchen Verallgemeinerungen und Erklärungen nicht mehr explizit formuliert zu werden und können auch keine

Verwirrung mehr stiften. Mit anderen Worten, wir fordern den Leser auf, uns dann zu vergessen, wie auch die Patienten die Deutungen ihres Analytikers so häufig vergessen, aber künftig die Dinge mit anderen Augen sehen.

8. Die Phänomenologie der Leidenschaft

In dem Raum zwischen Körper und Seele, zwischen den biologischen Trieben und den Impulsen der Phantasie, liegt das Reich der leidenschaftlichen Liebe. Sowohl in den Kulturen des Westens als auch im Orient entstand es als ein neues Territorium, als eine späte Errungenschaft, in Indien und im Griechenland der Antike vor nicht mehr als ca. 2500 Jahren. Dieses Reich, das im übrigen Europa noch jünger ist, konnte erst «entdeckt» werden, nachdem die geschlechtliche Liebe zwischen Mann und Frau begonnen hatte, sich aus ihrer rein biologischen Funktion der Fortpflanzung zu lösen. Im erfolgreichen Kampf gegen die Natur ging die Säuglingssterblichkeit zurück, es stieg die Lebenserwartung, und Männer und Frauen fanden allmählich die Möglichkeit, einander nicht mehr nach praktischen, sozialen Erfordernissen zu wählen, sondern nach ihren geistigen und sinnlichen Bedürfnissen. Einmal ihrer rein triebmäßigen oder zweckbestimmten Funktion entkleidet, befreite sich die Erotik aus den moralischen Normen, die dem Fortbestand der Familie und der umfassenderen Gesellschaftsordnung dienten. Damit war der Weg frei für die romantische Form der Liebe.

Tatsächlich gibt es im Reich der Liebe nur ein einziges Tun und Treiben. Will man den Philosophen der Liebe Glauben schenken, so besteht diese aus nichts anderem als der zielstrebigen, unablässigen Suche von Individuen, die danach verlangen, mit einem anderen zusammen eine Zwei-Personen-Welt zu bilden. In den Worten Teilhard de Chardins ist dieses Tun «das Spiel zahlloser feiner Antennen, die einander im Licht und im Dunkel der Seele suchen; der Drang, sich gegenseitig zu spüren und zu ergänzen, wobei der Hauptzweck der Erhaltung

der Art zunehmend im tieferen Rausch zweier Menschen sich
auflöst, die eine ganze Welt in Armen halten.»[1]

In den vielen «zweisamen» oder aneinander gefesselten Welten dieses Reichs gilt der Taumel leidenschaftlicher Liebe als etwas «Normales» und wird gierig erstrebt. Der eigentliche
Schrecken liegt im Erkalten dieser Fieberglut und der damit
verbundenen Rückkehr in eine Welt des gewöhnlichen Bewußtseins, die in ihrer distanzierten Sachlichkeit öd und fremd
geworden ist.

Diese Wahnzustände und die von ihnen genährten Täuschungen und Illusionen sind von Männern mit sogenanntem
klaren Verstand verurteilt worden – von christlichen Theologen, islamischen Geistlichen, Hindugelehrten und sogar einigen Analytikern. Als Sprecher für ihre jeweilige Gesellschaft
haben sie jahrhundertelang versucht, die erotische Spontaneität, die nach ihrer Meinung inmitten eines ansonsten profanen
Geländes ungezügelt ins Kraut schießt, der Herrschaft des Ge-
setzes zu unterwerfen. Die wenigsten von ihnen haben gesehen, daß die Lockungen leidenschaftlicher Liebe nicht nur und
nicht einmal hauptsächlich in der Verheißung einer orgastischen Freiheit liegen, sondern in dem Nebeneinanderbestehen
von Widersprüchen. Auf der einen Seite gibt es diese verzehrenden Qualen einer unerwiderten oder unerfüllten Liebe, die
nagende Eifersucht im Besitzwunsch und die Gipfel der «höchsten Lust» der Liebe in Wagners *Tristan und Isolde*. Auf der anderen Seite finden sich jedoch die Andacht und die Besinnlich-
keit, die «religiöse Intimität» und die «Feierlichkeit». Das Land
der Liebe ist nicht nur von strotzenden Dschungeln überwach-
sen und von wilden Sturzbächen durchflossen, sondern kennt
auch «manchen sanften, zauberhaften Hügel (der Venus)», auf
dem in den Worten W. Audens die Liebenden «in ihrer gewöhnlichen Ohnmacht» liegen, während die Göttin ihnen «eine feierliche Vision von überirdischer Harmonie, allgemeiner
Liebe und Hoffnung» schickt.[2]

Leidenschaftliche Liebe: Verlangen und Sehnsucht

Freud wurde der erste Psychoanalytiker, blieb aber eigentlich ein Naturforscher. Seine Sicht der Liebe wurzelt eindeutig im Geist des 19. Jahrhunderts. In seinem ersten Buch über Eros und die Quellen der Liebe behauptete Freud eine ursprüngliche Gemeinsamkeit zweier Strömungen im Menschen, der zärtlichen und der sinnlichen. Für ihn flossen beide aus einem einzigen unterirdischen Reservoir der Libido, jenem rational-mystischen Becken der Sexualtriebe, dessen Abflüsse an den Grenzen von Körper und Geist entlangströmten.[3] Die zärtliche, schützende Strömung entstammte nach Freuds Überzeugung der Begierde, wurde jedoch durch Hemmschranken umgelenkt und schob ihre Befriedigung auf, um das Wohlbefinden und die ununterbrochene Verfügbarkeit der anderen Person nicht zu gefährden. Die zweite Strömung war eindeutig sexuell ausgerichtet und strebte gebieterisch und mit Macht nach ureigener Befriedigung, eine Flutwelle des inneres Triebs. Nach Freud trennen sich diese Strömungen zunächst beim Kleinkind, kreuzen sich dann und wann und verschmelzen nach der Pubertät bei der von ihm so bezeichneten «ersten reifen Objektwahl».

Freuds Betonung der körperlichen oder sinnlichen Grundlage der Liebe hat viele moralische Gemüter und nicht immer die schlichtesten unter ihnen verstört. Einige haben einen völlig neuen Begriff der Liebe vorgeschlagen – eine mehr platonische «wahre Liebe» oder ein «Liebhaben», worin der Sexualtrieb als solcher entweder gar keine oder nur eine belanglose Rolle spielen sollte.

Die gegenwärtige Kritik an der Überbetonung der Sexualität in der Liebe entspringt keiner anachronistischen Wiederauferstehung eines romantischen Puritanismus Rousseauscher Prägung. Nach unserer Meinung entspringt dieses tiefreichende Unbehagen an der Triebkomponente der Liebe einem unzulänglichen Verständnis von nur vage wahrgenommenen und verwirrenden Phantasien, die weitgehend unbewußt sind. Diese versteckten Äußerungen eines uns unbekannten Teils des Bewußtseins zeigen sich in Gestalt unerwarteter und häufig furchterregender Spuren von Herzstichen. Sie lassen vermuten, daß sexuelles Begehren, wie wir es zumeist kennen, auch andere Ziele haben kann als die höchste Lust des geschlechtlichen Verkehrs und des Orgasmus. Ein elementarer Drang zieht offenbar weitere Triebanteile nach sich – denken wir nur an Romeos verschlingende, unstillbare Begierde.

Erst spät wurde die Psychoanalyse eine «duale Triebtheorie», in der Libido und Aggression gleichberechtigt nebeneinander standen. In einer Kritik an seinem früheren Schüler Adler bemerkte Freud, daß dessen Psychologie der Macht die «Liebe» außer acht lasse, den eigentlichen Kern des psychoanalytischen Unternehmens. Es brauchte lange, bis Freud die Gewalt als ein wesentliches Element des Seelenlebens zu erkennen vermochte. Erst in der Zeit nach dem Ersten Weltkrieg, als die Psychoanalyse schon mehr als 20 Jahre alt war, führte Freud widerstrebend einen elementaren Todestrieb ein, der auf die Zerstörung des eigenen Selbst gerichtet ist und sich mit der Zeit nach außen und auf andere wendet. Seine Nachfolger sprachen schließlich von Aggressionstrieben, um auf diese Weise das Grausame und Mörderische im Menschen gegenüber seinen Artgenossen hervorzuheben. Von nun an enthielt jedenfalls der Kessel der menschlichen Leidenschaften Triebe zweierlei Art, und wenn man dem einen den Deckel lüftete, konnte es geschehen, daß sich ohne ersichtlichen Grund der andere zeigte. Möglicherweise waren sogar Liebe und Gewalt in einer furchtbaren Einheit miteinander verbunden.

In den erotischen Phantasien des Unbewußten betreten die dunkleren Absichten der zerstörerischen Aggression die Bühne. So meint z.B. Sartre, daß bei jeder sexuellen Begegnung der Bemächtigungstrieb im Vordergrund steht – der Wunsch, den Willen des Partners an den eigenen zu ketten und sein Bewußtsein auf eine rein fleischliche Reaktion zu reduzieren.[4] Der Drang zur Unterwerfung, so heißt es bei ihm weiter, siegt über den Wunsch nach Lust, da jeder den Partner überwältigen und erniedrigen will. Deshalb wird der Mann auch hauptsächlich

von den am wenigsten persönlichen und passivsten Körperteilen der Frau erregt: Brüsten, Schenkeln und Bauch.

Mit dieser Auffassung, mag sie auch innerhalb seiner gesamten Lehre verkürzt sein, steht Sartre nicht allein. Eine Spielart
der «Bemächtigungsphantasie» ist in die klassische Liebesdichtung des Sanskrit eingegangen. Sie findet sich in den über-
schwenglichen Schilderungen der weiblichen Brüste und Hüften, Schenkel und Nabel samt der Vorliebe für Liebesszenen, in
denen die Frau in einem Zustand der diffusen und nichtge-
schlechtlichen Körpererregung zittert, als fürchte sie einen bevorstehenden körperlichen Angriff, so daß ihr Schauder für sie
selbst wie für den vermuteten Angreifer zu einer Quelle der
sexuellen Erregung wird. In Kalidasas *Kumara Sambhawa*, einem Meisterwerk erotischer Dichtung aus dem vierten Jahrhundert n. Chr., entzündet sich etwa Schiwas Leidenschaft
beim Anblick von Kratzspuren auf Parwatis Schenkeln, Bißma-
len auf ihrer verletzten Unterlippe und an ihrem aufgelösten
Haar. Seine Erregung steigert sich noch, weil Parwati anfangs
«Angst und Liebe zugleich» empfindet. Und in den von uns
ausgewählten Geschichten ist die Gewalt der «Bemächtigungsphantasie» am anschaulichsten in der Beschreibung der körperlichen Umarmung zwischen Vis und Ramin.

All dies erinnert an die «normalen» Äußerungen von
Aggression und offenbarer Gewalt, die bei der Paarung zahlreicher Säugetiere zu beobachten sind, auch wenn man
sie mit dem menschlichen Verhalten nicht auf eine Stufe
stellen darf. Der Vorgang wird von Briffault sehr lebendig
geschildert:

«Beim Männchen wie beim Weibchen ist ‹Liebe› oder sexuelle Anziehung ursprünglich und auffällig ‹sadistisch›; sie wird
eindeutig durch das Zufügen von Schmerz verstärkt, sie ist
nicht weniger grausam als der Hunger. Dieser ‹Sadismus› ist
unmittelbar, fundamental und das am längsten bestehende
Gefühl, das mit dem Sexualtrieb verknüpft ist. Das Männchen packt das Weibchen, malträtiert und beißt es, und dieses wiederum gebraucht nach Kräften seine Zähne und Kral-

len. Beide gehen aus dieser sexuellen Auseinandersetzung
blutend und zerzaust hervor... Jede Kopulation läßt sich
durch diesen Impuls – zu verletzen, Blut zu vergießen, zu töten – dem Aufeinandertreffen zwischen Raubtier und Beute
gleichsetzen, und nicht selten geht jeder Unterschied zwischen diesen beiden Situationen verloren. Es wäre zutreffen-
der, davon zu sprechen, daß der Geschlechtstrieb die Natur
mit einem Schrei der Grausamkeit durchdringt, und nicht
mit einer Hymne der Liebe.»[5]

Aggression im Dienst des eigenen Genusses gehört wesentlich
zu den Paradoxien der Leidenschaft. Sexuelle Gewalt zeugt
von Triebwünschen in ihrer roheren Gestalt. Phylogenetisch
geht sie zurück auf die von einem Männchen geltend gemachten Vorrechte auf Zeugung und Territorium, wenn es ein Weibchen begatten will – tiefverwurzelte Antriebe aus der Soziobio-
logie, die sich noch heute beim Menschen bemerkbar machen.
Ontogenetisch wird das Kind mit dieser Situation in der «Urszene» konfrontiert, deren reine Körperlichkeit von ihm miß-
verstanden werden muß. Wenn es das Stöhnen der Eltern hört
und ihre hemmungslose Hingabe an das Gefühl miterlebt, wird
das Kind völlig überwältigt von der Animalität und Gewalttätigkeit. Für die kindliche Phantasie scheinen sich die Eltern
beim Geschlechtsakt Gewalt anzutun. Daß sie diesen tödlichen
Kampf unversehrt überstehen, erscheint vielen als etwas Wunderbares, die vom Schrecken dieser Szene in ihrer erotischen
Entwicklung behindert werden.

   Viele Kulturen haben versucht, diese Aggression zu zähmen
und in ausgesuchte Verfeinerungen der Lust umzuwandeln, der
sie letztlich dient. Im *Kamasutra* wird beispielsweise in den Kapiteln über die acht Arten des «Liebeskratzers» und des «Lie-
besbisses» das «Animalische» der gepriesenen und in den ver-
schiedensten Formen dargestellten geschlechtlichen Vereinigung, genauer gesagt des Vorspiels, deutlich. Eine Fingernagel-
spur auf der Brust einer Frau wird mit den Malen einer
«Tigerpranke» verglichen, Bißmale am Brustansatz mit dem
«Malmen eines Ebers».

Diese eher liebevolle oder spielerische, in den Dienst des Vorspiels gezwungene Gewalt, wird von beiden Beteiligten als Genuß empfunden. Die eigentliche Feindseligkeit – der Wunsch nach Verletzung und Erniedrigung des Objekts – äußert sich häufig überhaupt nicht als offene, konvulsivische Gewalt. Sie ist distanzierter und kommt eher in einer kalten Wut als in der leidenschaftlichen Erregung zum Ausdruck. Der besitzergreifende und feindselige «Liebhaber» gibt seine Selbstbeherrschung nicht auf, sondern strebt vielmehr danach, erlittene Verletzungen nunmehr anderen zuzufügen und sich für die frühen Kränkungen und versteckten Verletzungen durch seine Eltern zu rächen. In der Tat berührt die französische Feinfühligkeit eine dynamische Wahrheit, die dem Analytiker in der Theorie wie in der klinischen Praxis allzu gut bekannt ist: Sadismus dient der Selbsterhaltung. Die Erniedrigung des anderen durch sexuelle Machtinstrumente soll die eigene phantasierte Größe bestätigen und kann die unterschiedlichsten Formen ritualisierter Grausamkeit annehmen – vor allem natürlich die der Misogynie.

Bei Frauen äußert sich das Gegenstück zum phallozentrischen Bemächtigungstrieb anders – unter anderem als Drang, den Mann an sich zu ziehen, «einzufangen» und zu beherrschen –, d.h. nicht als bewußte oder unbewußte Phantasie der Eroberung, Vergewaltigung und Beherrschung. Der Trieb wird umgeleitet, wobei die Frau, wie Erich Fromm es einmal ausgedrückt hat, durch eine innere Umkehrung ihrer typischen Körperhaltung beim Koitus die Macht des Mannes untergräbt, der davon überzeugt ist, sie zu beherrschen.[6] Angesichts der jahrhundertelangen sozialen Abhängigkeit und Verletzlichkeit der Frau im Hinblick auf die männlichen Launen sowie der Einflüsse, die sich daraus zwangsläufig auf ihre Psyche und ihr Selbstverständnis ergeben, kann es uns kaum überraschen, wenn sich ihre Rachsucht in Darstellungen einer sich selbst erniedrigenden und demütigenden Sklavin äußert – allerdings einer Sklavin, die über den anmaßenden Herrn und Meister, wie der Mann ihn herauskehrt, nur ihren Spott ausgießen kann. So schreibt etwa die französische Sozio-

login Evelyne Sullerot in ihrem Buch über acht Jahrhunderte
weiblicher Literatur: «Es gibt keine schwereren Ketten, keine
lähmenderen Fesseln als eine Frau, die sich einem Mann ‹völlig
ausgeliefert› hat... Sie entrinnen ihren Möchtegern-Herren,
indem sie die ihnen aufgezwungene Abhängigkeit noch über-
treiben, von der sie gelähmt und verschlungen werden.»[7] Mit
anderen Worten, die wie eine Leibeigene behandelte Frau sucht
den Mann durch ein Zerrbild masochistischer Sklaverei zu erniedrigen und zu demütigen, das ihre wahre Herrschaft über
seine Begierden und Gefühle verschleiert. Sie spielt mit seinen
sexuellen Bedürfnissen, während sie gleichzeitig für ihn die Illusion seiner Überlegenheit aufrechterhält. Auf diese Weise bürdet sie ihm die ganze Verantwortung für ihr Schicksal
auf und legt ihn in das Eisen eines schuldbeladenen Gewissens. Schließlich verfügt allein sie über Gnade und Verzeihung, indem sie die sexuellen Gunstbeweise nach Belieben gewährt.

Freuds «sinnliche Strömung» fällt hier demnach unter die
Rubrik einer noch komplexeren und umfassenderen triebhaften *Begierde*. In ihr fließt alles zusammen: die Entbehrung und
die Gewalt des Körpers, das innere Sehnen nach sexueller Lust,
aber auch das Bedürfnis, sich von früheren Schmerzen und
fressendem Haß zu befreien, die Erregung des Höhepunktes
und der wilde Jubel der Besitznahme. Wo allein die Begierde
herrscht und der Körper die Seele überwältigt, da werden die
Grenzen des Selbst nicht erweitert, um Platz für einen anderen
zu schaffen, sondern das Selbst und seine Antriebe werden wie
alles andere vertrieben, was der Begierde im Weg steht. Die von
uns beschriebenen Wünsche, bei denen auch Aggressionen ins
Spiel kommen, sind notwendige, aber nicht die alleinigen Bestandteile der Liebe.

Der Eroberungsdrang gehört zu den Triebkräften einer leidenschaftlichen Umarmung. Aber die Liebe, so würde der Analytiker es ausdrücken, verwandelt oder «neutralisiert» die
Feindseligkeit, sublimiert sie sogar in einer Weise, daß ihre ursprünglichen Ziele und ihre Form nicht mehr kenntlich sind.
Dominanz und Eroberungslust machen es dem Mann möglich,

in eine Frau einzudringen, aber zugleich verliert er etwas von seiner Selbstsicherheit, wenn er ihr seinen Samen, einen Teil seines Selbst gibt. Der Akt der Vereinigung ist deshalb auch ein Akt der freiwilligen Ergebung. Aggression ist nach alldem, so möchten wir behaupten, nicht das zentrale Problem, sondern eine unvermeidliche Folge der Liebe. Eine verstärkte Feindseligkeit kann allerdings die Liebesbande zweier Menschen wieder durchtrennen. Hier unterscheiden wir uns vom ausgemachten Zyniker, der nur die Nase rümpfen kann über etwas, das ihm als sentimentale, abgedroschene oder schönfärberische Romantik erscheint.

Neben der Begierde gibt es aber auch noch das menschliche Bedürfnis, zu bewahren, was man in Besitz genommen hat. Bei der geschlechtlichen Begegnung stellen das Eindringen und die Unterwerfung nur Zwischenspiele auf dem Weg zu einem höheren Ziel dar: die Herstellung einer Einheit. Auch wenn der Mann in die Frau eindringt oder diese ihn in sich aufnimmt, kann keiner von beiden die Psyche des anderen in ihrer Ganzheit erfahren. Die angestrebte Einheit erweist sich stets aufs neue als unerreichbare Illusion. Es mag sein, daß es die Vorahnung dieser letzten Unerfüllbarkeit ist, die den einzelnen dazu bringt, zu hassen, was oder wen er nicht haben kann, und dabei – wie etwa Mercutio oder die Amme in *Romeo und Julia* – Liebe mit sinnlichem Verlangen zu verwechseln.

In der leidenschaftlichen Liebe gibt es wie gesagt eine zweite zärtliche Strömung, in der die Verehrung und die Zuneigung für die begehrte Person die ambivalenten, egoistischen und zerstörerischen Kräfte aufheben, die zugegebenermaßen das Streben nach Lust begleiten. Diese Strömung ist die *Sehnsucht*, die gemeinsam mit dem körperlichen Verlangen die Dialektik der romantischen Erotik hervorbringt. Roland Barthes hat dies so ausgedrückt: «Ich möchte blindlings haben, ich weiß aber auch aktiv zu geben.» Und an einer anderen Stelle heißt es: «Ich sehe den Anderen aus doppelter Perspektive: bald als Objekt, bald als Subjekt; ich schwanke zwischen Tyrannei und Opferhandlung... ich bin dazu verurteilt, Heiliger oder Ungeheuer zu sein: Heiliger kann ich nicht, Ungeheuer will ich nicht sein.»[8]

Die Urformen der «Sehnsucht» in der leidenschaftlichen Liebe finden sich in drei bekannten Mythen aus dem antiken Griechenland, aus Indien und Persien, die zu den frühesten Versuchen der menschlichen Einbildungskraft zählen, in poetischen Bildern und Symbolen eine Erklärung der heterosexuellen Liebe zu geben. Sie bieten uns Metaphern für das hermaphroditische Streben nach Selbstvollendung und Selbsterfüllung, das ihr zugrunde liegt.

Nach Platons Mythos in seinem *Gastmahl*, den er durch Aristophanes vortragen läßt, begannen die Menschen ihr Leben als kugelförmige Geschöpfe mit vier Armen und vier Beinen, zwei Gesichtern und zwei Schamteilen, die einander gegenüberlagen. Diese Wesen waren so gewaltig an Kraft und Stärke, daß sie sogar die Götter angriffen. Zeus bestrafte ihren Übermut damit, daß er sie in zwei Hälften durchschnitt. Von nun an «ging jede Hälfte sehnsüchtig ihrer anderen Hälfte nach, und indem sie sich mit den Armen umschlangen und sich zusammenflochten voll Begierde zusammenzuwachsen, starben sie aus Hunger und gänzlicher Untätigkeit, weil sie nichts getrennt voneinander tun wollten.»[9] Da sie im Begriff waren, daran zugrunde zu gehen, erbarmte sich Zeus ihrer und versetzte ihre Schamteile nach vorn, so daß sie einander umarmen und zeugen konnten. Er tat dies in der Absicht, daß «ihnen ... Sättigung würde aus der Vereinigung und sie sich beruhigten und zum Werke wendeten und auf das andere Leben bedacht seien. So lange schon ist die Liebe zueinander den Menschen eingepflanzt, vereinend die ursprüngliche Natur, strebend aus zweien eins zu machen und die Natur zu heilen, die menschliche.»[10]

Im indischen Schöpfungsmythos der Upanischaden war Purusha das einzige Wesen am Anfang aller Zeiten. Er blickte umher und sah nichts außer sich selbst. «Er konnte kein Vergnügen finden. Ebenso findet auch (heute) der Mensch kein Vergnügen, wenn er allein ist. Er sehnte sich nach einem zweiten Wesen. Da er die Gestalt eines Mannes und einer Frau in inniger Umarmung hatte, schnitt er sein Selbst in zwei Teile, und daraus entstanden Mann und Frau ... Er verkehrte mit ihr, und Menschenwesen wurden geboren.»[11] Außer dem Mythos von einem ursprünglich androgynen Wesen, der seinen formalen Ausdruck in Kunst und Literatur in der halb männlichen und halb weiblichen Gestalt Schiwas gefunden hat, gibt es in Indien noch eine zweite mythische Erklärung für die Ursprünge des Menschen. In dieser Geschichte waren der erste Mensch Manu oder Yama und seine Schwester Yami Zwillinge. Nachdem die Schwester Bedenken des Bruders zerstreut hatte, erzeugten sie das Menschengeschlecht.

Dieser Mythos weist große Ähnlichkeit mit der altpersischen Geschichte von Mashya und Mashyoi auf, die wie ein Baum ineinander geflochten aufwuchsen. Die Zwillinge waren so miteinander vereint, daß ihre Arme einander auf den Schultern lagen, während sie vom Nabel an abwärts so miteinander verwachsen waren, daß man unmöglich hätte unterscheiden können, was zum einen und was zum anderen gehörte. Später wurden sie in menschliche Gestalten verwandelt, empfingen eine Seele und kopulierten, um das Geschlecht der Menschen hervorzubringen.

In all diesen Erzählungen wie auch in der bündigen Darstellung des Koran, die auf dem Schöpfungsmythos der Genesis beruht – «... Allah, der euch aus einem einzigen Wesen (Adam) geschaffen hat und aus diesem dessen Weib (Eva) und aus beiden viele Männer und Weiber werden ließ»[12] – herrscht ein auffälliger Mangel an sinnlichem Überschwang. Dem entspricht, daß diese Texte die Bedeutung der geschlechtlichen Begierde und des heterosexuellen Verkehrs in der Vereinigung von Mann und Frau verkleinern. Diesen Mythen zufolge strebten die Menschen vielmehr danach, sich in die Körperformen eines Gegenübers einzuschmiegen, einer Person, die sich aufgrund ihrer Gegengeschlechtlichkeit eignet, deren Fleischlichkeit hingegen für ihr ewiges Streben nach Ganzheit beinahe nebensächlich ist. In einer Erläuterung seines Mythos bemerkt Plato: «Denn es kann doch wohl nicht die Gemeinschaft des Liebesgenusses sein, deretwegen der eine dem andern sich so froh und mit so großem Eifer vereint, sondern etwas andres will offenbar die Seele der beiden, was sie nicht sagen kann, aber in Zeichen verkündet sie ihr Wollen und in Rätseln.»[13] Die

Sehnsucht nach Vereinigung meint nicht *Verschmelzung,* mit der sie häufig verwechselt wird und die die ursprüngliche androgyne Einheit wiederherstellen würde. Die Vereinigung macht die Grenzen des Selbst durchlässig, aber sie beseitigt sie nicht. Sie steigert das Gefühl für das eigene Selbst wie für den anderen; sie schafft keinen neuen Zustand der inneren Auflösung, der in einen Solipsismus münden müßte, da in ihm jede Wahrnehmung für den anderen ausgeschaltet wäre. Die narzißtische Selbstgenügsamkeit eines undifferenzierten Wesens, das keinen anderen braucht, wird implizit von allen Mythen verurteilt: Platos kugelrunde Ungeheuer sind schließlich nicht nur unschön, sondern von der Vernichtung bedroht; der einsame Purusha «kann kein Vergnügen finden», während dem Baum von Mashya und Mashyoi, die am Stamm zusammengewachsen sind, die Seele fehlt.

Den Mythen läßt sich außerdem entnehmen, daß die Aufhebung der Trennungsangst nicht über eine regressive «Entdifferenzierung» des Selbsts und des anderen geschehen kann, bei der der Unterschied zwischen dem Ich und dem Du und später zwischen Mann und Frau verwischt wird. Sinnvoll ist vielmehr eine bewußt heterosexuelle Vermischung, die vorübergehend die Qual dieser Sehnsucht nach Erlösung, Ruhe und Versenkung lindert. Wenn sie auch das Gefühl der Einsamkeit nicht gänzlich auslöschen kann, so gewährt die sexuelle Vereinigung doch eine unmittelbare, wenigstens kurzfristig wirksame Linderung. Zwar kann keine noch so innige körperliche und seelische Verflochtenheit zweier Liebender ihr Gefühl der eigenen Individualität, den schicksalhaften Geschlechtsunterschied zwischen ihnen aufheben, aber die Augenblicke einer tiefen sexuellen Vertrautheit und die Illusion der eigenen Zweigeschlechtlichkeit, zu der sie verführt, machen es dem Mann und der Frau möglich, die Wirklichkeit ihrer Körpergrenzen zu überschreiten, Sehnsucht und körperliche Begierde wie in der Umarmung von Radha und Krischna miteinander zu verbinden und beide in der überströmenden Zärtlichkeit des Orgasmus zu stillen.

Sehnsucht hat zunächst eine bestimmte Form der Identifikation zur Voraussetzung, durch die die geliebte Person für den Liebenden mindestens ebenso wichtig wird, wie er sich selbst wichtig nimmt. Indem diese Identifikation auch das sexuelle Empfinden und Handeln erfüllt, verstärkt sie die Männlichkeit eines Mannes (und deren bereitwillige Aufnahme), indem sie seine weiblichen Strebungen in der Umarmung befriedigt und ihn die Weiblichkeit der Geliebten voll Freude miterleben läßt – und umgekehrt. Diese Identifikationen sind komplexe Phänomene, die wir zwar nur schwer erfassen können, deren Existenz und Wirkung wir jedoch nicht bezweifeln und an deren Zustandekommen zahlreiche seelische Vorgänge beteiligt sind. Wir haben versucht, in einigen unserer Erzählungen ihrem Wesen nachzuspüren – bei Romeo und Julia und vielleicht ganz besonders in der geheimen Leidenschaft von Radha und Krischna.

Sehnsucht erfordert aber auch Idealisierung. Diese großartige Leistung der Einbildungskraft befähigt eine lediglich vorgestellte vollkommenere und wertvollere Welt für wirklich zu halten, und sie gewährleistet, daß das idealisierte Objekt angebetet, bewundert und verehrt wird. Eine Idealisierung läßt «mich» die geliebte Person als ein mir unendlich überlegenes Wesen erleben, dem «ich» meine Begierde freiwillig unterordne. Ich brauche den anderen außerhalb von mir als ein *telos,* dem ich mich ergeben und dem ich Gehorsam leisten kann, so daß sich das Bild von Herr und Knecht beim besitzergreifenden Verlangen umkehrt. Ich fühle unbestimmt, daß ich ohne dieses *telos* einer anderen Person so vergeblich strebe wie Narziß, der in den Worten Audens «... sich in sein eigenes Spiegelbild verliebt; er möchte gern sein Diener werden, doch sein Spiegelbild beharrt darauf, sein Sklave zu sein.»[14]

Das idealisierende Feuer leidenschaftlicher Liebe, das allein die Spontaneität religiöser Leidenschaft und die dankbare Hingabe als ebenbürtig neben sich duldet, enthüllt die geliebte Person als ein Wesen von fast heiliger Größe – die Leila in der Vision Madschnuns. Es ist dieser Teil im «Diskurs» (d. h. in der Leidenschaft) des Liebenden, der nach Roland Barthes «gewöhnlich eine glatte Hülle (ist), die dem Bild anhaftet, ein sehr weicher Handschuh, der sich dem geliebten Wesen anschmiegt. Er ist hingebungsvoller, wohlmeinender Diskurs. Wenn das Bild entstellt wird, zerreißt die Hülle aus Hingabe; eine Erschütterung stellt meine eigene Sprache auf den Kopf... (Der Schauder vor der Verschandlung des Bildes ist noch viel stärker als die Verlustangst).»[15]

Identifikation und Idealisierung, die uns zu großartigen Schöpfungen unserer Einbildungskraft verhelfen, sind nur erste Schritte der Sehnsucht. Sie sind sozusagen seelische Lockerungsübungen, die die Psyche aus ihrer narzißtischen Hülle des normalen, alltäglichen, selbstbeschränkenden Einerlei schütteln sollen. Sie dienen als Vorspiel, das im Liebenden eine besondere Empfänglichkeit oder Bereitschaft herstellt, das Überschreiten der eigenen Grenzen zu riskieren. Während uns in jeder anderen Lebenssituation, wie Ortega y Gasset bemerkt, nichts so sehr aufregt, wie wenn ein anderer die Grenzen unserer individuellen Existenz verletzt, gibt uns der Liebesrausch die Empfindung, auf eine metaphysische Weise gegenüber einem anderen so durchlässig zu sein, daß nur Verschmelzung Erfüllung bringen kann.[16] In der Liebe tragen wir ein Verlangen nach etwas, das unter anderen Umständen unser Überleben als Individuum bedrohen würde.

Das Streben nach dieser unbeschreiblichen Vereinigung, *die* Sehnsucht schlechthin, gilt seit altersher als die größte Gabe der Liebe, es ist jener «wunderbare Mond» Yeats, den die Liebe hinter den dunklen Wolken hervorzieht. Indem diese Sehnsucht unsere Beziehung zu Freunden, Familienangehörigen, anderen Menschen und zur Natur durchzieht, wird sie zur Quelle dessen, was am Menschen und am Streben als das Höchste gerühmt wird. Die Sehnsucht ist das Hauptthema aller Dichtung (sowie der poetischeren Richtungen der Theologie und Metaphysik) und sie steht am Anfang zahlreicher ästhetischer und mystischer Unternehmungen.

Die Liebessehnsucht, die eigenen Grenzen in der Vereinigung mit einem anderen zu überschreiten, zeigt viele Parallelen zur Mystik, vor allem was die Hingabe betrifft. Jahrhundertelang haben Theologen über das Verhältnis zwischen Mystik und Liebe nachgedacht, was in der christlichen Tradition zur Unterscheidung zwischen weltlicher und heiliger Liebe geführt hat. Kein Wunder, daß so viele weltliche und heilige Liebende bis auf den heutigen Tag auf der Suche nach Einssein und Frieden in ein Kloster gingen. Die der Liebe zugewandten Dichter verwarfen hingegen solche Unterscheidungen und bemühten sich, die innere Identität zwischen beiden zum Ausdruck zu bringen. In zahlreichen hinduistischen und sufistischen erotischen und religiösen Gedichten, aber etwa auch in den Liedern und Sonetten John Donnes ist es unmöglich auszumachen, ob die geliebte Person menschlicher oder göttlicher Natur ist, und ob der Dichter selbst diesen Unterschied macht oder ihn überhaupt für wesentlich hält.

In der östlichen wie der westlichen Hemisphäre haben die religiösen Traditionen die Sehnsucht leidenschaftlicher Liebe in der Regel als Streben nach einer unio mystica ausgelegt, das scheitern muß, da es nur einem minderwertigen Ziel gilt. Sie behaupteten, der Liebende müsse noch einen weiteren Schritt tun, von der Person des geliebten Wesens zur Person ihres gemeinsamen Schöpfers, von der Liebe zum einzelnen zur Liebe aller. Die weltliche Liebe bleibt hinter der heiligen Liebe zurück, da sie den Liebenden zu den Qualen der Sterblichkeit verurteilt.

Die Sehnsucht des Mystikers nach Einssein mit dem Ewigdauernden hält der Analytiker häufig für den verzweifelten Versuch, die seit langem verlorene Einheit der ersten Lebensjahre zurückzugewinnen. In der emotionalen und sinnlichen Fülle, die in jenen schnell entschwundenen Augenblicken des Einsseins mit der Mutter und der mütterlichen Welt gewährt wurde, lag etwas Ähnliches beschlossen wie das, was Ibn Hazm über die Vereinigung zweier Liebender gesagt hat: «das ungetrübte Glück..., die ungemischte, von keinem Leid berührte Freude, die Vollendung aller Wünsche und die Erfüllung aller Hoffnungen... Wahrlich, die Zunge der Beredten kann das Glück der Vereinigung nicht beschreiben, und die Schilderung aller Wortreichen bleibt hinter der Wirklichkeit zurück; hier versagt aller Geist, und kein Verstand ist dieser Aufgabe gewachsen.»[17] Das soll nicht heißen, daß alle Sehnsucht allein auf ihre Ursprünge in der Kindheit zurückgeht, denn das Neuartige ist hier entscheidend. Jede «Suche nach der verlorenen Zeit» verändert sich mit dem Bewußtsein des seelischen Wachstums, jeder neu entstehende Modus der Welterkenntnis ersetzt den Inhalt vorheriger Erfahrungen, er unterscheidet sich von früheren in der Art der Wahrnehmung und der Bedeutung, des Sehens und des Erinnerns. Derartige Suchbewegungen ziehen das nach sich, was die Psychoanalyse als Zwillingsprozesse der Regression und der Wiederherstellung bezeichnet, die innere Spannungen auslösen durch das Aufeinandertreffen von unversöhnlichen Wirklichkeiten. Gelegentlich sind die Dissonanzen so unerträglich, daß sie zu Ängsten von psychotischen Ausmaßen führen können. Aber in der Kunst, der Liebe und der Mystik mit ihren spontanen und manchmal ritualisierten Gesetzen der Illusion muß die – erotische oder mystische – Sehnsucht nach Vereinigung nicht notwendig auf eine psychotische Auflösung der Grenzen zwischen Selbst und Objekt, Phantasie und gemeinsam geteilter Wirklichkeit schließen lassen. Indem der Liebende sich mit dem *auf eine neue Weise* idealisierten anderen vereinigt und sich mit dieser *neuen* Betrachtungsweise identifiziert, steigert sich sein Gefühl für sich selbst, das von Anfang an sicherer gegründet war als beim Psychotiker, und der Sinn für die ihn umgebende Welt wächst, als entdecke er diese und sich wieder neu. Der Liebende lebt aus der Fülle, er braucht jene Wiederherstellung der Selbsttäuschungen und Halluzinationen nicht, die eines der Hauptmerkmale der Geisteskrankheit ist. Ganz im Gegenteil, der Liebende leidet an allem, nur nicht an der Leere.

Verwandt ist der Liebende dem Mystiker, der im Stand der Gnade die Welt mit neuen Augen sieht und mit vorher unbekannter Schönheit und Harmonie ausstattet. So heißt es etwa in den bewegenden Versen des hl. Johannes vom Kreuz:

«Denn Gnade rings verschwendend
Ging raschen Schrittes er durch diese Haine,
Und mir den Glanz hinwendend

Aus seines Antlitz' Reine
Verschönte jedes Ding der große Eine.»[18]

Der Zauber der Erotik läßt alles erstrahlen, was bislang im
Schatten stand oder als Hintergrundfigur wahrgenommen
wurde. Er belebt die Beziehung des Liebenden zur Natur und
zur Kunst und erhöht seine sinnliche und metaphysische Empfänglichkeit. Das «Verschönen jedes Dings» ist natürlich besonders auffällig bei der ersten Liebe. Auf eine gelassenere Weise
findet sich jedoch diese grundlegende Neuschöpfung von Sinn
und eine subjektive Neuordnung der Außenwelt auch bei jedem reifen Menschen, der sich leidenschaftlich verliebt. Hat
sich der Kreis der Liebe ganz geschlossen, wird auch das längst
Vertraute wieder überraschend.

Die Ekstase – vom griechischen *ekstasis,* das Aussichheraustreten, Entrücktsein –, die sich mit der Erfüllung der Sehnsucht
einstellt, geht über den kalten Triumph einer gewaltsamen Eroberung oder die Vergänglichkeit der orgastischen Explosion
in der Befriedigung der genitalen Begierde weit hinaus. Sie ist
in einfachen Worten das Gefühl eines völligen Friedens in einer
unaussprechlichen gegenseitigen Nähe. Der bedeutende Sanskritdichter Bhawabhuti, der zu Beginn des 8. Jahrhunderts gelebt hat, läßt in seiner Dichtung Rama, in dessen Armen Sita
schläft, Betrachtungen über die Ekstase anstellen. Sie ist «jener
Zustand, wo es keine Zweiheit in Freude und Leid mehr gibt,
wo das Herz Ruhe findet; wo das Gefühl nicht mit dem Alter
verdorrt, wo alle Heimlichkeit sogleich abfällt und reine Liebe
reift.»[19] Der Friede, die verborgene Verheißung aller leidenschaftlichen Liebe, das windstille Zentrum des Wirbelsturms
der Triebe – dieser Friede ist weniger Ruhe oder Zufriedenheit
des Herzens als das Versunkensein und Ausruhen der Wollust.
Yeats hat diesen Zustand in seinem Gedicht «Indisches Liebeslied» poetisch gestaltet:

«Die Insel träumt im Morgengrau,
Von großen Büschen trieft die Ruh,
Das Perlhuhn tanzt auf glatter Au,
Am Baum schwingt sich ein Kakadu,

In Wut vorm eigenen Bild in der gefärbten Flut.
Hier wollen wir das Boot vertäun
Und immer wandern Hand in Hand
Und Lippe an Lippe uns vertraun
Dahin durchs Gras, dahin auf Sand
Und flüstern: Weit liegt doch das unruhvolle Land!
Wie wir von Menschen ganz verschont
Im stillen Busche sind, versteckt,
Wir unsre Liebe wie ein Mond
Aus unserm Feuer aufgeschreckt
Eins mit der Flut die glänzt, den Schwingen
pfeilgereckt...»[20]

So wie manche Philosophen das Ganze des erotischen Verlangens mit einem seiner Elemente gleichgesetzt haben – der besitzergreifenden Gewalt beispielsweise –, so haben andere im Innersten der Sehnsucht nichts anderes gesehen als eine masochistische Aufopferung, Duldung und letztlich ein Nirwana der Selbstzerstörung und des Todes. Angesichts des immer wiederkehrenden Themas von Schmerz und Leid in Gedichten und Romanen über unglückliche Liebe, die häufig sogar glorifiziert werden, ist es in der Tat verlockend, die eigene Seelenqual als Ziel des Liebens anzusehen.

Nach einer solchen Auffassung, die auf einer wenig behutsamen Anwendung der Psychoanalyse auf die Literatur beruht und keiner Seite gerecht wird, sind die Triebkräfte der Liebe unbewußte Schuldgefühle mit dem Ziel schmerzhafter Sühne – mit anderen Worten: ein «moralischer Masochismus». «In der Liebesgeschichte», so schreibt William Evans, «hat es den Anschein, als träfen Autor und Leser ein unbewußtes Abkommen, zu dem der Autor bemerkt: ‹Sie suchen einen Vorwand, um sich einer masochistischen Phantasie zu ergeben, ohne deswegen von Ihrem Gewissen behelligt zu werden. Ich verhelfe Ihnen zu einer besonders raffinierten Rationalisierung – dies um so mehr, als sie im Namen der Liebe erfolgt.›»[21]

Dabei wird allerdings häufig vergessen, daß ein Hauptgrund für das Überwiegen von Kummer und Schmerz in Liebesgedichten und -geschichten im Wesen aller literarischen Produktionen liegt. «Glückliche Liebe hat keine Geschichte», bedauert de Rougemont [22] – eine Beobachtung, die so lange bekannt ist wie es Romane gibt. Mit der ihm eigenen Hellsichtigkeit hat Auden dasselbe für die lyrische Dichtung festgestellt:

> «Von den vielen (allzu vielen) Liebesgedichten in der ersten Person, die ich gelesen habe, waren die überzeugendsten entweder die Tandaradeis einer gutmütigen Sinnlichkeit ohne Anspruch auf ernsthafte Liebe oder herzzerreißende Klagen, weil die Geliebte gestorben und keiner Liebe mehr fähig war, oder empörte Beschwerden, weil sie einen anderen oder nur sich selbst liebte; am wenigsten überzeugend waren die, in denen der Dichter einen Anspruch auf Ernsthaftigkeit erhob, ohne irgendetwas zu beklagen.» [23]

Leidenschaftliche Liebe ist nicht nur eine Angelegenheit gereizter Nerven, blutender Wunden und blanker Qualen. Sie ist keine pathologische Abart der «Algolagnie» (Schmerzwollust), um einen Begriff zu gebrauchen, den ein Sexualwissenschaftler gegen Ende des 19. Jahrhunderts eingeführt hat. Wer die Phasen zwangsläufiger Selbstzweifel und Hoffnungslosigkeit auf einen Masochismus reduziert, ein an sich schon bekanntermaßen mehrdeutiger und viel zu pauschaler Begriff, der verschließt die Augen vor den Grenzen der menschlichen Existenz und überschätzt das Ausmaß menschlicher Freiheit und der verfügbaren Wahlmöglichkeiten weit mehr als jeder Dichter oder Romanschriftsteller.

Ein zweites Argument für die These, Liebe sei nichts anderes als ein moralischer Masochismus, beruft sich auf deren Macht, den Liebenden zu unterjochen – eine Wahrheit, die zahllosen Dichtern zu schaffen gemacht hat, so auch Shakespeare: «Was soll ich tun, da ich dein Sklave bin, Als deines Rufes harren stillgeduldig?» [24] Diese Angst vor einer gefahrvollen Verletzlichkeit gegenüber der Macht und den Launen des geliebten Wesens scheint wiederum eher die Männer zu betreffen, die eine Entmannung befürchten und unfähig sind, sich auf einen eher rezeptiven Verhaltensmodus einzustellen. Ihre Scheu steht im

Gegensatz zum heiteren Optimismus der Frauen, die eher daran gewöhnt sind, Dinge aufzunehmen oder von anderen bedrängt oder sogar benutzt zu werden (von ihren Säuglingen sogar noch mehr als von ihren Männern). Einmal mehr ist die Angst des Mannes besonders auffällig, vor allem in den westlichen Gesellschaften. Entsprechende Befürchtungen einer Unterjochung durch die Liebe sind in der indischen Liebeslyrik vergleichsweise selten, wo viele Dichter – besonders jene, die vom Ideengut des Bhakti und des Sufismus beeinflußt sind – ihre «Versklavung» positiv aufgenommen haben. In dieser Kultur gilt es als wertvoller, das eigene beschränkte Selbst einer transzendenten oder wenigstens «höheren» Sache – sei es eine göttliche Abstraktion oder ein Familienband – aufzuopfern. Auch im Islam des Hochmittelalters, für den Madschnun als Musterbeispiel steht, gab es gebildete Männer, die der Sklaverei durch die Liebe als einem Zustand Beifall zollten, der einen Mann erhob statt ihn kleiner zu machen:

«Zu dem Wunderbaren, was sich in der Liebe zuträgt, gehört die Unterwürfigkeit des Liebenden seinem Geliebten gegenüber und die gewaltsame Anpassung seines eigenen Charakters an den des Geliebten. Bei Menschen mit zänkischem Wesen und schwierigem Charakter, Menschen, die sich der Leitung anderer widersetzen, ihre eigenen Entschlüsse durchführen, auf ihre Ehre bedacht und empfindlich für Demütigungen sind, kann man erleben, daß in dem Augenblick, in dem sie den Odem der Liebe verspüren, in ihren Wassern versinken und im Meer der Liebe schwimmen, sich ihre Unverträglichkeit in Sanftmut, ihre Schwierigkeit in Glätte, ihr Zielbewußtsein in Mattheit und ihre Empfindlichkeit in stille Ergebung verwandelt.»[25]

Die Bestürzung des Mannes über seine Ergebenheit gegenüber der Frau gründet sich weniger auf die Möglichkeit eines Ausbruchs seiner masochistischen Wünsche als auf die zweifache Angst vor einer «Verweiblichung» und «Vernichtung», wenn er sie verehrt und sich zwangsläufig mit ihr identifiziert. Einmal mehr sind diese Ängste in der frühen Kindheit verwurzelt, jener lebensgeschichtlichen Zeit, in der das hilflose Kind von der Mutter abhängig ist und ihm noch die Arbeit der Abgrenzung seiner männlichen Psyche von ihrer weiblichen Aura bevorsteht. Beide Ängste gehören zur Schattenseite der Sehnsucht nach Vereinigung, Ängste, die in unseren Liebesgeschichten auf die unterschiedlichste Weise zum Ausdruck gekommen sind.

In der Leidenschaft verbindet sich die Sehnsucht mit dem körperlichen Verlangen, als wollte sie der letzteren Dauer und Stabilität verleihen. Dennoch, und dies ist die größte Paradoxie der Liebe, läßt sich das Drängen der geschlechtlichen Erregung und der besitzergreifenden Gewalt, in denen das Verlangen Gestalt annimmt, nicht mit der Gelassenheit einer wechselseitigen Beruhigung versöhnen. Verlangen und Sehnsucht verbinden sich nicht zu einer Lösung im chemischen Sinne, aber sie können sich wenigstens zu bestimmten Zeiten vorübergehend in einem zärtlich gefärbten Schwebezustand befinden. Roland Barthes hat dies so ausgedrückt: «Die zärtliche Geste sagt: verlange von mir, was du willst, das deinen Körper in den Schlaf wiegen kann, aber vergiß auch nicht, daß ich dich ein wenig leichthin begehre, ohne *sofort* etwas haben zu wollen.»[26] Die festen Umrisse des Selbst, die Voraussetzung des *Verlangens* als der einen Komponente leidenschaftlicher Liebe stehen der Bereitschaft entgegen, sich in die von der anderen – der *Sehnsucht* – begehrte Vereinigung zu ergeben. Das sinnliche und besitzergreifende Verlangen sucht seine Erfüllung in der Bemächtigung des Objekts, während die Sehnsucht sich dieses Objekt unzerstörbar, unsterblich und überlegen wünscht.

Das gegenseitige Eingeständnis des eigenen Sehnens und Begehrens ist nach einer Beobachtung von Octavio Paz fast immer schmerzhaft, da die Existenz der anderen Person in Gestalt eines Körpers erscheint, in den man eindringen kann, während ihr Bewußtsein undurchdringlich ist.[27] Im erotischen Streben ist die Seele auch «eine Version, die für eine Berührung nicht unempfänglich ist». Dieses und ähnliche Dilemmata machen die leidenschaftliche Liebe zwangsläufig vieldeutig und potentiell zu etwas Tragischem. Am einen Ende des langen

Tunnels gibt es weder Freude noch Lieder und Verse, die ihren Ruhm verkünden, dafür häufig genug die Klagen der Liebenden, in denen sie die Leidenschaft als Geißel und verzehrende Krankheit verfluchen. Hier wird der Betrachter – in den Worten Bédiers aus *Tristan und Isolde* – aufgefordert, zu vernehmen, «wie in großer Freud und großem Leid sie einander liebten, dann daran starben an einem Tage, er um sie, sie um ihn.»[28]

Das Bewußtsein davon, daß in jeder Liebe Freude und Leid gleichermaßen verborgen sind, entspricht unserer «modernen» Auffassung. Die traditionelle Sanskritdichtung mit ihren unzähligen Vorschriften für die Erzeugung einer ganz bestimmten Stimmung hielt es dagegen nicht für angemessen, in ein und demselben Liebesgedicht das Glück der Liebe mit ihrem Leid zu vermischen.[29] Während sich das Erotische gleichberechtigt mit dem Mitfühlenden verbinden kann, ist die Verknüpfung, die im Sanskrit gewissenhaft vermieden wird, zu einem Großteil kennzeichnend für das Beste, was wir an westlicher Literatur haben, die in der Nachfolge Marx' und Freuds die Dialektik der menschlichen Natur unterstreicht. Es ist die Ausnahme in der Liebeslyrik des Sanskrit, die Verletzung ihrer Regeln, die bei einem westlichen Leser am meisten Anklang findet.

Das Quälende und die Besessenheit der leidenschaftlichen Liebe rührt jedoch nicht allein aus dem inneren Konflikt zwischen Verlangen und Sehnsucht, sondern auch aus der harten Wirklichkeit, in die jeder gestellt ist. Daher der Wunsch nach einem Liebestod, nach dem schicksalhaften Ende von allem und der von diesem Ende verheißenen Erlösung, als das paradoxe Ergebnis der erotischen Lebenskraft. In der Sehnsucht ist der «reinste» Zustand der, in dem die Seele den Körper fast ganz zurückdrängt. Liebende wie Tristan und Isolde oder Leila und Madschnun, die sich danach sehnen, daß ihre Seelen verschmelzen und einswerden, können diese Sehnsucht nicht stillen, solange sie einen Körper haben. Ihr letztes Ziel ist es, nicht länger zu leben, sondern in den Armen des anderen zu sterben und so dem Fleisch zu entrinnen, das anfangs ihr Sehnen entzündet hatte, dann jedoch zu einem Gefängnis geworden war. In Shakespeares *Kaufmann von Venedig* sagt Lorenzo zu Jessica: «So voller Harmonie sind ew'ge Geister, nur wir, weil dies hinfäll'ge Kleid von Staub ihn grob umhüllt, wir können sie nicht hören.»[30] Die Wirklichkeit ihres Körpers zwingt die Liebenden dazu, etwas zu bezweifeln, von dem sie am meisten überzeugt sind, indem sie auf der Existenz eines letzten Geheimnisses bestehen, das den einen vom anderen trennt. Sie ist es, die die Absage an den Tod und an die Vergänglichkeit des Individuums, die in der Transzendenz des Selbst ist, scheitern läßt. Diese Wirklichkeit heißt uns, die Traurigkeit unserer «wilden Einsamkeit» auf uns zu nehmen und, wenn wir Glück haben, aus den Augen des Geliebten zu lernen, «daß das Dasein genug ist».

Das Schicksal des triebhaften, alles begehrenden und alles verzehrenden Verlangens ist kein besseres, da es sich mit der Endlichkeit und Freiheit des anderen auseinandersetzen muß. Wiederum in den Worten Audens: «Tristan und Isolde (das Symbol der Sehnsucht) leiden nicht, weil sie bis zwei zählen müssen, während sie wünschen, nur bis eins zu zählen; Don Juan leidet, weil die Zahl seiner Verführungen, wie groß sie auch sei, doch eine endliche Zahl bleibt und er nicht ruhen kann, ehe er bis zur Unendlichkeit gezählt hat.»[31]

Freuds erste Fassung des Lustprinzips erweist sich als unzulänglich. Das Verlangen wird mit seiner scheinbaren Sättigung nicht schwächer. Jede orgastische Begegnung reizt nur noch mehr zu neuer Begierde. Die Erinnerung im Verein mit der Köstlichkeit des lustvollen Schmerzes läßt uns keine Ruhe und macht es uns unmöglich, aufzuhören.

Die Qualen leidenschaftlicher Liebe werden von den Betroffenen unterschiedlich erlebt – je nach dem Leben, das sie bisher geführt haben. Neben anderen haben die Psychoanalytiker Martin Bergmann und Otto Kernberg darauf hingewiesen, daß alle Überschreitungen einer Grenze einem trotzigen Einfall in verbotenes Gelände gleichen, bei dem altehrwürdige sexuelle und familiäre Verbote und Tabus herausgefordert werden, die so wesentlich zur menschlichen Gesellschaft gehören.[32] Sobald die leidenschaftliche Liebe individuelle und geschlechtliche Schranken und, wie wir an den Geschichten von Hamlet und

Phädra sowie den indischen Erzählungen gesehen haben, Generationsschranken durchbricht, prallt sie mit der Kultur und ihrem inneren Stellvertreter, dem «Über-Ich» zusammen. Die Festigkeit und unnachsichtige Grausamkeit dieses Gewissens, der Grad, in dem es strafend oder wohltuend wirkt, bestimmt die Intensität der Schuldgefühle und des Leidens, beides leider unvermeidliche Folgen der Liebe. Da das Christentum allen Begierden des Fleisches ablehnend gegenübersteht, hat es einige der schuldbewußtesten Liebenden hervorgebracht. Wie wir jedoch an unseren Geschichten aus der islamischen und der hinduistischen Kultur gesehen haben, gibt es noch andere Faktoren, die die düstere oder leidvolle Kehrseite des erotischen Hochgefühls ausmachen können.

Alle Liebenden vergießen Tränen. Die Betrübtheit, die der Liebende empfindet, hängt von seiner Fähigkeit zu trauern ab. Sie hängt davon ab, ob es ihm gelungen ist, sich innerlich von dem Reiz der Bindung an seine Eltern zu lösen; ob er mit dem Kummer über ihren Verlust zugleich ihre vergangene und in seinem Herzen fortbestehende Güte akzeptiert; ob er sein rastloses Bemühen, seine frühere Vertreibung aus dem mütterlichen Paradies ungeschehen zu machen, in Liebe verwandeln kann; ob er sich mehr oder weniger damit ausgesöhnt hat, daß er danach vom Geschlechtsleben der Eltern ausgeschlossen wurde – all dies geht in sein gegenwärtiges Gefühl des Leidens ein. In jedem Fall baut jedoch alle leidenschaftliche Liebe auf einem schwankenden Fundament von Verlust und Schwermut auf. Auch das ist mit dem Wort Sehnsucht gemeint.

Trotz unserer heutigen Kenntnisse müssen wir immer daran denken, daß unser Wissen kulturell und historisch beschränkt ist. Die Vorstellung, daß Sehnsucht und Verlangen – die beiden Haupttriebkräfte der leidenschaftlichen Liebe – individuellen Bedürfnissen und Wünschen entspringen, gehört der jüngsten Neuzeit an. Sie steht geistig weit entfernt von der älteren Idee der Leidenschaft als einer fremden, überwältigenden Macht. Wie wir in unserem Kapitel über «mütterliche Liebe» gesehen haben, brachte die Göttin Aphrodite bei den alten Griechen ihre Gegenwart unzweideutig in Erinnerung. Sie machte ihren

Anspruch auf einzelne geltend und brach den Stolz von Asketen, Stoikern und Kriegern, die an ihrer Stelle ihre keuschere
Schwester verehren wollten. Die moderne Auffassung hat auch
dazu geführt, der «Liebe auf den ersten Blick» viel von ihrem
Nimbus zu nehmen. In der Vergangenheit war es nichts Ungewöhnliches, daß ein Mann sich heftig in eine Frau verliebte,
nachdem er auch nur den flüchtigsten Blick von ihr erhascht
hatte, während sie irgendwelchen alltäglichen Beschäftigungen
nachging. Tatsächlich gibt es im westlichen wie im östlichen
Kulturkreis zahlreiche Geschichten von Männern, die in höchste Liebesschwärmerei (und tiefstes Liebesleid) verfielen, nachdem sie das Bildnis einer Frau gesehen, ihre Stimme beim Singen eines Liedes gehört oder eine Schilderung ihrer Reize
vernommen hatten. Eine moderne, psychologisch geschulte
Gesellschaft, die mit der grenzenlosen Fähigkeit des Bewußtseins vertraut ist, innere Ereignisse auf die Außenwelt zu projizieren, bezweifelt heute mit Recht die Realität einer äußeren
Macht, die einen Menschen völlig überwältigen kann, ohne
daß er selbst dies will, erwartet oder aktiv Anteil an dieser Inbesitznahme seiner selbst hat. Doch trotz unserer kritischen Haltung ist die ältere Vorstellung nicht gänzlich aus unserem Empfinden geschwunden. Sie besteht freilich nicht als pittoreske
Ruine einer aufgegebenen Theorie fort, sondern stellt mit ihrer
Betonung des Neuen und Einmaligen jede wohlfeile Neigung
in Frage, die wir für eine psychoanalytische Vorbestimmtheit
hegen möchten. Liebende sind mehr als bloße Marionetten an
den Fäden ihrer unbewußten kindlichen Vergangenheit. In ihre
Begegnung spielt eine Art «Chemie» hinein, eine Alchemie, die
sich jeder näheren Analyse entzieht.

Aber auch die Historiker und Anthropologen sind nicht im
Besitz der Offenbarung über die Wahrheit der Liebe. Der
Künstler spielt mit ihrer Art der Überschreitung kultureller
Normen, indem er die gesellschaftlichen Erwartungen seines
Publikums, die er nur allzu gut kennt, auf den Kopf stellt. Daß
ein und dasselbe Gedicht bei verschiedenen Kulturen und in
unterschiedlichen historischen Epochen Anklang finden kann,
ist ein weiterer Beleg dafür, daß Liebe und Kunst nicht an eine

bestimmte Zeit oder einen Ort gebunden sind. Um mit dem Psychiater Harry Stack Sullivan zu sprechen: «Wir alle sind mehr Mensch als sonst etwas» ... für immer Menschen, könnten wir hinzufügen.

Vielleicht verrät die Körpersprache mehr über die metaphorischen Geheimnisse der Liebe als jede rein psychologische Exegese. Im körperlichen Ausdruck der leidenschaftlichen Vereinigung sind ihre verschiedenen psychologischen Themen enthalten und verdichtet. Vielleicht münden unsere weiteren Erkundungen sogar in eine Art Archäologie der Liebe, aus der sich Hinweise auf die Geschichte der Liebe ergeben und die uns erlaubt, einen Blick in längst vergangene Zeiten der Sehnsucht und des Verlangens zu werfen, jenseits aller Artikulierung, Vorstellung und Wiedererinnerung.

Das Werben um einen geliebten Menschen und die Sehnsucht nach ihm führen uns zum Thema der (zunächst) unerwiderten Liebe, dem Schwebezustand, dem Zittern erwartungsvoller Lust und der letzten Phase vor der Vereinigung. In diesem Stadium herrschen Idealisierung und das Gefühl des Neuartigen vor, da der Geliebte aus der Ferne als eine ganze und eigenständige Person betrachtet wird. Die Vorlust besteht in einem Genießen des eigenen Körpers und des Körpers des anderen, in der Steigerung des Verlangens und der Weckung und Belebung von Sinnen, die im alltäglichen Leben nicht tätig sind. Indem er selbst die Freude erlebt, die er auslöst und empfängt, identifiziert sich der Liebende mit den Erwiderungen der Geliebten – in ihrem gemeinsamen Vergnügen und der Vorahnung der Lust. Nicht lange, und es spielt keine Rolle mehr, von wem eine Liebesgeste ausgeht – «the love you get (is) equal to the love you make», wie es in einem Song der Beatles heißt. Nach einiger Zeit können die Liebenden ein anderes Reich betreten, das einer wechselseitigen Durchdringung von Psyche und Soma. Das Eindringen des Mannes und das Aufnehmen durch die Frau sind wahrhaft aggressive Handlungen, mit denen zärtlich Liebende erobert, überwältigt – und vereinigt werden. In der ebenso drastischen wie treffenden Formulierung von Masters und Johnson kommt es schließlich mit «ejakulatorischer Zwangsläufigkeit» zu unserem letzten tiefen Keuchen, der letzten Widerstandslinie gegenüber dem Orgasmus, zum Schwinden des Selbst-Bewußtseins im kleinen Tod. Ist der Höhepunkt erreicht, so folgen auf ihn Myriaden von Illusionen des Einsseins und ein Zustrom aller vergangenen und zukünftigen Lust. Ein ganzes Leben fällt zu einem einzigen Augenblick zusammen, ein Vorgang, dessen wir nur undeutlich gewahr werden, indem wir Empfindungen neubeleben, die im Alltagsleben überdeckt werden. In der Ekstase wird das Selbst von seinen sinnlichen und zeitlichen Fesseln befreit und erlebt eine zweite Geburt, als wäre es in ein anderes eingetaucht.

Das ist Leidenschaft, die Verknüpfung von Sehnsucht und Verlangen, offenbar etwas Gefährliches und Kummervolles, das jedoch zugleich eine Quelle neuen Lebens ist. Ihre Nachwirkung, wenn die beiden Körper wieder voneinander lassen müssen, ist eine liebevolle Zärtlichkeit, und ihr Nachgeschmack steigert noch die Lust auf den geliebten Menschen und seine inneren Regionen, eine Lust, die nie gestillt werden kann. Wir haben niemals genug, denn selbst wenn wir den Körper des anderen in Besitz genommen haben, entschlüpft seine Seele unserem Zugriff – wie ein Schmetterling, der ewig von einem unermüdlichen Amor verfolgt wird.

9. Die Ontogenese der Liebe

Schmetterlinge! Amor verfolgt diese bukolischen, seidigen Insekten im Lauf eines ganzen Lebens – ganz wie der große, erotische, nostalgische und ironische Chronist unserer Zeit, der russisch-amerikanische Romancier Vladimir Nabokov. Lepidoptera, die Metaphern sind für das schwer Faßbare tief gefühlter Liebe und ihrer Wandlungen, haben diesen Autor als wirkliche und symbolische Wesen stets gelockt: in den Gärten von Sankt Petersburg, im europäischen Exil und schließlich in Neuengland und den Weiten des amerikanischen Westens. Kurz bevor er seinen Roman *Lolita* schrieb, zu einer Zeit, da er sich nur gelegentlich dem Schreiben widmen konnte, hatte sich

Nabokov tatsächlich mit der morphologischen Unterscheidung von Schmetterlingen aufgrund ihrer Genitalien beschäftigt! Kritiker nannten dieses Buch den einzig möglichen modernen Roman einer unerwiderten Liebe, die letzte große Liebesgeschichte. Der Höhepunkt des Romans, der den Autor mit einem Schlag weltberühmt machte, Lolitas *nuit extraordinaire*, in der die frührreife zwölfjährige Heldin den verstohlenen Jäger verführt, findet in Leppingville statt! Für Nabokov wie für den Psychoanalytiker ist Leben Lieben. Die Liebe ist es, die unser Empfindungsvermögen von der Wiege bis zur Bahre wachhält. In seinem autobiographischen Bericht *Sprich, Erinnerung, sprich* verleiht die Jagd auf Schmetterlinge «in verschiedenen Landstrichen und Verkleidungen ... als hübscher Junge in Knickerbockern und einer Matrosenmütze; als schlaksiger heimatvertriebener Kosmopolit in Flanellhosen und Baskenmütze; als dicker hutloser alter Mann in kurzen Hosen»[1] seinem Dasein einen besonderen Zusammenhang. In diesen Bildern verbirgt sich die Suche eines jeden von uns, die unaufhörliche Sehnsucht des Mannes nach der Frau, die zerbrechlich und zugleich beständig in ihren mannigfaltigen und sich jedem schnellen Zugriff entziehenden Gestalten ist. Wir wollen uns der Topographie dieses Memoirenschreibers und einiger Szenen aus zwei seiner Romane bedienen (*Lolita* und *Ada oder das Verlangen*), um unseren psychoanalytischen Streifzug durch das wechselvolle Terrain der Lebensgeschichte der Liebe ästhetisch zu bereichern.

Am Anfang steht bereits der Verlust. Der «Abgrund vor der Geburt» erinnert Nabokov an einen Chronophobiker, der einige Amateurfilme zu sehen bekam, die einige Wochen vor seiner Geburt aufgenommen worden waren, als es ihn noch nicht gab und niemand «sein Fehlen betrauerte». Ein für ihn bestimmter leerer Kinderwagen bietet den erschreckenden Anblick eines «Sarges», der ihn zu Beginn seiner Lebenszeit erwartet. Fast auf einer Ebene mit Margaret Mahler oder René Spitz, allerdings mit einem gewissen Schaudern, stellt sich der Autor ein Leben ohne ein Selbst, ohne Bewußtsein, ohne irgendeinen anderen vor, eine absolute Einsamkeit, ein schwarzes Loch der Seele.

Sein Symbol, die Welt vor der Geburt, dient ihm als Metapher für eine postnatale Existenz ohne Psychologie – eine Periode, die von den genannten psychoanalytisch orientierten Säuglingsforschern als die «autistische» oder «objektlose» bezeichnet wurde. Es ist die Einsamkeit ohne ein Selbst. Könnten wir uns einen solchen Zustand in seiner ganzen Fremdartigkeit und Furchtbarkeit vorstellen, so würde uns der Anfang unseres Lebens ebenso wie sein Ende zu Chronophobikern machen, die den Lebenszyklus, unsere Sterblichkeit und ein Leben ohne einen anderen fürchten. In der Liebe und in der Kunst möchten wir die Zeit zum Stillstand bringen.

Man hat für diese früheste Periode des menschlichen Lebens die Liebe einzig mit dem Gefühl der Befriedigung gleichgesetzt – dem tatsächlichen oder halluzinierten Zusammenkommen von Mund und Brust. Es ist das schlichte Stillen eines Verlangens in einer dem Erwachsenen nicht mehr zugänglichen Form, da die primitiven «sensomotorischen» Schemata (Piaget) weder ein «Ich» noch einen «anderen» kennen, sondern allein ein wechselseitiges Durchdringen von Aktionen und Körperempfindungen.

Geliebt wird hier keine Person, sondern ein inneres Gefühl, wobei jede «Unlust» abgelehnt wird. Mit letzter Sicherheit wissen wir das natürlich nicht, denn Säuglinge können (im Gegensatz zu Schriftstellern) nicht sprechen, und wir haben lediglich die Möglichkeit, aus ihren beobachtbaren Reaktionen und Verhaltensweisen auf die ersten inneren Ansätze einer Empfindung zu schließen.

Tatsächlich haben in jüngster Zeit Säuglingsforscher mit Hilfe von Film- und Videoaufnahmen die überkommene Vorstellung in Frage gestellt, nach der das Neugeborene über keinerlei Wahrnehmung von Personen in der Außenwelt verfügt. Selbst als kleine Geschöpfe ohne eigenes Bewußtsein, die bloß Nahrung aufnehmen und ziellos strampeln und krabbeln, sind wir von Natur aus gesellschaftliche und damit liebende Wesen.[2] Denken wir nur daran, wie das Neugeborene seinen Kopf den hellen Tönen einer weiblichen Stimme zuwendet oder sich «suchend» dem Geruch der Mutterbrust zubewegt, wie es faszi-

niert in ein belebtes Gesicht blickt oder gegenüber einem unbe-
lebten Gesicht in Verzweiflung ausbricht. Sind das nicht
Anzeichen des Gefühls, des Lebens und der Liebe? Anzeichen,
daß «Menschen» innerhalb des Wahrnehmungsfeldes des
Säuglings existieren, vielleicht sogar für eine noch so diffuse
Mutterfigur? Dem würde der Traditionalist entgegnen, daß es
sich dabei lediglich um eine äußerst grobe «Gestaltwahrneh-
mung» und um angeborene Reflexe handle. Die Welt des
Kleinkindes sei erfüllt von «Partialobjekten» und nicht von
ganzheitlichen Personen, so daß es zwischen beiden auch kein
Band der Liebe geben könne.

Aber wie dem auch sei, offenbar ist das Neugeborene in der
Lage, für kurze Augenblicke eine bewußte Wahrnehmung zu
zeigen, die genau durch jene Person – die Mutter – aktiviert
wird, auf die sie sich ganz besonders richtet. Anfangs sind diese
flüchtigen Eindrücke von der Mutter und ihrer Welt vereinzelt
und ohne Zusammenhang. Als «Inseln der Erinnerung» hat
Jung sie rückblickend bezeichnet, während Nabokov schreibt:
«(ich) sehe das Erwachen des Bewußtseins als eine Reihe ver-
einzelter Helligkeiten, deren Abstände sich nach und nach verringern, bis lichte Wahrnehmungsblöcke entstehen, die dem
Gedächtnis schlüpfrigen Halt bieten.»[3]

Das ist im Grunde genommen nichts anderes als die «Theorie der Objektbeziehung» der Psychoanalyse, die Nabokov zutiefst abgelehnt hat – sie erschien ihm als vulgäre Beschränkung
von Freiheit und Eleganz. Dennoch erfaßt seine knappe Formulierung das Wesentliche dessen, was die psychoanalytische
Auffassung als wichtigste Aufgabe des Lebens und der individuellen Entwicklung als Liebesgeschichte versteht: «das innere
Wissen, daß ich ich war und meine Eltern meine Eltern (waren)». Nabokov verweist auf unsere dynamisch sich verändern-
de Wahrnehmung der Welt, die unseren Gefühlsaufwallungen
unterworfen ist und durch die Dialektik der miteinander im
Widerstreit liegenden Impulse fortwährend neu geschaffen
wird. Sie entwickelt sich in einer Abfolge von Prozessen, die
(für den Zeitraum zwischen sechs Monaten und zweieinhalb
Jahren nach der Geburt) als «Trennung-Individuierung» und

danach (beginnend etwa mit dem dritten Lebensjahr) als ödipale Dreieckskonstellation bezeichnet werden.

Was bei Nabokov «fühlendes Leben» heißt, setzt etwa sechs bis acht Wochen nach der Geburt mit einer «Symbiose» oder einer «dualen Einheit» von Mutter und Kind ein, wenn das Kind «sich verliebt», genauer gesagt, auf ein «Vorobjekt geprägt» wird. Es ist die Zeit, in der der Säugling ganz von der mütterlichen Fürsorge gefangengenommen wird. Das Baby ist eingehüllt in das Geheimnis der Anfänge des Lebens, wenn Selbsterfüllung, Selbsterhaltung und Liebe eins sind, wenn zwei Seelen verbunden sind und demselben Rhythmus folgen. Dieses Zusammentreffen von zwei Körpergefühlen ist die erste Form, die von der Liebe angenommen wird.

Der Schriftsteller hat diesen Sachverhalt kunstvoller und vieldeutiger ausgedrückt. Er warnt seine Leser, hinter seinen Spielen im Alter von vier Jahren habe sich «die Höhle des Urmenschen» verborgen «und nicht, was freudianische Mystiker vermuten könnten» – der Mutterschoß. Dennoch haben seine Bilder und Erinnerungen sehr viel mit «der Mutter» und den verschiedenen mütterlichen Ersatzfiguren zu tun, die von einem Kind magisch und animistisch mit dem mütterlichen Geist ausgestattet werden – «Partial-» oder «Übergangsobjekte» in der Sprache der Psychoanalyse. Nabokovs Bericht führt uns die manifesten Handlungen der Einbildungskraft vor, vermittels deren die «Wiege der Wahrnehmung» (R. Spitz) im Spiel und in den Launen der späteren Kindheit rekonstruiert wird. Wir können dieses ursprüngliche Sehnen nicht wirklich in unsere Erinnerung zurückrufen, weil wir und die anderen älter und so verschieden geworden sind. *Seine* Höhle, das umschloß tatsächlich vieles: Es war ein enger Gang zwischen einem Diwan und der Wand, zustande gekommen durch die verständnisvolle Unterstützung von Erwachsenen, die an seinem «phantastische(n) Vergnügen, durch jenen (mit Polstern überdachten) stockdunklen Tunnel zu kriechen ... (und) dem Summen in (s)einem Ohr zu lauschen» teilnahmen; es war ein Zelt, das sich der kleine Junge aus seinem Bettzeug baute und in dem er seine «Phantasie ... mit den schattigen Schneehängen aus Leinen und dem

schwachen Licht spielen ließ, das ... in (s)ein halbdunkles
Schlupfloch zu fallen schien»;[4] und ein weiteres kindliches Vergnügen verschaffte er sich mit einem granatdunklen Osterei aus
Kristall, von dem er sagt: «ich pflegte an einem Zipfel des Bett-
tuchs so lange zu kauen, bis er durch und durch naß war, und
dann das Ei fest darin einzuwickeln, so daß ich den rötlichen
Glanz der eng umschlossenen Facetten bewundern und von
neuem belecken konnte, die mit herrlich unverminderter
Leuchtkraft hindurchschimmerten.» Und in einer Vorwegnahme seines späteren sexuellen und literarischen Schicksals fügt er
hinzu: «Jedoch bin ich der Kunst, *mich mit Schönheit zu sätti-
gen,* (später) noch nähergekommen.»[5]

Nahe war er ihr allerdings damals schon. Es gelingt Nabokov, uns «in ein wahres Paradies der Augen- und Tasteindrük-
ke» zu entführen. Die Lichter, die er vom Fenster eines fahren-
den Zugs aus erblickt, werden für ihn zu Diamanten, die «in
einer Tasche von schwarzem Samt» verschwinden, aus der er
sie sehr viel später wieder hervorholte und an seine «Figuren
verschenkte, um die Bürde (s)eines Reichtums zu erleichtern».
Für Nabokov ist nichts «angenehmer und seltsamer, als über
diese ersten Entzückungen nachzudenken». Er glaubt, daß
«russische Kinder meiner Generation in der Fähigkeit, Eindrücke in sich aufzunehmen und aufzubewahren, eine Periode
der Genialität durchmachten ... die ... (schwand), als alles
verwahrt war»[6] – um, so könnten wir hinzufügen, jener unbestimmten, unausweichlichen und allgemeinen Schwermut des
Erwachsenen Platz zu machen, der von der sinnlichen Empfindungsfähigkeit seiner Kindheit abgeschnitten und damit mehr
oder weniger blind ist für die Erregung durch ständig neue
Entdeckungen. Aber in uns allen steckt genug Genialität, um in
der Erotik und in der Kunst unsere schöpferischen Fähigkeiten
wiederzuentdecken.

Ganz in Kleidungsstücke eingewickelt und mit müdem Blick
geht der Erwachsene seinen alltäglichen Verrichtungen nach,
sein Körper und seine Sinne sind durch Gewohnheit und
Zwang abgestumpft und betäubt. Er ist weit entfernt von dem
«sorglosen» Kind von früher, das auf äußere Sinneseindrücke

mit innerer Freiheit und blühender Phantasie reagieren konnte. Kinder haben die wählerische Genußsucht des Erwachsenen nicht nötig, die dem Blick oder dem Gaumen mit sinnlicher Verfeinerung schmeicheln muß. Da er jedoch so ganz und gar fühlt, leidet der liebende Säugling auch große Qualen. Schon die leichtesten Blähungen sind eine Folter und zerstören das zarte Körpergefühl, und die Abwesenheit der göttlichen Fürsorgerin ist durch nichts an Schrecklichkeit zu überbieten. Kein Wunder, daß wir später die Liebe fürchten wie das schmerzhafte Erwachen aus einer frostkalten Erstarrung.

Eine Zeitlang gibt sich der Säugling mit allem zufrieden, selbst mit einer grotesk vereinfachten menschlichen Maske. Solange diese die Grundkonfiguration oder -gestalt zeigt, genügt dies, um sein soziales Lächeln auszulösen – ein noch wahlloser Vorläufer der wahren Liebe. Im Alter von vier bis sechs Monaten, unter Umständen sogar früher, beginnt der Säugling jedoch, aus seinem solipsistischen Kokon zu «schlüpfen». Das Königreich des Primärnarzißmus eröffnet sich, das sich jeder späteren moralischen Bewertung oder einem rationalen Verständnis entzieht: «Seine Majestät, das Kind», hat Freud einmal gesagt.

Das «Wickelkind» beginnt, mit seinen Armen und Beinen zu strampeln, nach seiner Mutter zu treten und mit den Fäusten zu trommeln, behält sie jedoch unausgesetzt im Auge. Der kleine Liebhaber versucht damit herauszubekommen, was zu ihr und was zu ihm gehört, was bleibt und was verschwindet, wobei er mit den Augen mehr und mehr die Mutter verschlingt. Es ist, als spürte er, daß sie genau wie das Kind einen Ort und eine Masse hat, und daß sie am besten gleich verschluckt wird, bevor sie wieder entschwinden kann.

In das verwickelte Gespinst aus Selbstgefühl, Wahrnehmung und Emotionen, die sich mit der Zeit entfalten, dringen noch unbekannte Mächte ein; freundliches Entgegenkommen und Befriedigung wird immer wieder abgelöst von bedrohlichen Versagungen. Die von den Entwicklungsforschern ausgedachten Attrappen, die im Interesse der Wissenschaft mit dem kindlichen Entsetzen Scherz treiben, verlieren ihre Wirkung. Wenn man dem Kleinkind in dieser Phase eine Clownsmaske zeigt, so reagiert es mit «Aversion», wie es in der Sprache der Säuglingsforscher heißt, es streckt zunächst die Ärmchen aus, wendet sich dann jedoch ab und zeigt Angst, Verzweiflung und schließlich Apathie.[7] Aber auch lebendige, freundliche Erwachsene werden nicht wohlwollend aufgenommen, da ihre Erscheinung nicht zu den mütterlichen Bildern paßt, die das Bewußtsein des Babys festgehalten hat. Fremde werden nicht unbedingt abgelehnt, aber sie sind eben nicht die Mutter. Das Kind weiß, wer die Mutter ist, und Fremde passen nicht in sein mütterliches Schema. Diese Reaktion des Säuglings ist ein Anzeichen für die Herausbildung einer ersten Erfahrung und damit auch eines liebevolleren Herzens.

In der Sprache der Erwachsenen könnten wir sagen, daß die Leistung des Säuglings auch in der Erfassung der Tatsache besteht, daß alle, von denen es gehätschelt wird, dennoch nicht die Mutter, die «gute Mutter» sind. Den Wesen, die da kommen und wieder gehen – nach wessen Willen, weiß das Kind nicht –, darf es nicht vorbehaltlos vertrauen. «Das Schlechte» tritt ein in die kindliche Welt, entweder als mütterliche Abwesenheit oder einfach als unvermittelt auftretende Veränderung. Das Zahnen löst Schmerzen und Wut aus, es ist die Zeit der «Achtmonatsangst», in der das Kind von einer besonders nagenden Gier erfüllt ist – auch dies eine Form der Liebe.

Die «Trennung-Individuierung» des Kleinkindes – die Herausbildung seiner Person und seines Bewußtseins – schreitet unaufhaltsam voran, sobald es nicht mehr nur liegt oder sitzt, sondern zu krabbeln beginnt und schließlich zu gehen versucht. Sind seine ersten, noch unbeholfenen Schritte gebührend von anderen gelobt worden, speist sich sein Stolz mehr und mehr aus seiner Selbstliebe. Eine wesentliche Rolle spielen dabei Phantasien einer von der Mutter erborgten Allmacht, da sie als der allgegenwärtige Rückhalt bei seinen weiteren Gehversuchen angesehen wird. Mit der Reifung der lokomotorischen Fähigkeit und der damit verbundenen psychischen Prozesse läßt das Kleinkind seinem «Sekundärnarzißmus» freien Lauf, an den sich der Erwachsene zwar nicht mehr erinnern kann, der jedoch zweifelsfrei als frühkindliche Eigenschaft zu erkennen ist. Andere Menschen und selbst die Mutter treten in den Hintergrund – abgesehen von den Augenblicken einer leichten «anaklitischen Depression» (Spitz) des Kindes, wenn es die mütterliche Abwesenheit plötzlich als Verlust erlebt und sie aufsucht, um sich durch eine Berührung ihrer zu vergewissern und «emotional aufzutanken». Es sei an dieser Stelle angemerkt, daß die nun folgende Rückschau auf die individuelle Entwicklung der Liebe vieles enthalten wird, was nur die männlichen Gefühle der Leidenschaft betrifft und für Frauen nicht gesagt werden kann.

Die Versöhnungs-Krise – bestimmt durch die Erweiterung des Symbolfeldes, der Semantik und der inneren Repräsentanzen sowie durch emotionale Unbeständigkeiten – öffnet die Auster, sie befreit unseren kindlichen Liebhaber aus seiner Muschel der Selbstliebe und bringt ihn wieder mit den bewunderten Personen in uneingeschränkte Berührung und auch in Konflikte. Unvermittelt wird der wagemutige Forscher im Alter von etwa anderthalb Jahren schüchtern. Von seinen Erkundungszügen eilt er zu seiner Mutter zurück, weil er sich hilflos und furchtsam fühlt. In einem Augenblick schmiegt er sich eng an sie und möchte am liebsten sein Selbst und seine Freiheit an sie abtreten, nur um sie alsbald wieder heftig von sich zu stoßen und seine eigenen Grenzen zu behaupten. Er ringt mit einem verlorenen Paradies, nach dem er sich allerdings nicht mehr so inbrünstig sehnt.

Die Liebe des eineinhalbjährigen Kindes zur Mutter, die Angst vor dem Tod der neugeborenen Psyche durch andauernde Verstrickung mit der geliebten Person, ist das Urbild all der Liebestode, die am Ende vieler unserer elegischer oder tragischer Geschichten stehen. Die Lockung und der Schrecken des Liebestodes sind in der Tat ungeheuer, und der kleine Liebhaber klammert sich an und stürzt davon, nähert sich der von ihm am meisten begehrten Person und flieht sie sogleich wieder.

Die rettende Lösung liegt darin, aus dem Wirrwarr der Totalitäten des Selbst und von anderen die Liebe auszusondern und für sie verschiedene Formen des Ausdrucks zu finden. In dieser und der folgenden Entwicklungsphase gewinnt die Liebe an Differenzierung und Tiefe, je mehr das Kind seiner selbst und der Komplexität der Person bewußt wird, an der es so sehr hängt.

In einer frühen Vorahnung der leidenschaftlichen Hingabe des Samens als Liebender oder des grausamen Verhaltens als Eroberer interessiert sich jetzt der kleine Mann für die Ausscheidungen seines Körpers und gebraucht sie als Mittel in der Auseinandersetzung mit seinem sehnsüchtigen Verlangen. Kot und Urin, jene weichen und warmen Massen und Flüssigkeiten aus den inneren Körperregionen, werden abwechselnd zu Geschenken an die geliebte Versorgerin und zu strafenden Symbolen der Selbstbehauptung, die deren Bemühungen zunichte machen, ihn zu Selbstbeherrschung, Reinlichkeit, Kontinenz und Mäßigung anzuhalten. Die zugehörigen Körperöffnungen verschaffen dem Kind unter der Berührung – vor allem der Mutter – ein besonderes Gefühl der Erregung. Daß all dies sehr bald ungeduldig oder abwertend als etwas Schmutziges oder Nutzloses aufgenommen wird, stiftet bei ihm Verwirrung. Es sind die schwer zu deutenden Vorzeichen der unausbleiblichen Selbstzweifel und des Selbsthasses des späteren Liebenden, der demütig darauf wartet, von einer grausamen Herrin aufgenommen oder zurückgewiesen zu werden.

Aber Ureter und Anus können noch nicht die orgastische Entladung und Erlösung verschaffen, die allein dem reifen und voll zeugungsfähigen Erwachsenen vorbehalten bleibt. Selbst wenn sie in manchen Fällen durch Abweichungen in der Entwicklung zu den wichtigsten erogenen Zonen werden, so ändert dies nichts daran, daß die Ejakulation des Samens allein durch den Penis erfolgt. Die Triebwünsche jener Phase sind allein schon dadurch, daß ihr Zentrum im Körperinnern liegt, nicht zu erfüllen. Trotz all seiner an den Tag gelegten Unabhängigkeit, seines Stolzes und seiner Selbstbeherrschung ist das Kind einem grundsätzlichen und opfervollen Masochismus unterworfen, wenn es seinen Körper und dessen Ausscheidungen der geliebten Herrin überantwortet.

Zum Glück für den leidenschaftlich liebenden Jungen tritt

nunmehr der Vater als ein Spiegel des eigenen späteren männlichen Schicksals auf, ein aufrechtstehendes Gegenbild zu seiner demütig ergebenen Haltung. Der Vater wird zu einem eigenen Objekt der kindlich liebenden Ehrfurcht und zu einem Vorbild der Männlichkeit. Seine Präsenz bietet dem kleinen Jungen eine beruhigende Zuflucht, eine Art Sicherungsleine, die es ihm möglich macht, die ozeanischen Labyrinthe der Weiblichkeit zu durchstreifen und trotzdem stets aufs neue zu einem sicheren Ankerplatz der Männlichkeit zurückzufinden.

Der Eintritt in die ödipale Phase ist weniger abrupt oder phallisch wie man früher angenommen hat. Nachdem sich Vater und Mutter nunmehr als die Urbilder von Mann und Frau darstellen, entdeckt und erkundet der kleine Liebhaber diese Wesenheiten in seiner menschlichen Umgebung und in sich selbst, nachdem er früher – mit zweieinhalb Jahren – bereits gelernt hat, daß die Geschlechtsunterschiede auf anatomischen Verschiedenheiten beruhen.

Jetzt steht sein Penis im Mittelpunkt seiner Aufmerksamkeit. Er brüstet sich mit ihm und befürchtet seinen Verlust, wenn die Mutter ihn wie ein üppiger dunkler Kontinent zu locken scheint, darauf bedacht, ihn in der feuchten Wärme ihrer Vagina zu verschlingen. In seiner Phantasie erdrückt sie ihn mit ihren gewaltigen Brüsten und stößt und schlägt nach ihm mit einem eigenen imaginären Phallus. In dieser Periode eines phallischen Narzißmus, der ithyphallischen Zurschaustellung und der gespielten Macht, kann sich der Knabe hin und wieder, vielleicht sogar eine gewisse Zeitlang, ihrem Zugriff entwinden und sich in der Phantasie zu ihrem Eroberer und Kolonisator emporschwingen. Trotzdem erweist sich das Mysterium dieses größeren Wesens als unwiderstehlicher als die eigene Selbstbespiegelung. So kann es geschehen, daß im späteren Leben der heroische Krieger Rüstung und Waffen dem sogenannten schwachen Geschlecht zu Füßen legt. Der göttliche Krischna beugt heiter das Knie vor einer einfachen Kuhhirtin. Kein Ort, an dem die Mütter nicht ihr Wesen trieben; noch den geringfügigsten Geschehnissen der Kinderzeit hauchen sie ihren Atem ein und machen die Söhne vor der ödipalen Prüfung zu inneren

Hermaphroditen, eingehüllt und durchdrungen von ihrer Weiblichkeit.

Die volle Blüte der Liebesbeziehung mit der Mutter geht, wie Nabokov bemerkt hat, einher mit dem Heraufdämmern von Bewußtsein und Identität. Diese Prozesse – die Reifung romantischer Liebe und des eigentlichen Menschseins – entfalten sich gleichzeitig. Ähnlich wie unsere persönlicheren Deckerinnerungen komprimieren die Erinnerung und die literarische Kunst des Autobiographen den Fluß der Zeit und halten ihn in einem dramatischen, «deutlich bewußten» Augenblick fest. Im Alter von vier Jahren, vermutlich am Geburtstag seiner Mutter, kam Nabokov auf dem elterlichen Landgut erstmals zu dem Bewußtsein, «daß das siebenundzwanzigjährige Wesen in weichem Weiß und Rosa, das meine linke Hand hielt, meine Mutter war, und das dreiunddreißigjährige in hartem Weiß und Gold, das meine Rechte hielt, mein Vater», und dies war für ihn «die Geburt (s)eines fühlenden Lebens.»[8]

Die Mutter schenkt uns das Licht der Welt und dann diese Welt selbst. – Nabokovs Autobiographie ist eine elegische Rhapsodie auf den «ungreifbaren Besitz», den die Mutter ihrem geliebten Sohn als Vermächtnis hinterlassen hat, eine Abfolge einzelner Szenen, in denen die Bilder und die eigenen Vergnügen der Kindheit heraufbeschworen werden, die Einzelheiten äußerst genauer Empfindungen, die besonders darum als so prickelnd und intensiv erlebt wurden, weil ihnen jede Möglichkeit einer Zuordnung fehlte, jene begriffliche Klassifizierung, die den Dingen ihre Neuartigkeit, das Unerwartete daran nimmt. In dem Buch Nabokovs, wie überhaupt in allen Familiengeschichten, liefern andere Erwachsene – z.B. Erzieher oder politische Persönlichkeiten – ein Raster, einen historischen und sozialen Kontext für das, was vergänglich und ephemer ist. In der Erinnerung des Memoirenschreibers wie in den Wahrnehmungen des liebenden Kindes erfüllt die ihn umgebenden Menschen eine Lebendigkeit, die ähnlich der ist, die verschiedenste «Schätze» in den ersten Lebensjahren hatten. Auch in ihnen ist die Mutter lebendig.

Doch neben all ihrer Bedeutung behält auch die Mutter Nabokovs – wie die meisten Mütter überhaupt – paradoxerweise stets den Charakter einer der «milden Halluzinationen» oder der «hypnagogen Phantome», denen er sein ganzes Leben hindurch ausgesetzt war. Sie ist verschwommen, aber dauerhaft und verlockend präsent. Sie ist ein strahlendes Wesen, dem es an Bestimmtheit mangelt, belebend und ihrerseits belebt durch die Reaktionen des kleinen Knaben auf sie. In der Rückschau auf seine Kindheit erscheint sie dem Autor besänftigend, begabt mit demselben sensorischen und zu Zeiten auch synästhetischen Potential, mit dem der Sohn ein ganzes englisches Alphabet kolorierte. Von ihr bekam er «ein einzigartiges Scheinbild mit auf den Weg – die Schönheit ungreifbaren Besitzes, unirdischer Immobilien.»[9] Gegen Ende der Memoiren, wenn aus dem Knaben ein junger Mann geworden ist, wird sie zu einer Person für sich und versinkt einfach in die Dunkelheit – um wie alle Mütter später in den von ihm geliebten Frauen wiedergeboren zu werden.

Alle Knaben identifizieren sich mit der Weiblichkeit, von der sie bezaubert sind. Wie wir in den vorangegangenen Kapiteln gezeigt haben, wird der Eintritt in die ödipale Phase charakterisiert durch die Auflösung der Grenzen, die biologisch und sozial zwischen den Geschlechtern bestehen. Eine Mutter und ein liebender Sohn sind wie eins in einer einzigen «Anima», *ihrer* gemeinsamen weiblichen Seele.

In der Tat teilte Nabokov mit seiner Mutter die Sensibilität eines Synästheten – jene Überlagerung unterschiedlicher Sinneswahrnehmungen, wie sie nur dem Künstler gegeben ist. Auch sie «hörte» bunte Buchstaben und «tat alles, um meine allgemeine Sensibilität für optische Reize zu fördern», indem sie für ihren Sohn malte. Sie schärfte seine Wahrnehmung für die Farben draußen in der Natur und brachte ihm vor dem Einschlafen Schmuck zum Spielen, «funkelnde Stirnreifen und Halsbänder und Ringe», die nicht weniger prächtig und zauberisch leuchteten als die winterliche Festbeleuchtung der Straßen von Sankt Petersburg.[10] Kein Wunder, daß der unheilbar an Schlaflosigkeit leidende Nabokov wenig Bedürfnis verspürte, sein Bewußtsein der tröstlichen, aber öden Schwärze des

Schlafs anheimzugeben. Seine Mutter hatte seiner Tagwelt Leben eingehaucht und war selbst von deren wunderbaren Mannigfaltigkeit durchdrungen. Wozu sollte er die Welt oder sie selbst aufgeben?

In dieser gegenseitigen Teilhaberschaft droht die Gefahr der Passivität, die Aufhebung der Männlichkeit, die im späteren heterosexuellen Leben den Mann zur Frau führt. Der phallische Narziß in ihm wird den ödipalen Jungen dazu verleiten, bei der Mutter, mit der er sein Vergnügen findet, die Erneuerung seiner Männlichkeit, die er ihr überantwortet hat, zu suchen – er findet in ihr Bestätigung und nicht den Verlust des eigenen Selbst und seines Geschlechts. Die Mutter ist es, die auch weiterhin einen Mann aus ihm macht. Ja, sie verspricht ihm sogar, ihn und seinen Phallus unvorstellbar groß werden zu lassen und zieht ihn, noch auf dem Höhepunkt seiner Beschäftigung mit ihr, mit phantastischen Vorzeichen einer großartigen Zukunft weiter auf dem Weg zu seiner Männlichkeit.

Wörtlich heißt es hierzu bei Nabokov: «Meine zahlreichen Kinderkrankheiten brachten meine Mutter und mich einander noch näher... Durch mein Delirium hindurch erkannte sie Empfindungen wieder, die ihr selber nicht fremd geblieben waren.»[11] Nach einer langen Krankheit liegt der kleine Vladimir noch etwas geschwächt darnieder und malt sich aus, wie seine Mutter in die Stadt fährt, um ihm «das tägliche Geschenk zu besorgen, das diese Tage der Genesung so wundervoll machte». Die Sexualobjekte in seinen Bildern sind unmißverständlich, aber außerdem bemerkenswert wegen der mit ihnen verbundenen optischen und akustischen Sinneseindrücke:

«Durch den Kristall meines seltsam transparenten Zustands sah ich lebhaft, wie sie fort von mir... fuhr. Ich erkannte den leichten Schlitten, den ein kastanienbrauner Traber zog. Ich hörte seinen schnaufenden Atem, das rhythmische Klatschen seines Geschröts und die Brocken gefrorenen Schnees, die dumpf gegen die Vorderwand des Schlittens schlugen. Vor meinen Augen und vor denen meiner Mutter erhob sich gewaltig die Rückseite des Kutschers in seinem dick gefütter-

ten blauen Gewand und das Lederfutteral der Uhr..., das
hinten an seinem Gürtel befestigt war, unter dem sich die
kürbisartigen Falten seines mächtigen, dick gepolsterten
Rumpfes wölbten. Ich sah den Sealskinmantel meiner Mutter und, als die eisige Geschwindigkeit zunahm, auch den
Muff, den sie vor ihr Gesicht hob – jene graziöse Schlitten-
fahrtgeste einer Petersburger Dame. Zwei Zipfel des stattli-
chen Bärenfells, das sie bis zur Taille bedeckte, waren mit
übergeworfenen Schlingen an zwei Stäben auf beiden Seiten
der niedrigen Rückenlehne befestigt. Und hinter ihr, die
Hände um diese Griffe geklammert, stand ein Diener mit
kokardenbesetztem Hut auf dem schmalen Fußbrett über
den rückwärtigen Enden der Kufen.

Immer noch den Schlitten vor Augen, sah ich, wie er vor
Treumann (Schreibwaren, Bronzeklimbim, Spielkarten)
hielt. Wenig später kam meine Mutter wieder aus dem Laden, gefolgt von ihrem Diener. Er hielt, was sie gekauft hatte
und mir wie ein Bleistift aussah. Ich war verwundert, daß sie
etwas so Kleines nicht selber trug, und diese unangenehme
Frage der Größenverhältnisse löste aufs neue, wenn auch
glücklicherweise nur sehr kurz, im Kopf jenen ‹Weitungsef-
fekt› aus, den ich mit dem Fieber überwunden geglaubt hatte. Als sie wieder im Schlitten verstaut wurde, sah ich den
Dampf, den sie alle ausatmeten, das Pferd eingeschlossen.
Ich sah auch den vertrauten Schmollmund, den sie zog, um
das Netz ihres zu eng über das Gesicht gestreiften Schleiers
zu lockern, und da ich dies schreibe, kommt – nein, fliegt die
netzartig gemusterte Zärtlichkeit, die meine Lippen spürten,
wenn ich ihre verschleierte Wange küßte, mit einem Freuden-
schrei aus der schneeblauen, blaufenstrigen (die Vorhänge
sind noch nicht zugezogen) Vergangenheit zu mir zurück.
Ein paar Minuten darauf trat sie in mein Zimmer. In den Armen hielt sie ein großes Paket. In meiner Vision hatte ich es
stark verkleinert – vielleicht, weil ich unterschwellig korrigiert hatte, was mir die Logik warnend als die gefürchteten
Überreste der sich ausdehnenden Fieberwelt ausgab. Jetzt
erwies sich der Gegenstand als ein riesiger, kantiger Faber-

Bleistift, über einen Meter lang und entsprechend dick. Er hatte als Ausstellungsstück im Schaufenster des Ladens gehangen, und sie hatte angenommen, daß ich ihn mir wünschte, wie ich mir alles wünschte, was nicht eigentlich käuflich war. Der Verkäufer hatte einen Vertreter anrufen müssen, einen ‹Doktor› Libner (so als komme dem Handel tatsächlich irgendeine pathologische Bedeutung zu). Einen schrecklichen Augenblick lang fragte ich mich, ob die Spitze aus richtigem Graphit war. Sie war's. Und indem ich ein Loch in die Seite bohrte, überzeugte ich mich einige Jahre später zu meiner Genugtuung davon, daß die Bleimine bis hinten durchging – ein vollkommener Fall von *l'art pour l'art* seitens Fabers und Dr. Libners, denn der Stift war viel zu groß, um je benutzt zu werden, und zum Gebrauch auch gar nicht bestimmt.»[12]

Als die Mutter von einer ausgiebigen Pilzsuche zurückkommt, läßt sie ihn an den Reichtümern aus ihrem Korb teilhaben:

«Zur Abendessenszeit sah man sie dann aus den diesigen Tiefen eines Parkweges auftauchen, ihre kleine Gestalt in grünlichbraune Wollsachen gemummt, auf denen kleine Wassertropfen eine Art Nebel um sie schufen. Wenn sie unter den triefenden Bäumen näher kam und meiner ansichtig wurde, lag in ihren Zügen ein seltsamer, freudloser Ausdruck, der Mißerfolg hätte bedeuten können, hätte ich in ihm nicht die angespannte, eifersüchtig beherrschte Seligkeit des erfolgreichen Sammlers erkannt. Kurz bevor sie mich erreichte, ließ sie dann mit einer abrupten, matten Arm- und Schulterbewegung und einem ‹Phhh!› übertriebener Erschöpfung den Korb sinken, um sein Gewicht, seine ungeheure Fülle deutlich zu machen.»[13]

Ein Analytiker, der dazu neigt, in solchen und ähnlichen Fällen ein pathologisches Verhalten zu diagnostizieren, würde in diesen und anderen Erinnerungen Nabokovs an seine Mutter inzestuöse Triebwünsche sehen. Für ihn hätte die Mutter ihren Sohn übermäßig stimuliert und ihm törichterweise einen fast mannshohen Penis mitgebracht – des Kutschers oder des Vaters –, der überdies besonders sorgsam angefertigt ist, eine Erweiterung also ihres eigenen imaginären Phallus. Er wird in ihrer «Verführungskunst» und «Überschätzung» den Keim zu einer abwehrenden, angstvollen Identifikation mit dem Weiblichen und eine infantile Regression sehen. Sie ist eine Sirene und hat ihn nur verführt, um ihn zu verlassen.

Aber solche zögernden Deutungen würden nur auf den Spott und die phantasievolle Zurückweisung durch den Autor treffen. Das mag alles gut und schön sein, wird er uns sagen, aber es ist noch längst nicht alles. Und in dem Buch findet sich auch eine Aussage über seine Mutter, die weit mehr enthält als jede unterschlagene frühreife Liaison: «Mit ganzer Kraft zu lieben und den Rest dem Schicksal zu überlassen», war eine ihrer Lebensregeln.[14] Es geht um Bilder und Empfindungen – mehr jedenfalls als um die einzelnen Begierden, denen sie ihre Entstehung verdanken mögen. Ein vorsichtiger und differenzierter urteilender Analytiker würde es vielleicht so ausdrükken: Die ödipale Mutter bietet ihrem Sohn die Schönheit der Einbildungskraft, der Phantasie und des «Familienromans» an.

Doch zurück zum Autor selbst: Später in seinem Leben, nach der Vertreibung aus Rußland und im Exil in Berlin, hat die Beziehung zu seiner Mutter viel von dem früheren Glanz eingebüßt. Nabokov deutet mit einem Nebensatz den tragischen Tod seines Vaters an, der einem Attentat zum Opfer fiel, ein Tod, auf den er in einem späteren Kapitel ausführlich eingeht. Die Mutter zieht nach Prag, der Sohn hält sich in Deutschland und Frankreich auf, und die Besuche bei der Mutter, die Patiencen legt und außer dem eigenen Ring noch den von Nabokovs Vater trägt, werden immer seltener. Die fröhliche Frau seiner Kindheit wird unvermittelt als alt geworden geschildert, eine Hinterbliebene, die der Frivolitäten und Illusionen von einst anscheinend nicht mehr fähig ist – ein freier Geist, durch die Geschichte und persönlichen Kummer gebrochen, ohne Glanz, dem Tod entgegensehend, nur noch ein Schatten der Mutter von ehedem. Nabokovs trauriges Schicksal dient in seinen Besonderheiten immer wieder als Metapher für die inneren Leiden seiner Kinderjahre.

Die wenngleich unbewußte bedrohliche Vorstellung, der geliebte und schützende Vater könnte von der Mörderhand des eigenen Sohnes fallen, der rächende Geist des Vaters – nach dem alttestamentarischen Gesetz: Auge um Auge, Zahn um Zahn, Phallus um Phallus –, die Konfrontation mit der elterlichen Realität und den peinigenden Schuldgefühlen, alle diese Makel werden von unserem Liliputaner riesengroß auf einer trübseligen Szenerie wahrgenommen.

Die Sinnlichkeit der ödipalen Phase ist vergessen, nicht so sehr darum, weil sie dem erwachsenen Bewußtsein strukturell fremd wäre, sondern weil ihre Pulsschläge und Strebungen die Liebe zu anderen und die Sicherheit und Unverletzlichkeit der Familie in Frage stellen. Das nunmehr voll ausgebildete «Über-Ich» fordert vom «Ich» ihre Verdrängung. Eine Zeitlang wird das Liebesleben des Kindes ins Reich des «Es» verbannt.

Über das stürmische Meer der leidenschaftlichen Kindheit legt sich die von Freud so bezeichnete «Latenz» wie eine Eiszeit. Der unabhängiger gewordene Knabe beschäftigt sich jetzt mit den bloßen Derivaten seiner ersten und wahrhaftigsten Liebe. Seine Sexualität äußert sich vielleicht in solchen Berührungen anderer Knaben oder Mädchen, die wir euphemistisch als «Doktorspiele» bezeichnen. Seine Aufmerksamkeit wird jedoch zum größten Teil von den Dingen in seiner Umgebung gefangengenommen: *ihre* Ursprünge und Gewohnheiten werden zu den Ursprüngen und Gewohnheiten des Lebens. Bei Nabokov waren es die Schmetterlinge und die Literatur, die ihn zeitlebens fesseln sollten. Aber der sexuelle Ruhezustand der mittleren Kindheit ist nur von kurzer Dauer, und die in dieser Zeit unternommenen Streifzüge führen sowohl zurück zu den ödipalen Zwangsvorstellungen als auch von ihnen weg.

Die Mutter wird dem Vater überlassen, dessen Alter dem ihren gemäß ist, und ihr Bild nimmt reale Züge an. Die für sie gehegte Leidenschaft wird jetzt ihren weiblichen und zum Teil sogar männlichen Ersatzfiguren entgegengebracht. Ein Jugendlicher in der Pubertät hat mit einem unausgesetzten Verlangen und unvorhersehbaren Erregungen zu kämpfen, die ihn unvermittelt überkommen. Er hat Erektionen, denen gelegentlich

Samenergüsse folgen. Sein kribbelndes Genital läßt ihm keine
Ruhe. Anfangs sind die Reize, die eine Erregung auslösen, un-
spezifisch. Beim Abfrottieren oder beim Ringkampf mit anderen Jungen und selbst bei Angstgefühlen kann sein Glied anschwellen.

Ab dem dreizehnten Lebensjahr zieht sich der Heranwachsende aus der Welt der Frauen in die Geborgenheit der Kumpanei mit gleichaltrigen Kameraden zurück. Hin und wieder
kommt ein homoerotisches Moment in den gegenseitigen Nek-
kereien und dem rastlosen Treiben offener zum Ausdruck. Der
Junge experimentiert mit der Liebe in der Freundschaft zu seinen Kumpeln und mit seiner Sexualität, indem er seinen neugewonnenen genitalen Mut erprobt oder unter Beweis stellt. So
versetzen sich Nabokov und sein Vetter Jurij, der später in den
Revolutionskriegen fallen wird, in die Rolle mittelalterlicher
Ritter, träumen sich in Romanzen mit den Heroinen jener Zeit
und kommen bei Tanzstunden oder Weihnachtsfeiern mit anderen Mädchen ihres Alters zusammen, mit denen sie sich nek-
ken, ohne daß diesen ihre eigentliche Sehnsucht gilt. Sie teilen
das weibliche Geschlecht wie alle Jungen – als einzelne und
ganz besonders in der Gruppe – danach ein, wer als Eroberung
«in Frage kommt» und wer nicht; die letzteren sind eher zum
bewundern da. Freud hat als erster das Syndrom der «Mutter-
Dirne» erkannt und behauptet, der Versuch vieler junger Männer, romantische Liebe von Sexualität zu trennen, stehe für eine
Flucht vor Inzestwünschen und damit für eine Angst, die Mutter zu «entidealisieren», deren unbeflecktes Bild noch immer
unentbehrlich für das Selbstwertgefühl des Jugendlichen ist.
Die Vorstellung, daß «sie» ihn begehren könnten, und daß zu
«ihnen» auch «sie», die Mutter gehört, ist noch immer zu
schwer, zu «menschlich», um ertragen werden zu können. Sie
ist aber eine Vorahnung des Verlusts an der Schwelle zur zweiten bedeutenden Trennung.

Schmetterlinge waren es, nichts als Insekten, die Nabokov
zu den Frauen führten. Im Alter von elf Jahren trieb es ihn, das
weite Marschland jenseits eines Flusses zu erkunden, und der
vorpubertäre Nabokov stößt auf einen «wackligen Fußsteg» –

alles Bilder der Unsicherheit, aus denen sich die unbehaglichen Ahnungen seiner Sehnsucht nach Vereinigung mit einer Frau ablesen lassen. Bunte Flecken auf dem Gras waren «die verstreuten Kleider von Bauernmädchen, die im seichten Wasser splitternackt tobten und schrien und mir so wenig Beachtung schenkten, als wäre ich der körperlose Träger meiner jetzigen Erinnerungen»,[15] ein reizloser alter Mann, der Erzähler von *Lolita*. Eines der Mädchen ist eine gewisse Polenka.

> «Wenn sie mich kommen sah, grüßte mich ihr Gesicht mit einem … Leuchten, doch … am Ende … (war) jeder Ausdruck aus ihrem hübschen, runden Gesicht gewichen, wenn ich schließlich bei ihr war.»[16]

Nabokov bezeichnet sein Verhältnis zu ihr als eine «Augenbekanntschaft». Mit ihrem von Jahr zu Jahr weicher werdenden Busen war sie die erste, die «die schmerzliche Macht besaß, ein Loch in meinen Schlaf zu brennen und mich zu klammem Bewußtsein wachzurütteln».[17] Er träumte von ihr, obwohl er fürchtete, im wirklichen Leben von ihren schmutzstarrenden Füßen abgestoßen zu werden. Seine Schilderung ihrer Begegnung ist die erste wirkliche erotische Passage seiner Autobiographie, deren sexueller Charakter noch durch Anspielungen und Symbole verstärkt wird:

> «Das erste (Bild von ihr), das ich lange Zeit mit mir herumtrug, hatte mit der Polenka der Hauseingänge und Sonnenuntergänge nichts zu tun – es war, als hätte ich eine nymphenhafte Inkarnation ihrer mitleiderregenden Schönheit erblickt, an die man besser nicht rührte. An einem Junitag des Jahres, da wir beide dreizehn waren, jagte ich am Ufer der Oredesh einige Apollofalter – *Parnassius mnemosyne*, um genau zu sein –, seltsame Schmetterlinge aus uraltem Geschlecht mit raschelnden, glasigen, halbdurchsichtigen Flügeln und kätzchenartigem, seidenweichem Hinterleib. Meine Suche hatte mich in ein dichtes Unterholz aus milchigweißen Racemosen und dunklen Erlen hart am Ufer des kalten, blauen Flusses geführt, als ich es plötzlich spritzen und rufen hörte, und hinter einem duftenden Busch versteckt

sah ich, wie Polenka und drei oder vier andere Kinder ein paar Schritte von mir entfernt vor den Ruinen eines alten Badehauses splitternackt badeten. Naß und keuchend, mit einer Stupsnase, die ihr auf der einen Seite lief, die Rippen ihres jugendlichen Körpers unter der blassen Gänsehaut gewölbt, die Waden mit schwarzem Schlamm bespritzt, einen gebogenen Kamm im Haar, das die Feuchtigkeit dunkler machte, so floh sie vor dem Sausen und Klatschen der Wasserlilienstengel, die ein trommelbäuchiges Mädchen mit kahlgeschorenem Kopf und ein schamlos aufgeregtes grünes Bürschchen mit einer Art Schnur um die Lenden, einem örtlichen Brauch zufolge ein Mittel gegen den bösen Blick, aus dem Wasser gerissen hatten, um ihr damit zuzusetzen; und ein oder zwei Sekunden lang – bevor ich in einem elenden Nebel von Abscheu und Begierde wegkroch – sah ich eine fremde Polenka auf den Planken einer halbverfallenen Landungsbrücke kauern und zittern, die Arme gegen den Ostwind über die Brüste gekreuzt, während sie ihren beiden eifrigen Verfolgern die Zungenspitze herausstreckte.»[18]

Nachdem sich der Ruhezustand der Latenzphase aufgelöst hat, erlebt der Heranwachsende die heißen Ergüsse des Jugendalters, erlebt – allein oder zu zweit – seine Orgasmen. Selbst in den Fängen des «kleinen Todes» muß er sich seiner phallischen Härte vergewissern, er ist noch nicht bereit, seine männliche Macht an eine wirkliche Frau abzutreten. Er befindet sich an der Schwelle zur sogenannten «Genitalität» und ist, grob gesagt, zur körperlichen Triebabfuhr fähig. Sobald sich seine vorübergehenden Katerstimmungen und Ängste endgültig gelegt haben, stachelt – wie bei einer Droge – jedes süß gestillte Verlangen neue Begierde an. Er will immer mehr, er möchte einer Frau habhaft werden, sie festhalten, er fühlt sich unwiderstehlich von ihr angezogen.

In seinem Roman *Ada oder das Verlangen* schildert Nabokov mit der Freiheit eines Romanautors die sinnliche Anziehung, die das Licht auf eine Motte ausübt, er schildert das Zusammenkommen des halbwüchsigen Paares durch die Fäden des

Gewebes hindurch, das ihre Körper verhüllt, den Durst ihrer Herzen nach einander:

> «Was Van in jenen ersten befremdlichen Tagen durchmachte, als sie ihm das Haus zeigte – samt jenen Nischen, in denen sie sich so bald schon lieben würden –, enthielt zur selben Zeit Elemente des Entzückens und des Ärgers. Entzücken – wegen ihrer bleichen, sinnlichen, unstatthaften Haut, ihres Haars, ihrer Beine, ihrer eckigen Bewegungen, ihres Gazell-Gras-Geruchs, wegen des plötzlichen schwarzen Blicks ihrer weitstehenden Augen, der rustikalen Nacktheit unter ihrem Kleid; Ärger – weil zwischen ihm, dem ungeschickten, genialen Schuljungen, und dem frühreifen, affektierten, unergründlichen Kind eine Leere aus Licht und ein Schleier aus Schatten sich ausbreiteten, die keine Kraft überwinden und durchdringen konnte. Er fluchte fürchterlich in der Trostlosigkeit seines Bettes und konzentrierte seine geschwollenen Sinne auf einen flüchtigen Anblick von ihr, den er in sich hineingeschlungen hatte ...»[19]

Hinter dem Bild jugendlichen Vortastens steht eine echte Leidenschaft, deren Hindernisse ebensosehr an individueller Abkapselung wie gesellschaftlichen Tabus liegen. Der Liebende möchte die Geliebte verzehren und von ihr verzehrt werden. Da dies nicht möglich ist, verleibt er sie sich sexuell ein, jede Einzelheit, die seine Sinne ihm von ihr übermitteln, genießend.

In der Adoleszenz führen immer mehr Sinneswahrnehmungen in seinen Penis. Die Genüsse des Gesichts- und Geruchssinns sowie anderer, besinnlicherer Eindrücke weichen allmählich dem erwartungsvollen Pulsieren der begierigen Genitalien des jungen Van; jeder – wenn überhaupt – mit der eigenen Hand herbeigeführte Orgasmus dient so als Bestätigung, daß alles in Ordnung ist.

> «Mit seinem ganzen Sein genoß der überheiße, überquellende Junge ihr Gewicht, fühlend, wie es auf jeden Stoff der Straße reagierte, indem es sich sanft zweiteilte und unter sich das Zentrum seines Verlangens zerdrückte, das er wohlweislich zu kontrollieren hatte, damit nicht ein denkbares Durch-

sickern ihre Unschuld verwirrte. Er hätte nachgegeben und wäre in animalische Laxheit dahingeschmolzen, hätte nicht die Gouvernante des Mädchens die Situation gerettet, indem sie ihn ansprach.»[20]

Im Mittelpunkt der Suche des Kindmannes stehen keine «oralen» oder Einverleibungsvergnügen mehr, sondern jene Befriedigungen, die er sich verschaffen kann, kurz bevor der köstliche genitale Augenblick gekommen ist.

«Während der Kußphase unserer Kinder (zwei nicht besonders gesunde Wochen voll langer, schmuddeliger Umarmungen) schnitt sozusagen irgendein seltsamer pudibunder Schirm ihre beiden ungestümen Körper voneinander ab. Aber Berührungen und Reaktionen auf Berührungen drangen unweigerlich durch wie eine ferne Schwingung verzweifelter Signale. Endlos, beharrlich, zart fuhren Vans Lippen über ihren Mund und schürten dessen brennende Blume, vor und rück, rechts, links, Leben, Nichts, schwebend in Spannung zwischen der luftigen Zärtlichkeit eines offenen Idylls und dem großen Blutandrang des verborgenen Fleisches.»[21]

Schließlich beschreibt uns Nabokov die wunderbare Antiklimax und den Vorboten aller künftigen Dinge. Die beiden «Kinder» sind miteinander allein, während in der Ferne eine Scheune brennt. Einzig in eine Art Schottenrock gewickelt, betritt Van die Bibliothek, eine bezeichnende Kulisse. Jetzt entfaltet sich die dramatische Handlung, in der das Ferne zur Nähe, die Wirklichkeit zum Spiegelbild wird, fremder und großartiger und unheimlicher als in der Phantasie. Das Verlangen ist Wirklichkeit geworden.

«Van, am Aussichtsfenster kniend, sah das entflammte Auge der Zigarre sich entfernen und verschwinden...
... Van (war) entzückt und schockiert, als er eben dort, im tintigen Buschwerk, Ada in ihrem langen Nachthemd mit einer brennenden Kerze in der einen Hand und einem Schuh in der anderen vorüberwandeln sah, als ob sie den verspäteten Ignicolisten nachschlich. Es war nur ihre Spiegelung in

der Scheibe. Sie ließ den aufgelesenen Schuh in den Papier-
korb fallen und kniete sich neben Van auf den Diwan.

... Einen Augenblick lang betrachteten sie beide das romantische Nachtstück, das vom Fenster eingerahmt war. Er hatte
angefangen, sie zu streicheln, zitternd, geradeaus starrend,
durch den Batist hindurch mit der Hand eines Blinden die
Senke ihrer Wirbelsäule nachziehend.

... ‹Ich blieb absichtlich zu Hause, weil ich hoffte, du wür-
dest es auch tun – es war ein ausgeheckter Zufall›, sagte sie
oder sagte später, sie hätt's gesagt – während er fortfuhr, die
Flut ihrer Haare zu liebkosen und ihr Nachthemd zu reiben
und zu knittern, zwar noch nicht wagend, darunter und auf-
wärts zu gehen, jedoch mit dem Mut, ihr Gesäß nachzufor-
men, bis sie sich mit einem kleinen Zischen auf seine Hand
und ihre Hacken setzte, als das brennende Karten-Schloß
zusammenfiel. Sie wandte sich ihm zu, und im nächsten Augenblick küßte er ihre bloße Schulter und stieß gegen sie wie
der Soldat hinter ihr in der Schlange.»[22]

Bei dieser lustvollen Begegnung ist es fast gleichgültig, wessen
Körper zu wem gehört, während die beiden einander entdekken und voneinander Besitz ergreifen.

«Er liebkoste und teilte mit seinen fleischigen Falten, *parties
très charnues*, im Falle unserer leidenschaftlichen Geschwister, ihr leichtes, loses, fast lendenlanges (wenn sie ihren
Kopf wie jetzt zurückwarf) schwarzes Seidenhaar und versuchte, an ihren bettwarmen Splenius zu gelangen...

‹Möchtgernwissen›, wiederholte sie, als er gierig sein heißes,
blasses Ziel erreichte.

‹Ich möchte dich gern fragen›, sagte sie ganz deutlich, aber
auch ganz außer sich, denn seine aufwärtswühlende Hand
hatte sich unter der Achselhöhle hindurch einen Weg ge-
bahnt, und sein Daumen auf einem Brustwärzchen ließ ihren
Gaumen prickeln...

‹Frag›, rief Van, ‹aber verdirb nicht alles› (wie von dir sich zu
nähren, an dir sich zu winden).

‹Also warum›, fragte sie (verlangte sie, forderte sie heraus,

eine Flamme knisterte, ein Kissen lag auf dem Fußboden),
‹warum wirst du da so dick und hart, wenn du –›
‹Werde wo? Wenn ich was?›
Um es klar zu machen, taktvoll, tastbar, bauchtanzte sie ge-
gen ihn, immer noch mehr oder weniger kniend, ihre langen
Haare gerieten dazwischen, ein Auge starrte in sein Ohr (ih-
re gegenseitigen Positionen waren inzwischen ziemlich ver-
worren).
‹Sag's noch einmal!›, rief er, als wäre sie weit fort, eine Spie-
gelung in einem dunklen Fenster.
‹Du zeigst es mir auf der Stelle›, sagte Ada fest.
Er ließ seinen Behelfs-Kilt fallen, und sofort änderte sich der
Tonfall ihrer Stimme.
‹Ach je›, sagte sie wie ein Kind zum anderen. ‹Es ist ganz ge-
häutet und roh. Tut es weh? Tut es schrecklich weh?›
‹Faß an, schnell›, flehte er.
‹Van, armer Van›, sprach sie weiter mit jenem kleinen
Stimmchen, mit dem das süße Mädchen zu Katzen, Raupen,
sich verpuppenden Wepen sprach, ‹ja, ich bin sicher, daß es
schmerzt, würde es helfen, wenn ich es anfaßte, bist du si-
cher?›
‹Und ob!› sagte Van ...
Ihr Zeigefinger folgte dem Blauen Nil hinab in seinen
Dschungel und wanderte wieder nach oben. ‹Und was ist das
hier? Der Hut vom Roten Boletus ist nicht halb so samtig.
Wirklich (regelrecht daherplappernd), ich fühle mich an die
Geranien- oder eher an die Pelargonienknospe erinnert.›
‹Gott, wer wohl nicht›, sagte Van.
‹Oh, ich mag diese Textur, Van, ich mag sie! Ganz be-
stimmt!›
‹Drück zu, du Gans, siehst du nicht, daß ich umkomme.›
Aber unsere junge Botanikerin hatte nicht die leiseste Ah-
nung, wie das Ding richtig zu handhaben sei – und Van, nun
in extremis, stieß es roh in den Saum ihres Nachthemds und
konnte ein Stöhnen nicht verhindern, als er in einer Lache
von Lust dahinschmolz.»[23]

Die Wirklichkeiten und die sinnlichen Augenblicke der bevorstehenden vollen Männlichkeit sind zugleich weniger und mehr als das, was ihnen vorausging. In seiner Biographie hält der Autor Rückschau: «... Dort lag sie und wartete, eine Familie heiterer Miniaturwolken, eine Anhäufung strahlender Wölbungen, anachronistisch in ihrer sahnigen Helle und überaus fern; fern, doch in allen Einzelheiten vollkommen; phantastisch verkleinert, doch völlig fertig; meine wunderbare Zukunft, bereit, mir dargebracht zu werden.»[24]

Als schließlich *Sie*, Tamara, in sein Leben tritt, eine Figur wie Ada, wirkt sie auf den jungen Nabokov wie eine «mythologische Erscheinung». Über ihr Zusammensein schreibt er:

> «Ich nahm meine Allerliebste mit an die geheimen Orte im Wald, wo ich sie in meinen glühenden Tagträumen so oft getroffen, so oft *erschaffen* hatte.»

Und mit einer Diskretion, die er als Romanautor nicht an den Tag legt, die ihn aber als einen dezenten Liebenden ausweist, fährt er fort: «In einem bestimmten Fichtengehölz kam alles ins Lot, teilte ich das Fadenwerk der Phantasie, kostete ich von der Wirklichkeit.»[25] Wir brauchen nicht mehr zu erfahren, denn wir sehen in ihrer verschwiegenen Begegnung das Zusammenkommen von Wunsch, Illusion und Phantasie, von Sehnsucht und geschlechtlichem Verlangen. Die Vergangenheit mündet in die Jugend und führt in unsichtbaren Strömungen in die Vieldeutigkeit der Zukunft.

Solche Metaphern sprechen eine beredte Sprache für den Analytiker, der darin Anspielungen auf die Berührung des männlichen und weiblichen Genitals erkennt. Zugleich verweisen sie zurück auf die Phantasiewelt der Mutter, das Theatralische an ihr und ihr verqueres Verhältnis zu wirklichen Menschen – immer und immer wieder auf ihre «ungreifbaren Besitztümer». Der Schoß der Schönheit wird dem Liebenden mit einem gespielten Seufzer der Erschöpfung, aber auch mit einem realen Zugang dargeboten, in den er eindringen kann.

In seinen Liebesabenteuern sucht der Heranwachsende seine Seele:

«...Für mich hatte bereits eine extravagante Phase aus Sentiment und Sinnlichkeit begonnen, die etwa zehn Jahre lang andauern sollte. Wenn ich sie von meinem gegenwärtigen Turm aus ins Auge fasse, sehe ich mich als hundert verschiedene junge Männer auf einmal, die alle einem einzigen wechselhaften Mädchen nachstellen, verwickelt in eine Serie gleichzeitiger oder sich überschneidender, teils erfreulicher, teils greulicher Liebesaffairen, die von Abenteuern einer Nacht bis zu lange sich hinziehenden Verwicklungen und Heucheleien mit sehr mageren künstlerischen Ergebnissen reichten.»[26]

Wenn die Heranwachsenden einmal das für sich entdeckt haben, was die Psychoanalyse unter «Genitalität» versteht, erproben sie diese in den meisten Fällen bis zum Überdruß. Sie erobern Mädchen und Körperteile, machen jede sexuelle Begegnung zu einer Trophäe und polieren ihre Männlichkeit nachträglich wieder auf, obwohl die Frauen eine nach der anderen den erigierten Penis mit ihren weichen Schamlippen festhalten und für immer in das dahinter liegende Labyrinth zu saugen drohen, das in den eigentlichen Schoß zurückführt. Wenn er die Frau, mit der er sexuell verkehrt, nicht liebt, erlebt der Heranwachsende nach dem Erschlaffen seines Penis den Katzenjammer von Reue und Gewissensbissen. Nur Liebe und Übergabe, das ist seine paradoxe Erfahrung, machen einen Mann aus ihm, genauer, einen Mann als Geschlechtswesen. Er kann nicht der Erfahrung der Bisexualität, die im Innersten seiner Suche nach der Frau verborgen ist, ausweichen und gleichzeitig die sexuelle Lust in vollen Zügen genießen. Im Einklang mit allen Tabus und Dreieckskonstellationen, die daran mitwirken, Liebende voneinander zu trennen, muß diese innere Paradoxie auf irgendeine Weise integriert und die von ihr erzeugte Unschlüssigkeit in einem Ansturm der Triebimpulse überwunden werden. Nachdem er schließlich die Wirklichkeit des Verlangens erfahren hat, muß der junge Liebende seiner eigenen Flucht vor ihr Einhalt gebieten und in der Ekstase Begierde und Angst amalgamieren.

Die Größe und Sinnlichkeit der ersten Liebe im Jugendalter läßt sich später in ihrer ursprünglichen Gestalt praktisch nicht mehr wiedererwecken. Wer dies in der Mitte seiner Jahre dennoch versucht, läuft Gefahr, einer närrischen Perversion von der Art anheimzufallen, wie sie halb realistisch, halb parodistisch von Nabokov in seinem Roman *Lolita* dargestellt worden ist. Man vergleiche die erste erotische Begegnung des Romanhelden Humbert Humbert als Teenager (mit Annabel) mit der verstohlenen Nicht-Verführung der vulgären kleinen Dolly durch den fehlgeleiteten Mittvierziger. Dessen Perversität speist sich nach seinem eigenen Bericht aus dem Bemühen, der Köstlichkeit der launenhaften, jäh endenden pubertären ersten Liebe erneut habhaft zu werden. Der ganze Abschnitt ist eine erotische und nostalgische Tour de force, mit der die gereizte, synästhetische und zugleich differenzierte Sensibilität wiedergegeben wird, die dem leidenschaftlichen Pubertierenden eigentümlich ist:

«Ich habe den Bericht über unser erstes erfolgloses Stelldichein dem Abschluß meiner ‹Annabel-Phase› vorbehalten. Eines späten Abends gelang es ihr, die bösartige Wachsamkeit ihrer Familie zu überlisten. In einem schlank und nervös gefiederten Mimosenhain hinter ihrer Villa fanden wir einen Platz auf den Überresten einer Steinmauer. Durch die Dunkelheit und das zarte Laub konnten wir die Arabesken erleuchteter Fenster sehen, die mir heute, von den farbigen Tinten empfindsamen Erinnerns angetuscht, wie Kartenblätter erscheinen wollen – vermutlich, weil ein Bridgespiel den Feind ablenkte. Sie zitterte und zuckte, als ich den Winkel ihrer geöffneten Lippen und ihr heißes Ohrläppchen küßte. Ein Büschel Sterne glühte blaß zwischen den Silhouetten der langen dünnen Blätter über uns; der vibrierende Himmel schien so nackt zu sein wie sie selbst unter ihrem leichten Kleid. Ich sah ihr Gesicht in diesem Himmel, seltsam deutlich, als strahle es einen ihm eigenen schwachen Glanz aus. Ihre Beine, die holden, lebendigen Beine, waren nicht zu dicht beieinander, als meine Hand die Stelle fand, die sie

suchte, kam ein träumerischer, unirdischer Ausdruck, halb
Lust, halb Qual, in ihre kindlichen Züge. Sie saß etwas höher
als ich, und sooft es sie in ihrer einsamen Verzückung dazu
drängte, mich zu küssen, senkte sie den Kopf in einer schläf-
rigen, sanften, matten Bewegung, die fast traurig war, und
ihre nackten Knie hielten und preßten mein Handgelenk
und lockerten sich dann wieder; und ihr bebender Mund,
von der Schärfe eines geheimnisvollen Tranks verzogen, kam
mit einem zischenden Einziehen des Atems nah an mein Gesicht. Sie versuchte, die Liebespein zu lindern, indem sie zuerst ihre trockenen Lippen rauh gegen die meinen rieb; dann
zog sich mein Liebling mit einem nervösen Schütteln des
Haars von mir zurück, kam dunkel wieder und ließ mich an
ihrem offenen Mund weiden, während ich mit einer Hingabe, die bereit war, ihr alles zu schenken, mein Herz, meine
Kehle, meine Eingeweide, ihrer ungeschickten Faust das
Zepter meiner Leidenschaft zu halten gab.
Ich erinnere mich an den Duft eines Toilettenpuders – ich
glaube, sie hatte ihn der spanischen Zofe ihrer Mutter ge-
stohlen –, ein süßlicher schwacher Moschusduft. Er mischte
sich mit ihrem eigenen Biskuitgeruch, und meine Sinne waren auf einmal bis zum Rand gefüllt – ein plötzliches Gera-
schel in einem nahen Gebüsch hinderte sie am überfließen –,
und als wir auseinanderfuhren und mit schmerzenden Pulsen
auf das horchten, was wahrscheinlich eine wildernde Katze
war, kam vom Haus her die rufende Stimme ihrer Mutter in
einem anschwellenden Kreischen – und Dr. Cooper humpel-
te schwerfällig in den Garten hinaus. Aber dieser Mimosenhain, der Sternschleier, das Prickeln, die Flammen, der Ho-
nigtau und das reißende Weh blieben in mir, und das kleine
Mädchen mit den seegebräunten Gliedern und der glühenden Zunge verfolgte mich immer seither – bis ich zuletzt,
vierundzwanzig Jahre später, durch ihre Verkörperung in einer anderen ihren Zauber bannte.»[27]

Eine zweite «aufreizende» Begegnung erfolgt zu einem späteren Zeitpunkt des Romans, als Humbert Humbert in Lolita sei-

ne erste Liebe wiedergefunden hat und sie nicht überlistet, wie
andere Männer seines Alters dies tun würden. Er lockt «Lo» auf
seinen scheinbar onkelhaften Schoß, nur um insgeheim ein
wahres Xanadu entbrennender Leidenschaften unter den wenigen Falten aus Baumwolle (ihr Kleid) und Seide (sein Bade-
mantel und sein Pyjama) zu genießen, die beider Schamteile voneinander trennen. Die Heftigkeit der Jugend, die sich selbst
noch nicht ganz begriffen hatte, ist der Verzweiflung des per-
versen Mannes gewichen und dessen moralischen Qualen.
Humbert Humbert scheitert in seinem rastlosen Bemühen, das
Verrinnen der Zeit aufzuhalten. Nabokovs erzählerische Kunst
ist größer als das Geschick seines armen Helden und als die
idealisierte Physiologie eines seinem Alter nicht mehr angemes-
senen «Trockenbumsens». So zeigt sich, daß unseren erdichte-
ten Liebesgeschichten ein Erfolg beschieden ist, wo Pornographie und Perversion scheitern; sie scheitern, weil es ihnen nicht
gelingt, die Vergangenheit und ihre entschwundenen Vergnügen mit neuer Kraft zu erfüllen. Wir erwarten, daß alle «wahren» Liebenden jung sind und in sexueller Reife und körperlicher und seelischer Erschütterung auf der Grenze zwischen
Kindheit und Erwachsenenalter entlangwandern.

Humbert Humberts Begegnung mit dem Körper Lolitas geschieht in aller Heimlichkeit, ohne daß er die Gefahren einer
Intimität zu fürchten bräuchte. Er ist töricht, und als ihn Lolita
später verführt, wird er endgültig zu einem kindischen Narren
der Liebe. Er erinnert uns an all unsere sexuellen Fehlschläge,
die wir als Halbwüchsige erlebt haben. Alle Jungen kommen ir-
gendwann einmal zu früh oder sie sind anderen Beschämungen
ausgesetzt. Häufig ziehen sie sich dann auf einen sexuellen Solipsismus zurück, der in der Literatur nur selten beschrieben
wird, da er eher zum Pathetischen oder Lächerlichen als zum
Tragischen oder Romantischen neigt. «Die Slums der Liebe»,
wie Nabokov sie nannte, wo «normale Jungs ... gemeinsam
schwachsinnig onanieren», kannte er nur aus «moderne(n)
amerikanische(n) Romanen.»[28]

Dennoch geht es bei Humbert Humberts «Verrücktheit» und
«Passion» genau um die von Nabokov selbst einbekannte «ob-

sessive Nostalgie». Trotz seines töricht wirkenden Verhaltens versucht auch er verzweifelt, die Zeit anzuhalten oder, wie Nabokov es ausdrückt, die aufeinanderfolgenden Augenblicke sich einfach anhängen zu lassen, so daß nichts mehr jetzt oder in Zukunft verlorengeht. Auch Sonderlinge, über die wir in diesem Buch kaum etwas gesagt haben, sind Liebende.

Nachdem er seine Liebesabenteuer als junger Mann angedeutet und das unwahrscheinliche Schicksal seiner Familie im Exil etwas eingehender geschildert hat, kommt Nabokov auf die Liebe zu sprechen und schließt den Kreis mit einer letzten Erwähnung seiner Mutter in Rußland. Er führt uns ins Innere seiner Verzweiflung und Sehnsucht, selbst dort, wo er über sein «Gefühl von etwas viel Weiterem, viel Dauerhafterem» nachdenkt, das in der Liebe zu einem Sohn enthalten ist, einem der «Naturwunder». Die Frucht der sexuellen Leidenschaft ist das Kind. Er versetzt uns am Ende zurück in unsere eigene Kindheit und zu unseren Müttern und – so scheint Nabokov sagen zu wollen – er vereint einen möglicherweise gefährlichen Gegensatz von Eros und Agape:

«Immer wenn ich beginne, an meine Liebe zu einem Menschen zu denken, habe ich die Gewohnheit, von dieser Liebe aus – von meinem Herzen aus, vom zarten Kern privater Materie aus – Radien zu ungeheuerlich entfernten Punkten des Weltalls zu ziehen. Etwas zwingt mich, das Bewußtsein meiner Liebe an so unvorstellbaren und unberechenbaren Dingen wie dem Verhalten von Spiralnebeln zu messen (deren Entfernung allein schon eine Form des Wahnsinns ist), an den furchtbaren Fallgruben der Ewigkeit, dem Unerkennbaren hinter dem Unbekannten, der Hilflosigkeit, den kalten, Übelkeit bereitenden Involutionen und Durchdringungen von Zeit und Raum.»[29]

An dem Abend, nachdem er vom Tod seiner entfernt lebenden Mutter erfahren hatte, schmiegte sich ein jungverheirateter Analysand in die umfangenden Arme und an den warmen Körper seiner geliebten Frau. Sie schliefen in der oberen Koje eines

Etagenbettes in einem Strandhaus, das sie zusammen mit einer zweiten Familie bewohnten, so daß sie daran gehindert waren, sich zu lieben und den Schmerz über den Verlust im Taumel der Leidenschaft zu lindern.

Die Zimmer waren dicht belegt, und die dreijährige kleine Tochter der beiden schlief in ihrem Bettchen in der Ecke, nachdem sie von der Mutter gebadet und gewickelt worden war. Ihr Vater träumte sich das, was er im Wachzustand in diesem Zimmer nicht hätte tun können. Sein Penis erigierte, so daß er dem Fuß eines Springbrunnens glich, und verströmte Sperma, als wäre er die unerschöpfliche Quelle eines Lebenselixiers. Er erwachte mitten in der Nacht und tastete nach seinen Hoden; sein Pyjama und die Bettücher waren trocken bis auf die leichte Feuchtigkeit durch den Nachtschweiß. Seine Frau hatte sich an ihn gekuschelt, ihre Wange an seine Schulter geschmiegt, gerade oberhalb der Armbeuge, und gab keinen Laut von sich. Auch vom Kinderbettchen drang kein Geräusch herüber.

Er erinnerte sich an eine Fahrt nach St. Augustine, die er mit seiner Mutter unternommen hatte, als er kaum älter als jetzt sein Töchterchen war. St. Augustine galt – wie er noch wußte – als apokryphe Stätte des Jungbrunnens, aber besonders lebendig in seiner Erinnerung war ihr düsterer kleiner Abstecher zur Begräbnisstätte der Indianer und der unheimliche Anblick der hellgrauen großen und kleinen Skelette, die vor dem Hintergrund der aschfarbenen Erde fast phosphoreszierend leuchteten. Am Abend tauchte er aus der nächtlich kalten Luft in das Wasser des erleuchteten Swimmingpools, kam zitternd und mit einer Gänsehaut wieder heraus, und seine Mutter hüllte ihn in ein Badetuch und frottierte ihn trocken. Er hatte sich erregt gefühlt und gehofft, daß die Erektion, die den Stoff seiner Badehose leicht spannte, weder von ihr noch von jemand anders entdeckt würde. Seine Gedanken schweiften zurück zu den Tagen des Milchmanns, zur Milch, den Sahnespritzern auf dem Flaschenrand, und dann zum «Ba-ba» seiner kleinen Tochter, die gerade lernte, nicht mehr in die Windeln zu machen. Er erinnerte sich an die Nacht, in der er das Kind vermutlich gezeugt hatte, eine ganze Zeitlang nur ein geheimnisvoller Hügel aus

Fleisch, der den Unterleib seiner schlanken Frau anschwellen ließ und ihn zu einer Art Wundertrommel machte. Fleisch, wenn doch nur seine Mutter weiterhin das Fleisch sehen, ihn bewundern, wenn sie auf den Körper seiner Tochter blicken könnte... Könnte er ihr doch das Leben wiedergeben... Aber dann war sie plötzlich wieder da – in seiner Erinnerung, lebendig in seinen Lenden, in seiner schönen Frau, ihrem Schamhaar, ihren Brüsten und ihrer Vagina, in seinem Penis, seinem Körper, in ihm selbst, in seiner tiefen Liebe zu beiden... Und er begann zu weinen.

Es wäre noch viel zu erzählen. Im Leben gibt es auch Kleopatras und Blaue Engel, die große und kleine Herrscher in der Mitte ihres Lebens oder an der Schwelle zum Greisenalter zu Fall bringen. An dieser Stelle wollen wir indessen bescheiden innehalten. Die Geschichte der Liebe ist sowieso niemals vollständig; so oft sie auch wiedererzählt wurde, sie hat nie ein Ende gefunden. Wir werden sie wieder und wieder hören, die manchmal beruhigenden, manchmal bedrohlichen Geräusche des «endlos fließenden Flusses in der Höhle des Menschen».

Anmerkungen

1. Einleitung

1. Denis de Rougemont, *The Myths of Love*, London 1963, S. 74.
2. Ibid.
3. Milan Kundera, *Die unerträgliche Leichtigkeit des Seins*, München 1984, S. 189 f.
4. Sigmund Freud, *Die Traumdeutung*, Gesammelte Werke II/III, Frankfurt 1944 ff., S. 270 ff.

2. Der Liebestod von Romeo und Julia

1. William Shakespeare, *Ein Sommernachtstraum*, I, 1. Werke in zwei Bänden, a.a.O., Bd. 2, S. 691.
2. *Romeo und Julia*, Prolog. Werke in zwei Bänden, a.a.O., Bd. 2, S. 68.
3. Denis de Rougemont, *Love in the Western World*, New York 1956, S. 193.
4. *Romeo und Julia*, I, 1, a.a.O., S. 73.
5. Als «fancy» – schiere Einbildung – hat Coleridge diese Maßlosigkeit gegenüber sich selbst bezeichnet, die nach Meinung neuerer Kritiker zu echter innerer «Vorstellung» (imagination) umgestaltet wird. Vgl. E. K. Chambers, *Shakespeare: A Survey*, New York (ohne Jahr).
6. *Romeo und Julia*, I, 2, a.a.O., S. 75.
7. Ibid., I, 3, S. 77.
8. Ibid., I, 4, S. 81.
9. Ibid., I, 5, S. 85.
10. Ibid., Prolog des II. Aktes, S. 86.
11. Ibid., II, 2, S. 88.
12. Ibid., II, 2, S. 90 f.
13. Ibid., II, 2, S. 91.
14. Ibid., II, 2, S. 92.
15. Ibid., II, 3, S. 94.
16. Ibid., II, 4, S. 95.
17. Ibid., II, 6, S. 100.
18. Ibid., III, 2, S. 107 f.

19. Ibid., III, 2, S. 109.
20. Ibid., III, 3, S. 111.
21. Ibid., III, 3, S. 112.
22. Ibid., III, 5, S. 120.
23. Ibid., IV, 1, S. 122.
24. Ibid.
25. Ibid., IV, 3, S. 125.
26. Ibid., IV, 3, S. 126.
27. Ibid., IV, 5, S. 128.
28. Ibid., IV, 5, S. 129.
29. Ibid.
30. Ibid., V, 1, S. 131.
31. John Keats, *Gedichte*, Übers. Heinz Piontek, München 1984, S. 17.
32. *Romeo und Julia*, V, 1, S. 131.
33. Ibid., V. 1, S. 132.
34. Norman Holland, «Romeo's dream and the paradox of literary realism», in *Literature and Psychology* 13 (1963), S. 97–103.
35. *Romeo und Julia*, V, 1, S. 133.
36. Ibid., V, 3, S. 135.
37. Ibid., V, 3, S. 136.
38. Ibid., V, 3, S. 140.
39. Vgl. M. D. Faber, «The adolescent suicides of Romeo and Juliet», in *Psychoanalytic Review* 59 (1972), S. 169–181; M. Cox, «Adolescent processes in Romeo and Juliet», in *Psychoanalytic Review* 63 (1976), S. 379–392.
40. Michel Foucault, *Wahnsinn und Gesellschaft*, Frankfurt 1969, S. 9.
41. Sigmund Freud, *Drei Abhandlungen zur Sexualtheorie*, Gesammelte Werke, Frankfurt 1944 ff., Band V, S. 73–107.
42. Sandor Ferenczi, *Thalassa: A Theory of Genitality*, New York 1968; Karl Abraham, *Selected Papers*, London 1942.

3. Liebe in der Welt des Orients:
Die Geschichte von Leila und Madschnun

1. Nizami, *Leila und Madschnun*, Übers. R. Gelpke, Zürich 1963, S. 311.
2. Ibid., S. 14 f.
3. Ibid., S. 32.
4. Ibid., S. 54.
5. Ibid., S. 79 ff.
6. Ibid., S. 112.
7. Ibid., S. 125.

8. Ibid., S. 160.
9. Ibid., S. 178.
10. Ibid., S. 179 f.
11. Ibid., S. 182.
12. Ibid., S. 183 f.
13. Ibid., S. 195.
14. Ibid., S. 276–279.
15. Annemarie Schimmel, *The Triumphant Soul*, London 1978, S. 336; vgl. a. H. Ritter, *Die Bildersprache Nizamis*, Hamburg 1925. Einen guten Überblick über den Sufismus bietet A. J. Arberry, *Sufism: An Account of the Mystics of Islam*, London 1950.
16. Zu einer knappen Übersicht über die Einstellungen des Islam zur geschlechtlichen Liebe vgl. Ch. Pellat, «Djins», in *Encyclopedia of Islam*. Hg. Ch. Pellat und J. Schacht, Leiden 1965, Bd. 2, S. 550–553. Vgl. a. A. Bouhdiba, *La Sexualité en Islam*, Paris 1975.
17. Zit. n. Jerome W. Clinton, «Madness and Cure in the 1001 Nights», in *Studia Islamica*, erscheint 1986.
18. Nizami, a. a. O., S. 164–166.
19. S. z. B. die Sammlung orientalischer und türkischer Erzählungen in *Eastern Love*, Hg. E. Power Mathys, London 1929, 10 Bde.
20. Nizami, a. a. O., S. 226 f.
21. Diese Versionen der pakistanischen Geschichten sind der Sammlung von Zainab G. Abbas entnommen *Folk Tales of Pakistan*, Karachi 1957.
22. Nizami, a. a. O., S. 291 f.
23. Percy B. Shelley, «Ozymandias», aus: Selected Poems, Essays and Letters, selected and edited by Ellsworth Barnard, New York 1944, S. 61 f.
24. Nizami, a. a. O., S. 23.
25. Joel Kovel, «On Reading *Madame Bovary* Psychoanalytically» in *Seminars in Psychiatry* 5 (1973), S. 335.
26. Nizami, a. a. O., S. 24 f.
27. Ibid., S. 42 f.
28. Ibid., S. 45 f.
29. Ibid., S. 47 f.
30. Sigmund Freud, *Neue Folge der Vorlesungen zur Einführung in die Psychoanalyse*, Gesammelte Werke, Frankfurt 1944 ff., Bd. XV.
31. Norman Holland, «Romeo's dream and the paradox of literary realism», in *Literature and Psychology* 13 (1963), S. 97–103.
32. Vgl. A. Bouhdiba, «The Son and the Mother in Arab-Muslim Society», in *Psychological Dimensions of Near Eastern Studies*, Hg. L. Carl Brown, Princeton 1977, S. 126–141; vgl. a. im selben Reader den Beitrag von Hisham Sharabi und Mukhtar Ani, «Impact of

Class and Culture on Social Behaviour: The Feudal-Bourgeois Family in Arab Society», a. a. O., S. 240–256.

33. Hisham Sharabi und Mukhtar Ani, a. a. O., S. 245.
34. A. Bouhdiba, a. a. O., S. 130.
35. Nizami, a. a. O., S. 146.
36. Ibid., S. 287.
37. Ibid., S. 201.
38. Ibid., S. 203.
39. Ibid., S. 217 f.
40. Ibid., S. 218.
41. Sigmund Freud, «Der Wahn und die Träume in W. Jensens ‹Gradiva›», Gesammelte Werke, Frankfurt 1944 ff., Bd. VII, S. 31–125.

4. Die heimliche Leidenschaft von Radha und Krischna

1. Die Verse aus dem *Gitagowinda* von Dschajadewa werden hier größtenteils in der Übertragung Friedrich Rückerts wiedergegeben: *Indische Liebeslyrik*, Einl. u. Hg. H. v. Glasenapp, Baden-Baden 1948; I, 46, S. 133.
2. Ibid., II, 10, S. 135.
3. Ibid., II, 14, S. 136.
4. Maurice Valency, *In Praise of Love*, New York 1958, S. 18.
5. *Gitagowinda*, III, 15, S. 140.
6. Ibid., VIII, 3, S. 156 f.
7. Ibid., XI, 3, S. 165.
8. Ibid., XII, 5/6, S. 171 f.
9. Ibid., XII, 26, S. 175.
10. *Gitagowinda*, von Rückert nicht übersetzt; hier nach der amerikanischen Übersetzung von Barbara Stoler Miller, *Love Song of the Dark Lord: Jayadeva's Gitagovinda*. New York 1977.
11. Lee Siegel, *Sacred and Profane Dimensions of Love in Indian Tradition*, Delhi 1978, S. 26 f.
12. Eine Erörterung der erotischen Liebe im alten Indien findet sich bei Sushil K. De, *Ancient Indian Erotics and Erotic Literature*, Calcutta 1959; J. J. Meyer, *Sexual Life in Ancient India*, New York 1930.
13. Barbara Stoler Miller, a. a. O. (Anm. 10), S. 15.
14. W. H. Auden, *Wie es mir schien*, Wien 1977, S. 77.
15. William Shakespeare, Sonnett 130, in *Werke in zwei Bänden*, München und Zürich 1964, Bd. 1, S. 1310.
16. Vgl. hierzu A. K. Ramanujan, *Hymns for the Drowning*, Princeton 1881, S. 127–133.

17. Eingehender hierzu Lee Siegel, a.a.O. (Anm. 11), S. 178–184;
    A. K. Ramanujan, a.a.O. (Anm. 16), S. 152–157.
18. Vgl. Anm. 10 oben.
19. Übers. Edward C. Dimock und D. Levertov, *In Praise of Krishna:
    Songs from Bengali*, New York 1981, S. 18.
20. Fréderique Marglin, «Types of Sexual Union and Their Implicit
    Meanings», in *The Divine Consort*, Hg. J.S. Hawley und
    D. M. Wulff, Berkeley 1982 (Religious Studies Series), S. 305–307.
21. Ibid., S. 306 f.
22. W. H. Auden, *Collected Poems*, London 1966, S. 536.
23. *Gitagowinda*, a.a.O. (Anm. 1), IV, 19, S. 143.
24. D. Bhattacharya, *Love Songs of Vidyapati*, London 1976, S. 41.
25. Denis de Rougemont, *The Myths of Love*, London 1963, S. 21.
26. Robert Stoller, *Sexual Excitement*, New York 1979, S. 21.
27. Das Tamilenepos *Shilappadikaram* (Das Fußkettchen) ist mögli-
    cherweise das früheste Beispiel für die Attraktivität des Ehebruchs
    mit einer verheirateten Frau für den indischen Mann – «getrennt
    und trotzdem gleichberechtigt». Vgl. Ilango Adigal, *Shilapaddika-
    ram*, Übers. A. Danielou, New York 1965.
28. *Mahabharata*, XIII, 104.20 ff., zit. bei J. J. Meyer. a.a.O. (Anm. 12),
    S. 246 f. S. a. *Mahabharata* XII, 165.63 ff.
29. Daniel H. H. Ingalls, *An Anthology of Sanskrit Court Poetry*, Cam-
    bridge, Mass. 1965, S. 256.
30. W. S. Merwin und J. Moussaief Masson, *Sanskrit Love Poetry*, New
    York 1977, S. 169.
31. Edward C. Dimock und D. Levertov, a.a.O. (Anm. 19), S. 28.
32. E. P. J. Spangenberg, *Die Minnehöfe des Mittelalters und ihre Ent-
    scheidungen und Aussprüche*, Leipzig 1821, S. 126–128.
33. Walter M. Spink, *Krishnamandala*, Ann Arbor 1971, S. 88.
34. Miller, a.a.O. (Anm. 10), S. 113.
35. *Gitagowinda*, a.a.O. (Anm. 1), X, 3, S. 161.
36. Zit. n. Barbara Miller, «The Divine Duality of Radha and Krishna»,
    in *The Divine Consort*, a.a.O. (Anm. 20), S. 25.
37. 5 Mos. 22, 5.
38. A. J. Alston, *The Devotional Poems of Mirabai*, Delhi 1980, S. 24 f.
39. A. K. Ramanujan, a.a.O. (Anm. 16), S. 154.
40. Ibid.
41. Sigmund Freud, «Psychoanalytische Bemerkungen über einen au-
    tobiographisch beschriebenen Fall von Paranoia», in *Gesammelte
    Werke*, Frankfurt 1945 ff., Bd. VIII, S. 239–320.
42. *Gitagowinda*, a.a.O. (Anm. 1), V, 11, S. 145.
43. M. S. Randhava und S. D. Bambri, «Basholi Paintings of Bhanudat-
    ta's Rasamanjari», in *Roop Lekha*, S. 99.

44. *Gitagowinda* a. a. O. (Anm. 1), XI, 23, S. 168.
45. Zit. n. D. M. Wulff, «A Sanskrit Portrait: Radha in the Plays of Rupa Gosvami», in *The Divine Consort*, a. a. O. (Anm. 20), S. 39.
46. Edward C. Dimock und D. Levertov, a. a. O. (Anm. 19), S. 21.

5. Gekrönte und Gehörnte: Liebe als Machtspiel

1. Sigmund Freud, «Dostojewski und die Vatertötung», in *Gesammelte Werke*, Frankfurt 1945 ff., Band XIV, S. 397–418.
2. Fakhrud-din Gurgani, *Vis and Ramin*, Übers. G. Morrison, New York 1972, S. 24.
3. Zit. n. Julius Evola, *The Metaphysics of Sex*, New York 1983, S. 160.
4. *Vis and Ramin*, a. a. O., S. 30.
5. Ibid., S. 30.
6. Ibid., S. 36.
7. Ibid., S. 47 f.
8. Ibid., S. 48.
9. Ibid., S. 52.
10. Ibid.
11. Ibid., S. 60.
12. Ibid., S. 64.
13. Ibid., S. 67.
14. Ibid., S. 84.
15. Ibid., S. 111.
16. Ibid., S. 113.
17. Ibid., S. 114.
18. Ibid., S. 128.
19. Ibid., S. 139 f.
20. Mayura, *Mayurastaka*, Übers. E. Power Mathys, in *Eastern Love*, Bd. 2, London 1929, S. 108–111.
21. *Vis and Ramin*, a. a. O., S. 117.
22. Ibid., S. 207 f.
23. Jagajivana, *Manasamangal*, zit. n. Ralph Nicholas, «On the (Nonexistent) Incest Taboo in India with Particular Reference to Bengal», Typoskript, Dept. of Anthropology, Universität Chicago 1978, S. 13.
24. A. K. Ramanujan, «The Indian Oedipus» in *Oedipus: A Folklore Casebook*, Hg. L. Edwards and A. Dundes, New York 1983, S. 249.
25. Ralph Nicholas, a. a. O. (Anm. 23), S. 11.
26. A. K. Ramanujan, a. a. O. (Anm. 24), S. 248.
27. Ibid., S. 249.
28. *Matsya Purana* III, 30–34, zit. n. A. K. Ramanujan, a. a. O. (Anm. 24), S. 248.

29. *Brahma Vaivarta Purana*, zit n. A. Comfort (Übers.), *The Koka Shastra*, London 1964, S. 231.
30. Judith L. Herman, *Father–Daughter Incest*, Cambridge, Mass., 1981.
31. Ibid., S. 62.
32. *Naradasmrti*, zit. n. Ralph Nicholas, a. a. O. (Anm. 23), S. 16.
33. *Sathapatha Brahma* 1.7.41–44, zit. n. A. K. Ramanujan, a. a. O. (Anm. 24), S. 248.
34. Vgl. hierzu A. K. Ramanujan, a. a. O. (Anm. 24), und R. P. Goldman, «Fathers, Sons and Gurus: Oedipal Conflict in the Sanskrit Epics», in *Journal of Indian Philosophy* 6 (1978), S. 325–392.
35. *The Mahâbhârata*, Übers. und Hg. J. A. B. Van Buitenen, Chicago 1974, S. 227. Dt.: *Das Mahâbhârata*, aus dem engl. Text von Biren Roy übers. von Elisabeth Roemer, Düsseldorf 1961, S. 13–15.
36. *The Mahâbhârata*, a. a. O., S. 193.

6. Das Gewissen des Königs

1. Michel Foucault, «Introduction», in *Hercule Barbin*, Übers. R. McDougall, New York 1980.
2. Joseph Bedier, *Tristan und Isolde*, Leipzig 1983, S. 15.
3. Ibid., S. 47.
4. Ibid., S. 49.
5. Ibid., S. 50.
6. Ibid., S. 52.
7. Ibid., S. 53.
8. Ibid., S. 52.
9. Ibid., S. 51.
10. Ibid., S. 67.
11. Ibid.
12. Ibid.
13. Ibid., S. 101.
14. Ibid., S. 114.
15. Ibid., S. 202.
16. Ibid., S. 207.
17. Ibid., S. 217.
18. Ernest Jones, *Das Problem des Hamlet und der Ödipus-Komplex*, Wien 1911.
19. William Shakespeare, *Hamlet*, I, 2–153; in *Werke in zwei Bänden*, München/Zürich 1964, S. 143–236.
20. Ibid., I, 2–143.
21. Ibid., I, 2–129.

22. Sigmund Freud, «Das Unbehagen in der Kultur», in *Gesammelte Werke*, Frankfurt 1945 ff., Band XIV, S. 490–493.
23. *Hamlet*, I, 5–9.
24. Ibid., I, 5–82.
25. Ibid., I, 5–84.
26. Ibid., II, 1–77.
27. Ibid., II, 1–102.
28. Ibid., II, 2–605.
29. Ibid., II, 2–611.
30. Ibid., III, 1–66.
31. Ibid., II, 2–641.
32. Ibid., III, 2–64.
33. Ibid., III, 2–410.
34. Ibid., III, 4–11.
35. Ibid., III, 4–16. In der Übersetzung Schlegels heißt die Stelle bezeichnenderweise «Nein, beim Kreuz!» (A. d. Ü.).
36. Ibid., III, 4–17.
37. Ibid., III, 4–55.
38. Ibid., III, 4–66.
39. Ibid., III, 4–82.
40. Ibid., III, 4–88.
41. Ibid., III, 4–92.
42. Sigmund Freud, «Einige psychische Folgen des anatomischen Geschlechtsunterschieds», in *Gesammelte Werke*, Frankfurt 1945 ff., Band XIV, S. 29 ff.
43. *Hamlet*, III, 4–137.
44. Ibid., III, 4–144.
45. Ibid., III, 4–152.
46. Ibid., III, 4–173.
47. Ibid., IV, 4–53.
48. Ibid., IV, 5–85.
49. Ibid., V, 2–5.
50. Ibid., V, 2–67.
51. Sigmund Freud, *Die Traumdeutung*, GW Bd. II/III, S. 270.

7. *Mutterliebe: Wenn Begierden sich erfüllen*

1. Sigmund Freud, *Aus den Anfängen der Psychoanalyse*, Briefe an W. Fliess, Abhandlungen und Notizen aus den Jahren 1887–1902, London 1950, S. 233.
2. Sigmund Freud, Die Traumdeutung, Ges. Werke II/3, London 1942, S. 221.

3. Euripides, «Hippolytos», in *Sämtliche Tragödien*, Bd. 2, Stuttgart 1984, V. 5–6, S. 402.
4. Ibid., V. 17–19.
5. Ibid., V. 38–40, S. 403.
6. Ibid., V. 57–58.
7. Ibid., V. 78–80, S. 404.
8. Ibid., V. 121–127, S. 406.
9. Ibid., V. 191–197, S. 408.
10. Ibid., V. 209–212.
11. Ibid., V. 232–238, S. 409.
12. Ibid., V. 239–242.
13. Ibid., V. 200–202, S. 408.
14. Ibid., V. 252–266, S. 410.
15. William Blake, *Lieder der Unschuld und Erfahrung*, Frankfurt 1975, S. 94.
16. Euripides, *Hippolytos*, V. 307–312, S. 412.
17. Ibid., V. 317 ff., S. 412 f.
18. Ibid., V. 351–352, S. 414.
19. Ibid., V. 360–361.
20. Ibid., V. 405–409, S. 416.
21. Ibid., V. 428–430.
22. Ibid., V. 440–450, S. 417.
23. Ibid., V. 469–472.
24. Ibid., V. 476–479, S. 418.
25. Ibid., V. 490–492.
26. Ibid., V. 518–521, S. 419.
27. Ibid., V. 616–617, S. 423.
28. Ibid., V. 625–630.
29. Jean Racine, *Phädra*, Übers. Friedrich Schiller, Stuttgart 1985, II, 5, S. 24.
30. Ibid., S. 25.
31. Ibid., S. 30.
32. Ibid.
33. Ibid., S. 27.
34. Euripides, *Hippolytos*, V. 725–729, S. 426.
35. Ibid., V. 729–731.
36. Ibid., V. 765–775, S. 427 f.
37. Ibid., V. 883–887, S. 432.
38. Eine ausführlichere Darstellung findet sich bei S. Kakar, *The Inner World: A Psychoanalytic Study of Childhood and Society in India*, New York/Delhi 1978, III. Kapitel.
39. A. K. Ramanujan, «The Indian Oedipus», in *Oedipus: A Folklore Casebook*, New York 1983, S. 237.

8. Die Phänomenologie der Leidenschaft

1. Pierre Teilhard de Chardin, *On Love*, New York 1972, S. 11.

2. W. H. Auden, «Lullaby», in *Collected Shorter Poems*, London 1966, S. 108.

3. Sigmund Freud, «Über die allgemeinste Erniedrigung des Liebeslebens», in *Gesammelte Werke*, Frankfurt 1945 ff., Band VIII, S. 78–91.

4. Vgl. Jean-Paul Sartre, *Das Sein und das Nichts*, Hamburg 1952, Dritter Teil, S. 528 ff. Zu Freuds Auffassung von der Bedeutung des Sadomasochismus im Liebesleben und seiner Komponente der Erniedrigung s. Freud, a. a. O. (Anm. 3), und ders., «Ein Kind wird geschlagen», in *Gesammelte Werke*, Band XII, S. 195–226.

5. R. Briffault, *The Mothers*, London 1927, Bd. 1, S. 119.

6. Erich Fromm, *Sex and Character*, in, *Psychiatry* 6, 1943, S. 21–31.

7. Evelyne Sullerot, *Women on Love: Eight Centuries of Feminine Writing*, New York 1979, S. 30 f.

8. Roland Barthes, *Fragmente einer Sprache der Liebe*, Frankfurt 1984, S. 119 und 227.

9. Platon, *Das Gastmahl oder Von der Liebe*, Übers. K. Hildebrandt, Stuttgart 1979, S. 57.

10. Ibid., S. 58.

11. *Brahadranayka Upanishad*, I–IV, 1–3.

12. *Der Koran*, München 1959, S. 70.

13. Plato, a. a. O., S. 59. Zu einer psychoanalytischen Diskussion vgl. William Binstock, «On the Two Forms of Intimacy», in *Journal of the American Psychoanalytical Association*, 21 (1), 1973, S. 93–107.

14. W. H. Auden, *The Dyer's Hand*, New York 1968, S. 115.

15. Roland Barthes, a. a. O. (Anm. 8), S. 83 f.

16. José Ortega y Gasset, *Über die Liebe*, Stuttgart/Berlin 1937.

17. Ibn Hasm, *Das Halsband der Taube*, Frankfurt 1961, S. 76 f.

18. Hl. Johannes vom Kreuz, zit. nach Ortega y Gasset, *Über die Liebe*, a. a. O. (Anm. 16), S. 160.

19. Bhavabhuti, *Uttara Rama Çarita* (Die spätere Geschichte von Rama), *Six Sanskrit plays*, Bombay 1964, S. 368.

20. W. B. Yeats, *Liebesgedichte*, Übers. Heinz Piontek, Darmstadt 1981, S. 7.

21. William N. Evans, «Two Kinds of Romantic Love», in *Psychoanalytic Quarterly*, 22 (1953), S. 76.

22. Denis de Rougemont, *The Myths of Love*, London 1963.

23. W. H. Auden, *Collected Poems*, a. a. O. (Anm. 2), S. 498.

24. William Shakespeare, «Sonnett 57», in *Werke in zwei Bänden*, München/Zürich 1964, Band 1, S. 1286.
25. Ibn Hasm, a. a. O. (Anm. 17), S. 57.
26. Roland Barthes, a. a. O. (Anm. 8), S. 256.
27. Zit. n. Otto F. Kernberg, «Boundaries and Structure in Love Relations», in *Journals of the American Psychoanalytic Association*, 25 (1) 1977, S. 96.
28. Joseph Bédier, *Tristan und Isolde*, Leipzig 1983, S. 50.
29. Vgl. Daniel H. H. Ingalls, *An Anthology of Sanskrit Court Poetry*, Cambridge, Mass. 1965, S. 15.
30. William Shakespeare, *Der Kaufmann von Venedig*, V, 1–63, a. a. O. (Anm. 24), Band 2, S. 801–864.
31. W. H. Auden, *Wie es mir schien*, Wien 1977, S. 30.
32. Zit. n. Otto F. Kernberg, a. a. O. (Anm. 27), S. 95. Vgl. a. Leon L. Altman, «Some Vicissitudes of Love», in *Journal of the American Psychoanalytic Association*, 25 (1) 1977, S. 42.

9. *Die Ontogenese der Liebe*

1. Vladimir Nabokov, *Sprich, Erinnerung, sprich*, Reinbek 1984, S. 125.
2. Vgl. hierzu T. B. Brazelton, M. W. Yogman, H. Als und E. Tronick, «The infant as a focus in family reciprocity», in *The Social Network of the Developing Infant*, Hg. M. Lewis und L. Rosenblum, New York 1978, S. 29–43.
3. *Sprich, Erinnerung, sprich*, a. a. O. (Anm. 1), S. 20.
4. Ibid., S. 22 f.
5. Ibid., S. 23 (Hervorh. d. A.).
6. Ibid., S. 23 f.
7. T. B. Brazelton et al., a. a. O. (Anm. 2).
8. *Sprich, Erinnerung, sprich*, a. a. O. (Anm. 1), S. 21.
9. Ibid., S. 40.
10. Ibid., S. 36.
11. Ibid., S. 37.
12. Ibid., S. 37–39.
13. Ibid., S. 43 f.
14. Ibid., S. 40.
15. Ibid., S. 139.
16. Ibid.
17. Ibid., S. 213 f.
18. Ibid., S. 214.
19. Vladimir Nabokov, *Ada oder das Verlangen*, Reinbek 1983, S. 65 f.
20. Ibid., S. 90.

21. Ibid., S. 103.
22. Ibid., S. 115 f.
23. Ibid., S. 117 f.
24. *Sprich, Erinnerung, sprich*, a. a. O. (Anm. 1), S. 217 f.
25. Ibid., S. 236 (Hervorh. d. A.).
26. Ibid., S. 244.
27. Vladimir Nabokov, *Lolita*, Reinbek 1976, S. 19–21.
28. *Sprich, Erinnerung, sprich*, a. a. O. (Anm. 1), S. 207.
29. Ibid., S. 300.

Zur Geschichte der Leidenschaften

Hans-Georg Beck
Byzantinisches Erotikon
1986. 234 Seiten. Leinen

Roberto Zapperi
Der schwangere Mann
Männer, Frauen und die Macht
1984. 283 Seiten mit 20 Abbildungen. Broschiert

Peter Gay
Erziehung der Sinne
Sexualität im bürgerlichen Zeitalter
1986. 572 Seiten mit 60 Abbildungen. Leinen

Günther Anders
Lieben gestern
Notizen zur Geschichte des Fühlens
1986. 138 Seiten. Broschiert

Allerleilust
Hundert erotische Gedichte
Herausgegeben von Heinz Ludwig Arnold
Mit Bildern von Karin Szekessy und Paul Wunderlich.
1986. 160 Seiten mit 40 Abbildungen. Gebunden

Jean Liedloff
Auf der Suche nach dem verlorenen Glück
Gegen die Zerstörung unserer Glücksfähigkeit
in der frühen Kindheit
118. Tausend. 1985. 221 Seiten. Paperback (BSR 224)

Verlag C. H. Beck München